辩证法随谈

李瑞环

中国人民大学出版社

目　录

第一编

发　展

改　革

开　放

稳　定

环　保

生　活

发　展

1

发展的观点是马克思主义的基本观点，是我们必须始终重视和坚持的观点。这个观点认为，运动变化是绝对的，发展是永恒的。

（摘自 2000 年 2 月 24 日听取浙江省委、省政府工作汇报时的讲话）

2

世界上不存在任何永恒的东西，只有一个永恒的原理，就是永恒的发展。我们反对僵化，反对保守，就是因为僵化、保守违背永恒发展的原理。

（摘自 2000 年 2 月 24 日听取浙江省委、省政府工作汇报时的讲话）

3

中国存在的许多问题，或者说有许多“病”，根子都是“穷病”，是由于贫穷带来的“病”。对于我们来说，发展是硬道理。

（摘自 2000 年 10 月 10 日会见玻利维亚前总统、左派革命运动主席萨莫拉时的谈话）

4

发展是当代中国的主题。中国有近13亿人口，不发展就不能生存；中国存在许多困难和问题，不发展就没有出路；中国过去耽误了许多时间，只有抓紧发展才能把失去的时间夺回来。当今世界，科学技术日新月异，经济全球化趋势增强，只有加快发展才能跟上时代潮流。

（摘自2001年4月17日会见毛里求斯总统乌蒂姆时的谈话）

5

要承认落后，承认落后才能改变落后；要学习先进，学习先进才能赶超先进；要加快发展，加快发展才能赢得人心。

（摘自2001年3月12日在中国人民政治协商会议第九届全国委员会第四次会议闭幕会上的讲话）

6

经济落后可以导致一连串的落后，经济发展可以带来一连串的发展。经济长期不发展，群众生活长期不提高，就会带来一系列问题。经济搞上去了，生活水平提高了，群众才有盼头，有劲头，党和政府才有威信。

（摘自1994年8月28日在新疆考察时的讲话）

7

中国存在许多问题根本都是个发展问题，中国要解决许多问题关键也在于加快发展。

（摘自2000年6月11日会见新加坡内阁资政李光耀时的谈话）

8

没有发展，中国存在的许许多多的问题都无法解决；没有发展，中国还会出现许许多多新的问题。

（摘自2001年2月12日在中央工作会议上的讲话）

9

在社会主义初级阶段，必须把有利于生产力的发展，作为观察和处理一切问题的基本出发点。离开生产力的发展，任何理论和主张都是毫无意义的。

（摘自1987年6月27日在天津市党代表会议上的讲话）

10

在党和国家的全部工作中，只有经济建设这一个中心，不能偏离这个中心，不能搞多中心。在正常情况下，我们要坚持这个中心，在非常情况下，除非发生大规模外敌入侵，也要紧紧扭住这个中心不放。

（摘自1993年11月5日在全国统战工作会议上的讲话）

11

对于以经济建设为中心，我们一定要坚定不移、坚持不懈，一定要专心致志、心无旁骛，一定要顽固一点、扭住不放，真正做到一切围绕这个中心，一切为了这个中心。

（摘自2000年8月11日在中国农工民主党成立70周年纪念大会上的讲话）

12

任何部门、任何个人，只有在坚持、围绕、服从和服务于经济建设这个中心的过程中，才能找到合适的位置，发挥应有的作用，体现自己存在的价值。

（摘自1993年11月5日在全国统战工作会议上的讲话）

13

我们的基本路线是“一个中心、两个基本点”。“一个中心”

就是以经济建设为中心，“两个基本点”就是坚持四项基本原则、坚持改革开放。我们坚持基本路线的出发点、过程和目的，都是为了使党的领导更加巩固和加强，使社会主义制度更加完善和发展，而不是相反。

（摘自1991年3月8日会见日本自民党众议员渡边美智雄一行的谈话）

14

坚持四项基本原则和坚持改革开放，这两个基本点缺一不可，都是我们集中力量进行社会主义现代化建设的根本保证。

（摘自1990年4月27日为《新中国群英谱》所作的序）

15

四项基本原则和改革开放，是四化建设最根本的问题，都是为了经济建设这个中心，都是为了发展社会生产力，很难说哪个是主，哪个是次，不存在什么“纲”与“目”的关系。

（摘自1987年6月15日同天津警备区部分干部战士的对话）

16

有些人总是习惯把所谓政治性的东西冠以“纲”的帽子，一再突出；而把其他包括经济建设摆在“目”的位置，很不重视。结果是“拼命抓纲，其他全光”，对我们的事业造成极大损失。

（摘自1987年6月15日同天津警备区部分干部战士的对话）

17

发展中国家在发展过程中，难免会发生一些这样那样的问题，出现一些这样那样的消极现象。对此，一方面要通过努力提高工作水平切实加以解决，另一方面也不能因为出现这些问题和由此引发的各种非议而动摇发展的决心。用一句中国的成语，叫做不能“因噎废食”。

（摘自 1995 年 6 月 22 日会见巴西总统卡多佐时的谈话）

18

过去讲，“卫星上天、红旗落地”；现在看，要想红旗不落地，必须卫星早上天。

（摘自 1991 年 5 月 21 日听取浙江省委工作汇报时的讲话）

19

关键是生产力的发展。打个比方来说，你要想多吃西瓜，就得研究种西瓜，改良西瓜品种，提高西瓜产量，不能天天光是研究西瓜怎么切。

（摘自 1990 年 8 月 17 日听取黑龙江省委工作汇报时的讲话）

20

希望大家一如既往，支持国家的发展，支持香港的发展，在支持国家发展、香港发展的过程中，使自己的事业得到发展。不管是国家的发展，香港的发展，还是自己的发展，都是中国的发展、中国人的发展，我们都应该高兴，都应该鼓掌。

（摘自 2000 年 11 月 7 日会见香港各界知名人士时的讲话）

21

从某个意义上说，落后也是优势，因为后发可以借鉴别人的经验，迎头赶上，少走弯路。

（摘自 1993 年 4 月 18 日听取广西壮族自治区党委工作汇报时的讲话）

22

事物双方各以对方存在为自己存在的前提，并在一定条件下向对立面转化。不讲条件，没有条件，是不会转化的。我们讲要有条件，不是说要人们等条件、靠上级给条件、向别人要条件，而要千方百计创造条件，把基点放在自力更生上。

（摘自 1985 年 2 月 2 日在天津市农村工作会议上的报告）

23

地球越来越小，发展越来越快，慢走一步，差之千里；耽误一时，落后多年。

（摘自 2000 年 3 月 11 日在中国人民政治协商会议第九届全国委员会第三次会议闭幕会上的讲话）

24

从当前世界发展的大局大势来审视我们自己，中国同过去比确有很大进步，但与发达国家比还有较大的差距，要赶上发达国家，任务十分艰巨。特别是，我们发展别人也在发展，而且是在更高的起点上发展。我们再不能丢失时间，时间对我们实在太紧迫了！

（摘自 2000 年 3 月 11 日在中国人民政治协商会议第九届全国委员会第三次会议闭幕会上的讲话）

25

对我们国家和民族来说，时间就是发展，时间就是前途，时间就是命运。

（摘自 2000 年 3 月 11 日在中国人民政治协商会议第九届全国委员会第三次会议闭幕会上的讲话）

26

成绩或变化是个相对概念，或相对过去，或相对外地，或相对条件。相对过去，我们的工作取得了很大成绩，发生了很大变化，这是事实，必须肯定。但相对形势的要求，相对先进地区，我们的步子迈得还不算快，变化还不算大，这也是事实，也应该承认。

（摘自 1985 年 2 月 2 日在天津市农村工作会议上的报告）

27

人类社会是一个互相联系、互相制约的有机整体，有着不以人的意志为转移的比例关系。因此，要取得经济的发展和社会的进步，必须把各方面的关系理顺，使各种比例基本保持平衡。

（摘自 1987 年 12 月《关于稳定发展方针》一文）

28

强调经济工作重要，并不是说其他工作不重要。如果科技教育、思想道德、民主法制等方面搞不好，经济工作就很难搞好，即使一时上去了也不可能持久。但所有这些发展都必须围绕经济这个中心进行。

（摘自 2002 年 5 月 17 日会见保加利亚总理西美昂时的谈话）

29

有很多事情，既表现为各种矛盾的互相对立、互相制约，又表现为各种矛盾的互相依存、互相联系，孤立看一筹莫展，综合看柳暗花明。

（摘自 1985 年 12 月 17 日在天津市城区综合治理研讨会上的讲话）

30

坚持协调渐进，注意整体效应。古人说：倾国宜统体，谁来独赏眉。五官单个虽好，但相互不协调，也是丑八怪。

（摘自 1990 年 5 月 25 日听取珠海市领导班子汇报时的讲话）

31

横向，在空间方面要重视协调；纵向，在时间方面要注意渐进。

（摘自1988年3月《谈城市协调发展》一文）

32

如何坚持从实际出发，尽力而为，量力而行，做到横向关系协调、纵向发展适度，实现经济和社会的可持续发展，是一个任何时候都不容忽视的根本性问题。

（摘自1996年3月13日在中国人民政治协商会议第八届全国委员会第四次会议闭幕会上的讲话）

33

国民经济是一个有机整体，其各个组成部分互相联系、互相制约。这就如同一架机器，各个部件各有功能，其正常运转是由部件和总体性能决定的，能快不快就会浪费机器，盲目求快就会损坏机器。

（摘自1995年10月7日在政协第八届全国委员会常务委员会第十四次会议上的讲话）

34

实现经济与社会的同步发展，是一个既明确又难办的问题。发展中国家必须集中力量发展经济，只有把经济搞好，不断地壮大自己，社会进步才能有必要的物质基础和条件。但这并不是说其他方面不重要，也不是说经济搞上去了，其他方面也就自然而然上去了。

（摘自1995年12月18日会见新加坡总理吴作栋时的谈话）

35

在发展经济的过程中，如果为了一时的快速发展而忽视精神文明建设，如果不下大力量去抓社会进步，如果不能在思想道德、科学文化以及民主法制建设方面取得与经济建设相适应的成果，人心就会涣散，社会就会畸形，国家就不能长治久安，经济即使一时上去了也很难长期维持。

（摘自1995年12月18日会见新加坡总理吴作栋时的谈话）

36

协调发展是按比例的增长，是在不断平衡中前进。我们必须坚持全面和联系的观点，防止只见局部不见整体、只顾眼前不顾长远，妥善处理经济内部，经济与社会，经济与人口、资源、环境等方面的关系，在协调中求得国民经济的持续快速健康的发展。

（摘自2000年5月11日在加中贸易理事会举办的午餐会上的讲话）

37

建国以来，我们有一条很重要的教训，就是忽视协调渐进，走得急、停得长，造成干一阵又停下来整顿一阵，大起大落，损失实在太大。

（摘自1990年5月25日听取珠海市领导班子汇报时的讲话）

38

建国以来我们犯错误、出问题，很多是由于要求过急、过快。情况一顺利就容易头脑发热，形势一好转就容易胡乱折腾，这是一个顽固的老毛病。

（摘自1987年12月《关于稳定发展方针》一文）

39

在我们的工作中常常带有农村的特点，战争的痕迹，运动的方式。在经济建设中，爱大搞，好突击，走极端，多偏激。由于这个问题，我们吃的苦头是相当多了。

（摘自1990年5月25日听取珠海市领导班子汇报时的讲话）

40

我们希望经济建设搞得更快一点，但是如果不顾条件地去追求快，结果走了岔路，走了弯路，反而欲速不达。

（摘自1984年1月1日关于经济体制改革中统一思想必要性的谈话）

41

我们总是希望发展速度快一些，但是必须注意协调适度。如果忽视经济各种要素、各个领域之间内在的联系和制约，就可能欲速则不达，即使一时搞上去也还会掉下来。当然，我们也不能放过加快发展的机遇。

（摘自1995年6月26日在智利联合国拉丁美洲及加勒比经济委员会的演讲）

42

中国是个大国，能不能保持现在这样的发展势头，危险不是慢，而是乱。自己不生“病”，别人是打不倒的。

（摘自1985年10月23日在天津大学部分学生座谈会上的讲话）

43

中国是一个巨人，只要稳步走，步子就是大的；只要不摔跤，就是一个了不起的成绩。最可怕的是自己折腾自己，自身先发起烧来。

（摘自1988年3月《谈城市协调发展》一文）

44

不顾宏观上综合平衡的发展，在落后技术基础上的发展，单纯靠增加投入的发展，消耗大、质量差的发展，都是畸形的发展。这样的发展不仅没有任何意义，而且会给社会带来损害。

（摘自1985年7月25日在天津市区县局领导干部会议总结大会上的讲话）

45

因为着急，往往不顾客观条件，脱离国情，脱离实际，急功近利，盲目冒进；因为着急，难免急中有乱，急中存错，欲速不达，事与愿违。

（摘自1990年5月25日听取珠海市领导班子汇报时的讲话）

46

下了高棋得意，下了臭棋生气，下了废棋不在意，其实废棋有时比臭棋损失还大，它耽误了许多时间和机遇。回想一下，建国以来我们下了多少废棋！

（摘自1981年7月学习《关于建国以来党的若干历史问题的决议》时的发言）

47

对于看准了的、具备条件的事情，就要积极努力，干得快一点，干得好一点，不能拖拖拉拉，贻误时机。但在整体指导上，必须从稳定、稳妥的基点出发，不能急于求成。中国的事情太急了不行。总结建国以来三十多年的经验，主要的教训是过急、贪快。

（摘自1987年9月7日在天津市区县局党员领导干部会议上的讲话）

48

谁不想把事情办得多一些，把建设搞得快一些？真想快，只能是在尊重客观规律的基础上发挥主观能动性，按照客观规律办事，摸着石头过河，扎扎实实、一步一个脚印地去干，而不能不顾客观条件，操切行事。

（摘自1988年3月《谈城市协调发展》一文）

49

按规矩办，循序渐进，看起来慢，实际上快。

（摘自1988年3月《谈城市协调发展》一文）

50

迈小步不停步，少走弯路回头路。

（摘自1987年12月26日在中共天津市委全体会议上的讲话）

51

要走一步，看一步，前进一步，稳定一步。不可贪得太多、太快。

（摘自1986年2月22日在中共天津市委常委民主生活会上的讲话）

52

平衡是相对的，不平衡是绝对的，因此，根据客观形势发展的综合平衡工作是不断进行的。搞好综合平衡要依据具体情况，要有利于促进发展。

（摘自发表于《哲学研究》1978年第1、2期合刊的文章《要精心再精心地分析和解决矛盾》）

53

世界一切事物的发展，都是通过量变达到质变的，忽视渐变的作用，不做扎实具体的工作，就不可能较快地实现突变。

（摘自1988年3月《谈城市协调发展》一文）

54

要坚持量变，不能停顿；同时把握突变，在时机成熟时不要犹豫，敢于突破。

（摘自1988年3月《谈城市协调发展》一文）

55

革命从根本上说是突变、质变，但是中间必然也有渐变、量变的过程。这就得一点一点地、一块一块地、扎扎实实地干，干成一个是一个，积小胜为大胜。贪得太多，还得退回来。

（摘自1984年1月1日关于经济体制改革中统一思想必要性的谈话）

56

不讲质量效益，只追数量速度，脱离实际地把指标搞得过高，把各方面的关系搞得过于紧张，即使一时上去了，肯定也会跌下来。

（摘自1985年5月18日在天津市职工技协总结表彰大会上的讲话）

57

搞建设要有渐进性、同步性、迂回性。渐进性、同步性是讲协调，迂回性就是有时候得停一下、转个弯。

（摘自1990年5月25日听取珠海市领导班子汇报时的讲话）

58

坚持稳定协调，采取渐进的、同步的、迂回的方法，并不是原地不动，更不是消极退缩，而是为了更好、更快地前进。

（摘自1988年9月7日在中共天津市委常委扩大会议上的讲话）

59

许许多多的事情，如果不注意内在联系和整体协调发展，不讲微调，只搞大修，没有不吃亏的。

（摘自 1988 年 3 月《谈城市协调发展》一文）

60

发展经济就像驾车，应当及时校正方向，调整速度，使车持续平稳地往前走。我们过去的毛病就是不善于及时微调，一个劲儿地猛开，一出问题就是大的，经常大修。

（摘自 1993 年 7 月 2 日—5 日在承德市考察工作时的谈话）

61

保持稳定发展，并不是轻而易举的事情，而必须做大量艰苦细致的工作，决不可以慢慢腾腾、拖拖拉拉、散散漫漫、冷冷清清。该办的事情仍然要办，该快办的事情仍然要快办，而且要办得更好、更节省。即使是必须缓办、停办的事情，也不允许消极被动，敷衍了事，也要全力以赴，妥善处理，做到平衡衔接，井然有序。

（摘自 1987 年 12 月《关于稳定发展方针》一文）

62

实现经济建设协调、有序地发展，必须坚持实事求是，按照客观规律办事，做到既抓住机遇加快发展，又避免脱离实际，造成忽冷忽热、大起大落；既抓住不同阶段的发展重点，集中力量办几件大事，又避免照顾不周，出现顾此失彼、结构失衡。

（摘自 1995 年 10 月 7 日在政协第八届全国委员会常务委员会第十四次会议上的讲话）

63

现在不少事情，横竖交叉、瞬息万变，我们还处在混沌的必然之中。要承认事情的复杂性，要进行探索，循序渐进；对事关大局的问题要慎之又慎。

（摘自 1986 年 2 月 22 日在中共天津市委常委民主生活会上的讲话）

64

做任何事情，只有对每个组成部分进行具体分析，通盘考虑，统筹安排，才能协调地、稳定地、持续地发展。

（摘自 1988 年 3 月《谈城市协调发展》一文）

65

在我们这样一个人口多、底子薄、地区条件千差万别的大国搞现代化建设，企求齐头并进、同步发展是不现实的。选择像上海这样若干基础好的沿海地区实行重点突破，可以比较容易地消化吸收世界先进的技术和管理，为全国起到示范、借鉴作用；可以使这些地区的优势和潜力充分发挥出来，超前发展，然后以此为基地，形成由点及面、梯度推进的格局。

（摘自 1996 年 4 月 3 日在上海考察工作时的讲话）

66

沿海地区先行一步，还不简单等同于全国共同发展。在我国，无论是国土面积，还是人口数量，内地都占大头。没有内地的发展，就不可能有整个国家的发展；没有内地的稳定，就谈不上整个国家的稳定；内地长期落后，反过来也会严重制约沿海地区的进一步发展。

（摘自 1996 年 4 月 3 日在上海考察工作时的讲话）

67

开发区的选址经过多次研究比较，我主张建在塘沽、北塘之间废盐碱滩上这个方案。这个地方离港口近，公路、铁路交通方便，而且不占耕地，最重要的是为将来城市东移、建设滨海地区奠定了个好底，将来大有发展余地。

（摘自1984年4月在天津市开发区选址汇报会上的讲话）

68

中国人民蕴藏着极大的积极性和创造力，只要我们不动摇、不松劲、不折腾，专心致志，艰苦奋斗，再干一个二十年，再干几个二十年，中国就一定能够以社会主义现代化强国的雄姿崛起在世界东方！

（摘自1998年3月14日在中国人民政治协商会议第九届全国委员会第一次会议闭幕会上的讲话）

69

中国只要不出大娄子，不走弯路，不走邪路，不走回头路，一步一步地走下去，就一定可以在不太长的时间内成为一个经济强国。

（摘自1984年1月1日关于经济体制改革中统一思想必要性的谈话）

70

中国是个发展中国家，经济、文化还很落后，就是赶上中等发达国家水平也得艰苦奋斗50年到100年。中国需要专心致志地发展经济，改善人民生活。进一步说，中国将来就是富强了，也不会去欺侮别人、威胁别人。不称霸，是毛泽东的名言；不当头，是邓小平的叮嘱。

（摘自1997年6月9日会见德国外长金克尔时的谈话）

71

如果按照“中国威胁论”者的逻辑，中国最好永远不要发展，永远处于贫穷、落后状态。果真如此，那将是什么局面？我想，只要有百分之几乃至千分之几的中国人因为贫困跑到国外，就会给周边国家造成冲击，给世界带来麻烦，那倒真的成了一种“威胁”。

（摘自 1995 年 12 月 22 日接受泰国记者联合采访时的谈话）

72

中国决不威胁别人，也决不能再受别人威胁，“人为刀俎，我为鱼肉”的时代决不允许再出现。中国老百姓有句俗话，“听蝲蝲蛄叫，还能不种庄稼?”“中国威胁论”只会激发中国人民同心同德，专心致志，发展更快更好。（记者注：蝲蝲蛄，学名蝼蛄，是一种咬庄稼根子的害虫，其叫声十分难听。）

（摘自 1999 年 12 月 11 日接受日本广播协会（NHK）电视采访时的谈话）

73

判断一个国家是否构成威胁，不在于它发展快慢、是否强大，正像一个人是不是伤害别人，并不在于他的个子大小、身体强弱，而要看他的品德和为人。

（摘自 1999 年 12 月 11 日接受日本广播协会（NHK）电视采访时的谈话）

74

经济的发展，人类社会文明的进步，是不可逆转的必然趋势。随着现代科学技术的日新月异，世界总体经济水平迅速提高，人类社会的发展进程大大加快。任何国家想要跟上时代的潮流，都必须高度重视、认真研究、切实解决发展问题。

（摘自 1995 年 6 月 26 日在智利联合国拉丁美洲及加勒比经济委员会的演讲）

75

发展，是广大发展中国家的迫切任务。当今许多发展中国家经济水平低下，人民生活贫困，社会问题突出，国际债务负担日趋沉重，同发达国家的差距进一步扩大。要改变这种状况，发展中国家就必须抓紧时间，集中精力，加快经济发展。

（摘自1995年6月26日在智利联合国拉丁美洲及加勒比经济委员会的演讲）

76

即使在最黑暗的时候，世界上也总有人洞悉到人类光明的前景；即使在正义事业遭受挫折的时候，世界上也总有人奋不顾身地为之进行斗争。人民是创造历史的动力，人民的愿望和力量将决定历史的进程，所以，道路是曲折的，前途是光明的。

（摘自2001年4月20日会见南非国民议会议长金瓦拉时的谈话）

改　革

77

生产力决定生产关系，生产关系必须适应生产力的发展。世界上的事物都是处在不断变化之中，生产力在日新月异地发展，生产关系理所当然地也应随着变化。如果无视生产力的变化，把一种生产关系凝固起来，不准变动，这显然就违背了马克思主义的基本原理。

（摘自1992年12月11日会见西班牙联合左翼代表团时的谈话）

78

用马克思主义的观点看待一种所有制形式是否优越，主要是看它是否能促进生产的发展。凡是能促进生产发展的，便是优越的、进步的；凡是阻碍生产发展的，便是不好的、落后的。不能简单地讲，凡是大的就是先进的，凡是公的就是先进的，凡是国有的就是先进的。

（摘自1982年12月10日在天津市城市集体经济工作会议上的讲话）

79

过去有许多错误的提法，比如“先进的生产关系同落后的生产力之间的矛盾”，生产力和生产关系之间的关系是个适应还是不适应的问题，适应生产力的生产关系，就是好的生产关系；不适应生产力的生产关系，阻碍了生产力的发展，怎么能称得上是先进的呢？

（摘自1992年8月10日听取内蒙古自治区党委负责同志汇报时的讲话）

80

改革的根本目的，是解放和发展生产力。凡是有利于解放生产力、提高经济效益的好办法、好经验，都要敢于探索、采用和推广；凡是束缚生产力发展和妨碍经济效益提高的老制度、老章法，都要敢于破除，坚决废弃。

（摘自1984年8月20日关于城市经济体制改革的谈话）

81

改革，顾名思义就是要改变、革除、创新，如果干什么事情都要以书本怎么写的，规定怎么说的，领袖怎么讲的，过去怎么办的，别人怎么干的为根据，改革就寸步难行。

（摘自1993年6月10日听取安徽省委、省政府工作汇报时的讲话）

82

发展的观点是马克思主义的一个根本观点。我们承认世界上万事万物都处在永恒的发展变化之中，我们反对停止的论点、悲观的论点、无所作为和骄傲自满的论点。依据这个观点，我们党进行了推翻三座大山的革命；依据这个观点，我们党作出了经济体制改革的决定。

（摘自1985年5月9日在天津市党员领导干部会议上的讲话）

83

任何社会制度都不是一成不变的，社会主义制度也有一个不断完善、不断发展的过程。如果认为社会主义制度就不需要改革，这是违背马克思主义理论的。

（摘自 1991 年 3 月 8 日会见日本自民党众议员渡边美智雄一行的谈话）

84

对待马克思主义，原封不动的坚持，空洞无物的坚持，谈不上是真正的坚持。这种坚持，只能是窒息社会生活，窒息改革开放，窒息社会主义事业，同时也窒息了马克思主义理论本身。

（摘自 1986 年 10 月《认真学习贯彻党的十二届六中全会决议，把天津市两个文明建设推向新阶段》一文）

85

在现实生活中，有些人置丰富生动的改革实践于不顾，置生产力发展的客观事实于不顾，置于国于民有利的事情于不顾，只顾在那里翻“本本”，找“条条”，咬文嚼字，引经据典，企图否定已被实践证明是正确的东西。这种教条主义的做法，不是坚持马克思主义，而是违背马克思主义。

（摘自 1987 年 6 月 11 日在天津市调查研究工作会议上的讲话）

86

社会主义需要改革、改进、改善，克服自身的不足，及时调整生产关系和上层建筑，以适应生产力和经济基础的发展变化，只有这样，社会主义才能永葆活力。

（摘自 1997 年 12 月 8 日会见越共中央总书记杜梅时的谈话）

87

我们有的方法，用了几十年，不太管用，为什么不可以用新办法试一试呢？好比原来那个药吃了几十年，不大治病，为什么不可以吃点新药呢？

（摘自1984年7月28日在天津市市区体制改革会议上的讲话）

88

改革既然是革命，就是伟大的、光荣的，同时也是艰苦的、复杂的；既然是革命，就是空前的、开拓的、没有经验的，是需要在探索中前进的。

（摘自1985年5月9日在天津市党员领导干部会议上的讲话）

89

我们把建立社会主义市场经济体制作为改革的目标，就是要在坚持社会主义基本制度的条件下使国民经济按照市场经济的规律运行，使市场在国家宏观调控下对资源配置起基础性作用，兼顾效率与社会公正，以利于同时发挥市场经济的长处和社会主义的优势，进一步解放和发展生产力。

（摘自1994年5月9日在瑞典瑞中贸易理事会的讲演）

90

建立和完善社会主义市场经济体制，是一项崭新的事业，是一场深刻的革命，是一个较长的过程，一定会对过去许多习以为常的东西产生强烈的冲击，一定会出现新旧碰撞、好坏交织、利弊伴生的复杂局面，一定会对我国的经济、政治和社会生活产生广泛而深刻的影响。

（摘自1993年11月5日在全国统战工作会议上的讲话）

91

建立社会主义市场经济体制，必然会遇到许多难以预料的困难和异常复杂的局面。首先，这是一项全新的事业。迄今为止，人类社会只有在资本主义制度下发展市场经济的经验，把社会主义制度同市场经济有机地结合起来尚无先例可循。其次，这是一场深刻的变革。长期以来，我们从管理体制、规章制度到人们的思维方式、工作方式乃至生活习惯，都形成了一套与计划经济相适应的东西。市场经济的发展要求我们从经济基础到上层建筑实行一系列转变，以同新的经济体制相协调、相适应。第三，这是一件难度很大的工作。中国实行了几十年的计划经济体制，遗留了不少问题，有的甚至积重难返。向市场经济体制转变的过程中，又难免引发一些新的经济和社会问题，新旧矛盾交织在一起，往往呈现出好坏并存、利弊伴生的复杂局面，使得我们常常面临两难的选择。第四，这是一个较长的过程。西方发达国家搞市场经济经历了几百年的时间，在中国这样一个经济文化基础薄弱、计划经济影响很深的国家，实行这样深刻的社会变革，不可能一蹴而就。

（摘自 1994 年 5 月 9 日在瑞典瑞中贸易理事会的讲演）

92

在建立社会主义市场经济体制这样一场大的社会变革过程中，没有问题是不可想象的，不要有点问题就大惊小怪，就怨天尤人。同时，对这些问题必须予以足够的重视，必须下力量尽快解决。越拖越坏，急性病拖成慢性病就不好治了。

（摘自 1997 年 3 月 2 日在全国政协八届五次会议中共、特邀联组会上的讲话）

93

我们搞改革，任何时候都要讲两个理：一个理是讲市场经济、成本核算、优化组合、按劳分配等，另一个理是讲全心全意为人民服务是我们党的最高宗旨。这后一个理是我们作为执政党的带根本性的大道理。如果这么多群众的困难长期解决不了，如果对他们的疾苦不闻不问，我们就够不上叫共产党，就会失去人民群众的拥护，失去自身存在的历史理由。

（摘自 1995 年 4 月 10 日—16 日在辽宁考察工作期间的谈话要点）

94

实行社会主义市场经济，当然要讲优胜劣汰。你的企业产品不适销对路，经济效益不好，工人工资就少，奖金就没有，有些甚至还得下岗。但这只是市场经济的理，我们是社会主义国家，人民当家作主，人民的生活、人民的困难，我们理所当然地应该负责。不讲前面的理，搞不了市场经济；不讲后面的理，不叫社会主义。

（摘自 1995 年 9 月 9 日接见《工人日报》全国大中型企业宣传发行工作会议代表时的讲话）

95

应该说，不是我们选择的路出了问题，而是我们的脚以及穿的鞋还不适应所走的路。我们要千方百计研究如何克服我们自身不适应的东西，而不能因为自身不适应，就想把向前发展的市场经济体制往回拉，重新回到老路上去。

（摘自 1993 年 7 月 2 日—5 日在承德市考察工作时的谈话）

96

所有制问题是一个有待在实践中继续研究的问题。最后判断的标准，还是“三个有利于”，怎么“有利于”就怎么搞。“三个有利于”，没有必要前前后后加那么多话，加得太多就冲淡了小平同志本来想强调的意思。

（摘自1998年7月9日、13日同部分政协委员就经济问题座谈时的谈话）

97

有些人形成了一个习惯，对任何事情都要先定性，先问是社会主义还是资本主义。我讲过，先生孩子后起名。孩子生下来，先起个小名，这小名不讲究，叫阿猫、阿狗、铁蛋都可以，关键的问题是孩子要养得好，要结实，要聪明，要有本事。

（摘自1998年4月17日同温州市领导和企业界人士座谈时的讲话）

98

在社会主义初级阶段，对于某些资本主义因素和形式，不能采取完全排斥的态度，也没有必要“犹抱琵琶半遮面”，非要贴上社会主义的标签才敢用。凡是适应当前生产力发展的，就应该允许存在，这不会改变我们国家的社会主义性质。

（摘自1987年6月27日在天津市党代表会议上的讲话）

99

不能笼而统之地说国有企业的比重越大，就越是社会主义。如果那样，农村改革岂不是倒退？允许多种经济成分并存岂不是搞错了？苏联国有企业比重最高，却垮了。

（摘自1996年5月18日在湖北省委汇报会及企业家座谈会上的讲话）

100

中国的公有制是从苏联套过来的，苏联不是在公有制比重最高的时候垮的吗？所以把提高公有制比重等同于巩固国家安全、巩固社会主义制度的说法是缺乏根据的。

（摘自 1998 年 7 月 9 日、13 日同部分政协委员就经济问题座谈时的谈话）

101

我说过，中国的国有经济很大一块要让给非公有制，这只是一个时间问题，自觉不自觉、主动与被动的问题。搞得好，是积极退却，可以收回一大笔资金；搞得不好，节节败退、溃退，会付出很大代价。

（摘自 1991 年 5 月 19 日听取温州市委工作汇报时的讲话）

102

农村改革的成功可以讲很多理由，其中很重要的一条，就是过去所有制太超前，公有制比重过大，超越生产力发展水平，一旦退回到联产承包责任制，土地有了主人，主人有了自主权，很快就导出那么多变化。

（摘自 1998 年 7 月 9 日、13 日同部分政协委员就经济问题座谈时的谈话）

103

改革开放难免会遇到许许多多的问题，有的是理论问题，许多是实践问题，所有问题的解决都离不开马克思主义的指导，都会使马克思主义理论更加丰富，使社会主义更具活力。

（摘自 1999 年 4 月 29 日会见古巴共产党中央政治局委员、国务委员会副主席马查多时的谈话）

104

必须充分认识改革的必要性、紧迫性，坚定不移地改；又必须充分估计改革的复杂性、艰巨性，精心指导，做到有计划有步骤地改，有组织有领导地改。

（摘自1985年8月2日在天津市科技体制改革工作会议上的讲话）

105

改革在所有的人都能得到实惠时好搞，但改革深入到触及一些人利益的时候，就会有对立的意见，改革的难度就会增加。改革的突破是艰巨的、复杂的，甚至是痛苦的，所以必须十分小心谨慎。

（摘自1990年6月7日会见美国学者代表团时的谈话）

106

知道变、想着变和敢于变，这只是问题的一个方面。还有另一个方面，就是不能胡变、乱变，要顺乎潮流、合于发展方向地变，符合客观发展规律地变。有同志说，现在老百姓就怕变。其实，老百姓怕的是胡变乱变。按照客观发展规律，推动生产发展、人民富裕的变，人们是翘首盼望、拍手欢迎的。所谓“人心思变”，说的就是这样的变。

（摘自1985年2月2日在天津市农村工作会议上的报告）

107

改革具有革命的性质，需要有开拓创新精神，必然要冲破一些习以为常的东西。这里边有些动机是好的，效果也是好的，这好辨别；有些动机是好的，但效果不好，这就需要分析；也有的是借改革的名义，搞不正之风，甚至违法乱纪，这就需要警惕。

（摘自1986年4月3日在中央端正党风座谈会上的发言提纲）

108

改革过程中出现的问题，许多是前进中的问题，是可以在改革的进程中逐渐解决的。

（摘自1985年10月23日在天津大学部分学生座谈会上的谈话）

109

在积极革除那些已失去历史正当性的弊病的同时，要小心保留那些仍具有历史正当性的东西。

（摘自1984年8月20日关于城市经济体制改革的谈话）

110

对任何一种事物，从不同的角度都可以做出不同的解释和说明，因此对改革的评价，要以最终的、综合的效果来检验，看其是否促进了生产力，看是否符合多数人的利益，看是给党带来了荣誉还是带来了群众的不满。

（摘自1986年3月28日关于改革中的辩证法的谈话）

111

如果把改革开放中的一切失误都说成是不可避免的，这是不可知论，因为有一部分失误主要是人们的主观因素造成的，是可以避免的，笼统地用“交学费”来辩解，是对人民不负责任的表现。

（摘自1989年10月13日同出席全国马克思主义哲学研究与干部哲学教育研讨会全体代表座谈时的讲话）

112

对于科技体制的改革，不积极不行，简单了也不行。慢慢吞吞，犹豫徘徊，不敢开拓前进，会贻误时机；毛毛躁躁，贸然从事，一哄而起，也会欲速不达。

（摘自1985年8月2日在天津市科技体制改革工作会议上的讲话）

113

在大规模经济建设中，在深化改革的转折时期，出现一些经济与社会发展不够协调的情况，发生这样那样的消极现象，要客观具体地分析，不能惊慌失措，不能以偏概全，更不能因噎废食，由于一时的曲折或某些非议而动摇改革、发展的信心。

（摘自1997年12月8日会见越南国家主席陈德良时的谈话）

114

现在人们把所有不满的事，不好的事都和物价连在一起，社会上流传的“火车亲嘴，飞机打滚，轮船沉底，物价没准”就是一例。就目前来讲，物价问题已不简单是价格的涨落、调哪种物价的问题，它涉及社会各方面的利益关系。在我们这样的国家里，群众问题、社会问题，就是政治问题。

（摘自1988年8月在一次会议上的发言提纲）

115

搞改革、求发展，要横向讲协调，纵向讲渐进。

（摘自1998年11月8日听取福建省委、省政府工作汇报时的讲话）

116

配套改革是协调发展的动力，协调发展是配套改革的目标。我们必须对两者统筹兼顾，以配套改革促进协调发展，以协调发展支持配套改革。

（摘自2000年5月11日在加中贸易理事会举办的午餐会上的讲话）

117

如何做到有计划地放开、有控制地搞活，是一个必须研究解决的大课题。放得开、放得活，是控制能力强的表现。要放风筝，不要“放生”，就是放得出去又收得回来，从放收的程度看控制的本事。

（摘自1989年9月9日—14日考察广东时的谈话）

118

宏观控制和微观搞活是相辅相成的。离开控制的放开就是乱，离开搞活的控制就是死。

（摘自1988年8月17日在中央政治局第十次会议上的发言提纲）

119

只讲宏观控制，不讲微观搞活，那不叫控制，而叫管死；只讲微观搞活，不讲宏观控制，那不叫搞活，而叫搞乱。

（摘自1988年9月7日在中共天津市委常委扩大会议上的讲话）

120

宏观控制必须从全局出发，要有通盘考虑，要看到长远发展，要多种手段综合运用，经济利益、思想教育、行政干预“三管齐下”。

（摘自1988年9月7日在中共天津市委常委扩大会议上的讲话）

121

在变革中，部分地牺牲局部和眼前利益，换取全局和长远的利益，这是常有的事。这就要求我们的同志站得高一些，看得远一些，不要斤斤计较。唐代著名的政治家、理财家陆贽有句名言：“吝少失多，廉贾不处，溺近迷远，中人所非。”就是讲人们要看大局，看发展前景，不要鼠目寸光。

（摘自1985年2月2日在天津市农村工作会议上的报告）

122

要注意微观和宏观、当前和长远的统一，处理好国家、企业和职工的三者关系。企业和个人多得必须建立在多为社会创造财富的基础上。

（摘自 1984 年 8 月 20 日关于城市经济体制改革的谈话）

123

每个人的收入多少，应该是对社会贡献的标志，而不是胆大胆小的结果。

（摘自 1995 年 5 月 17 日在《经济日报》上发表的《对改革中的重大问题要统一认识》一文）

124

现在是红眼病、白眼病都有。白眼病是什么都看不惯，红眼病是看着别人赚钱眼红。有时红眼病的病根儿又以白眼病形式表现出来。

（摘自 1986 年 3 月 28 日关于改革中的辩证法的谈话）

125

要注意局部利益，只有局部活了，整体才能充满生机；局部也必须服从并服务于整体，只有整体保住了，局部才能生存和发展。孟子有句话，叫做“上下交征利而国危矣”。如果只想从国家挖一块，结果必然是损害了国家利益，保不住全局，到头来你那局部的利益也难以维持。

（摘自 1985 年 2 月 2 日在天津市农村工作会议上的报告）

126

中国的小勺多，你别看小，锅再大也经不起捞。

（摘自 1986 年 11 月 5 日答中央电视台记者问）

127

把改革理解为“松绑”，指的是给基层、企业以更多的自主权，调动基层和企业的积极性、主动性、创造性。“松绑”不是说可以无拘无束、为所欲为，客观规律不能违背，国家法律不能违反，公共道德必须遵守。同时，权力和责任是统一的，权力大了，责任也就大了；手脚的绳子是松开了，思想上的压力也加大了。

（摘自1984年7月28日在天津市市区体制改革工作会议上的讲话）

128

权力和责任是一致的，权越大责任越大，工作量越大，辛苦越大。

（摘自1988年1月30日与天津市优秀环卫职工代表座谈时的讲话）

129

必须明确，这次港口下放，不能是简单地把“大婆婆”换成“二婆婆”，更不能同时增加许多“小婆婆”，只有市政府一个“婆婆”，而且市政府要做一个开明的“婆婆”。

（摘自1984年11月28日听取天津港务局工作汇报时的讲话）

130

内容是构成事物一切要素的总和，形式是这些要素的存在方式，两者是辩证的统一。内容决定形式，形式表现内容并影响内容，内容需要有恰当的形式表现出来。在当前税制尚不完善的情况下，比较好的一种形式就是税利并存、税后承包。

（摘自1987年4月22日在天津市十届六次人代会上的《政府工作报告》）

131

单靠条条，是无法管全、管细的。线条画得再多，也有空白。

（摘自1986年1月9日同全国第四期市长研究班学员座谈时的发言）

132

我们面临的改革和建设的任务十分繁重，情况极其复杂，现在关键是要扎扎实实地干。许多已经明确的东西，只有通过实干，才能把蓝图变成现实；有些还不明确的东西，也只有在实干中探索，才能找到正确的路子。

（摘自1992年4月22日在潍坊市考察工作时的讲话）

133

对于改革，我们讲了三句话：第一，这是一场深刻的革命，难免有些不完善；第二，改革实际上是一次权力、利益的再分配，难免有些不公平；第三，改革是调整上层建筑的一个复杂的大型的系统工程，难免有些不协调。因而，在一个大的改革步骤出台以后，有必要拿出一段时间来进行巩固、消化、补充、完善。

（摘自1986年1月9日同全国第四期市长研究班学员座谈时的发言）

134

改革是群众创造历史的过程，中国的改革最终要靠中国广大群众去实践、去探索。从一定意义上讲，改革的加速或延缓、成功或失败，都取决于群众能否积极参加和乐于支持。

（摘自1987年4月22日在天津市人代会上的讲话）

135

什么是好政策？能调动人的主动性、积极性、创造性的政策就是好政策。反之，说的再圆，编的再全也没用。

（摘自2000年9月在青岛市考察工作时的讲话）

136

制定改革的方针政策和实施措施，首先和第一位要考虑的是绝大多数群众的觉悟和意愿，凡是多数群众不赞成的做法，纵然有千条理由、万条理由也不能简单从事，勉强或急于去干。这要作为整个改革的出发点，并且表现于行动的过程和归宿。

（摘自1987年4月22日在天津市人代会上的讲话）

137

改革的根本目的是为了解放社会生产力，带来的应该是生产发展、经济繁荣。改革代表着人民的利益，不论是从长远讲还是从当前讲，带来的应该是绝大多数社会成员生活的不断改善。

（摘自1988年12月25日在中共天津市委全体会议上的讲话）

138

考察我们体制的利弊如何，政策的得失如何，它是解放生产力的还是束缚生产力的，归根到底，都要到基层去看。在农村，要看人高兴不高兴，牛高兴不高兴；在工厂，要看工人干活作劲不作劲。

（摘自1990年4月11日在新华社国内工作会议上的讲话）

139

任何一项改革措施出台都要考虑前行后序，左邻右舍，统筹谋划，整体推进，审慎地把握好人民群众总体受益原则和总体承受能力原则，以便把改革可能引起的社会震荡减小到最低程度。

（摘自2000年5月11日在加中贸易理事会举办的午餐会上的讲话）

140

我们的改革要坚持多数人受益、少数人过得去的原则。

（摘自1999年3月11日在地方政协主席座谈会上的讲话）

141

在研究和实施改革措施时一定要把握好总体受益原则和总体承受能力原则。总体受益原则，就是任何一个改革措施出台，要能让多数人受益，不能让多数人吃亏。总体承受能力原则，就是改革必须考虑大多数群众能否承受得了，如果超出了多数人的承受能力，即使是必要的改革，也不能出台。

（摘自1994年2月17日听取福建省委、省政府和福州市委工作汇报时的讲话）

142

由于经济地位的区别，人们的思维方式和价值取向常常有所不同；由于具体利益的差异，人们的愿望和要求往往不尽一致。一项措施出台很难使所有人同等受益，总会有人赞成有人不赞成；一个人在改革中不可能始终受益，难免有时满意有时不满意。

（摘自2000年12月6日在全国统战工作会议上的讲话）

143

改革不可能每一步都使每一个人得到利益，但无论如何不能损害多数人利益；改革从总体上提高了人民的生活，但无论如何不能忘记生活暂时遭遇困难的人；改革必须依靠精明的领导者，但无论如何不能忽视劳动人民的作用。

（摘自1993年6月10日听取安徽省委、省政府工作汇报时的讲话）

144

中国的改革是中国人民创造历史的过程，人人都是改革者，人人都在被“改革”。

（摘自1995年5月17日在《经济日报》上发表的《对改革中的重大问题要统一认识》一文）

145

如果把改革比喻为一台戏的话，每个人都是演员，只是角色不同而已。改革中产生这样那样的毛病，应该从爱护的观点出发批评帮助，而不应该冷嘲热讽，好像自己是局外人。

（摘自1984年1月1日关于经济体制改革中统一思想必要性的谈话）

146

改革是一种权力和利益的再分配，与干部群众的切身利益息息相关。因此，在改革过程中，必须注意处理好与群众切身利益相关的问题，切实保护大多数人的利益。对于容易引起连锁反应，牵一发而动全身的问题，必须瞻前顾后，审慎从事。

（摘自1985年12月《团结起来，为巩固和发展天津的大好形势而努力奋斗》一文）

147

没有利益就没有动力，没有动力就没有活力。我们要建立一种利益驱动的工作机制，最大限度地调动广大群众的积极性，使每一个人在谋取自己利益的同时为发展集体利益尽责任，在追求自己致富目标的过程中为实现国家宏伟目标作贡献。

（摘自1999年6月25日在政协第九届全国委员会常务委员会第六次会议上的讲话）

148

看一个体制、一个政策、一个领导好还是不好，最大的一条，就是能不能把人的积极性调动起来，能不能把人的潜能发挥出来。

（摘自2002年3月7日看望政协文艺界委员时的讲话）

149

现在有一种很不正常的现象，就是很多人没事干，很多事又没人干。有人忙得要死，有人闲得要命。这种不合理的状态，主要是我们的体制上有毛病。

（摘自1985年5月29日在天津市政府常务会上的讲话）

150

我们进行改革固然要着眼于整个经济运行机制的长期效应，但也必须重视它的近期经济效果，使改革每前进一步都得到实实在在的好处，表现为国家财力的增加，社会积累的增长，生产效率的提高，物资消耗的下降，科学技术的进步和竞争能力的增强，以及人民生活的改善。同时，只有把改革措施注入千百万人每日每时为之奋斗的具体经济目标中去，才能使改革变成人民群众的事业，成为历史的潮流。

（摘自1987年4月22日在天津市十届六次人代会上所作的《政府工作报告》）

151

改革开放是一场革命。都看得惯，就不叫革命了；都和过去一个样，就不叫进步了。

（摘自1987年6月15日同天津警备区部分干部战士的对话）

152

改革开放的方针是不应该改变、不应该放弃的。改革开放的潮流是不可逆转的，只能前进不能后退。虽然前进的道路是曲折的，但前途是光明的。后退一时可能好过，但后果不堪设想。

（摘自 1990 年 2 月 9 日听取福建省委工作汇报时的讲话）

153

时至今日，改革开放的潮流席卷祖国大地，已势不可挡。任何部门、任何个人都不能观望、徬徨，更不能逆流而行，都必须主动投入改革开放的大潮，与之相顺应、相合拍、相协调。

（摘自 1993 年 11 月 5 日在全国统战工作会议上的讲话）

154

对坚持改革开放的方向不能产生任何动摇，不能由于反对资产阶级自由化而又出现思想僵化，也不能借口反对资产阶级自由化而否定改革开放的成绩，把已经搞活了的东西再搞死，走回头路。

（摘自 1987 年 1 月 4 日在天津市委四届六次全委会第二次各组召集人会上的讲话）

155

在我们这个国家里，"左"的东西时兴了几十年，已经形成了一种习惯势力，积习很深，改起来也比较难。当你反对自由化时，就要小心僵化的观点借此出场，借反自由化的名义压制改革开放。当然，不能把干部群众对改革开放工作的批评和意见一概说成是僵化观点。

（摘自 1987 年 7 月 4 日关于改革的几个思想理论问题的谈话）

156

改革是社会主义的自我完善。改革就是要变革现实中妨碍生产力发展的东西，它常常表现为破除因循守旧，因而反对僵化、反对保守将是改革开放历史长河中一个长期的任务。

（摘自1989年10月7日同天津新闻、文艺、出版工作者座谈时的谈话）

157

改革、开放要坚持，纠正不正之风、打击经济犯罪也要坚持；改革、开放要坚决，纠正不正之风、打击经济犯罪也要坚决；改革、开放是个长期的任务，纠正不正之风、打击经济犯罪也是个长期的任务。

（摘自1986年4月3日在中央端正党风座谈会上的发言提纲）

158

不能因为改革开放是好的，就不正视不足之处。也不能因为纠正改革开放中的某些不足，就看不到改革开放的主流和好的方面。泼污水不能把孩子也泼掉。这其实就是马克思主义常讲的“扬弃”。

（摘自1989年10月30日会见美国前总统尼克松时的谈话）

159

夏天有苍蝇、蚊子，但夏天能长出我们所必需的粮食和各种作物；冬天虽然少一些害虫，但冬天也不长庄稼，因此，谁也不会希望总是过冬天。

（摘自1995年6月22日会见巴西总统卡多佐时的谈话）

160

我国正处在建立社会主义市场经济体制的深刻变革之中，会出现一些经济利益的摩擦、思想观念的碰撞，出现一些不公平、不合理的事情，出现一些消极、腐败的东西，我们的工作也会出现这样那样的问题甚至失误。尽管这些是难以完全避免的，但是，它确实给一些人带来生活上的困难，心理上的失衡，情绪上的不顺。对此，决不能忽视、回避、敷衍、推托。

（摘自1997年3月12日在中国人民政治协商会议第八届全国委员会第五次会议闭幕会上的讲话）

161

改革中出现的问题只有通过改革来解决，而不能一碰到问题就退回去。我们的目标是把每个人的积极性充分地调动起来、合理地发挥出去，使付出同等智力和劳力的人收入大体相等。尽管实现这个目标不容易，但这是方向。

（摘自1990年6月7日会见美国学者代表团时的谈话）

162

改革过程中总会伴有阵痛，但必须是在阵痛之后变成不痛，而不能越来越痛。

（摘自1988年5月11日在天津市党员领导干部会议上的讲话）

163

在进行经济体制改革的同时，也必须要相应地进行政治体制改革。如果没有必要的政治体制改革，那么经济体制改革既不可能持久，也很难提到更高的水平。

（摘自1992年12月11日会见西班牙联合左翼代表团时的谈话）

开　放

164

主张开放是马克思主义的应有之义，否认开放不是真正的马克思主义。对中国人来讲，马克思主义本身就是从外国引进来的。

（摘自 1989 年 10 月 30 日会见美国前总统尼克松时的谈话）

165

人类文明在纵向上具有继承性，在横向上具有借鉴性。如果忽视人类文明这种超越时空的特点，借口它是某一个阶段、某一个国家、某一种社会制度所独有的而简单地加以排斥，那就不是历史唯物主义的观点。

（摘自 1992 年 4 月 8 日与第三届孙子兵法国际研讨会部分中外代表座谈时的讲话）

166

如果只研究中国，不研究世界，就会落后世界潮流；如果只研究世界，不研究中国，就会脱离中国国情。

（摘自 2001 年 7 月 2 日接见中国经济社会研究会理事时的讲话）

167

一个国家的繁荣，一个民族的兴旺，固然十分需要自身的不懈努力，同时也要善于同其他国家与民族进行广泛的交流与合作，大胆地吸收外来的一切先进经验和文明成果。这样才可以互通有无，取长补短，才可以少走弯路，加快发展。如果闭关锁国，条件再好，也不会跟上世界潮流。

（摘自1999年5月19日会见阿曼苏丹卡布斯时的谈话）

168

在当前形势下，任何国家和民族都必须面向世界、研究世界、融入世界，都必须面向未来、研究未来、筹划未来。能不能既立足本国、坚持从自己的国情出发，又具有世界眼光、加强同各国的交流与合作；能不能既保证自己的经济安全、有效抵御各种外来冲击，又趋利避害、积极参与国际分工；能不能既扎扎实实做好当前的事情、不急于求成，又高瞻远瞩、准确地把握世界的发展变化；能不能既保持优秀传统、继承和发扬前人留下的好的东西，又与时俱进、大胆地进行改革和创新……这是所有的国家、所有的民族以及所有想要有所作为的企业都必须面对的重大问题。

（摘自2001年9月17日在第六届世界华商大会开幕会上的致辞）

169

当今世界相互联系日益紧密。经济全球化加速发展，各国经济彼此依赖的程度越来越高；国际分工进一步深化，国际协作范围不断扩大；生产要素跨地域配置空前广泛，全球性的市场迅速形成；人类的共同利益逐渐增加，需要各国相互协调、共同解决的问题也越来越多。

（摘自2001年9月17日在第六届世界华商大会开幕会上的致辞）

170

人类文明发展到今天，地球变得越来越小，整个世界都纳入到一个交织联结的网络之中，所有的国家、所有的民族都难以置身其外。

（摘自 2001 年 9 月 17 日在第六届世界华商大会开幕会上的致辞）

171

夜郎自大、闭关锁国会导致落后，而迷信外国、照搬照抄也不能成功。

（摘自 1995 年 6 月 26 日会见智利总统弗雷时的谈话）

172

对外开放，必然会有“蚊子”、“苍蝇”飞进来，打“蚊子”、“苍蝇”不等于就是不开放，也不能因为有“蚊子”、“苍蝇”飞进来就不开门。

（摘自 1989 年 9 月 11 日在南方四省“扫黄”工作座谈会上的讲话）

173

在对外开放上眼界小、胆子小、本事小、招法小、步子小，“五小”办“洋务”不会有大起色，最多是老牛换毛驴，太快不了。

（摘自 1984 年 3 月 29 日在沿海部分城市座谈会上的发言）

174

马克思主义讲扬弃，不是抛弃。资本主义就保留了封建主义的好东西。我们主张继承历史优秀文化，但我们对资本主义常常是只讲抛弃。

（摘自 1998 年 4 月在温州市考察工作时的讲话）

175

必须大胆吸收和借鉴外国的包括资本主义国家的一切先进文明成果。在科技高度发达的今天，即使一个十分聪明的人，如果不吸收已有的知识而事事都由自己去从头摸索，那恐怕连我们现在会场上使用的麦克风也造不出来。

（摘自 1992 年 4 月 8 日与第三届孙子兵法国际研讨会部分中外代表座谈时的讲话）

176

不能认为外国什么都好。如果不加分析地把外国的东西生硬嫁接，不加分析地把自己的东西随便扔掉，我们就会是既不像社会主义，也不像资本主义，既不如社会主义，也不如资本主义，弄成个“四不像”。

（摘自 1988 年 11 月《做好新时期的城市民兵工作》一文）

177

一个国家的发展和进步，任何时候都离不开在纵向上继承前人的已有成果，在横向上借鉴与学习其他国家的有益经验。发展中国家要加快建设步伐，少走弯路，更应当面向世界，真诚地、刻苦地、坚持不懈地向其他国家学习。但是这种学习必须是从本国的实际出发，必须与自己的实践相结合，最终形成具有自己特色的发展路子。

（摘自 1995 年 6 月 26 日会见智利总统弗雷时的谈话）

178

吸收和借鉴的气魄应该大一点。不管是本国的，还是外国的，不管是古代的，还是现代的，凡属人类创造的积极的文明成果，我们都要善于分析、鉴别、选择和吸收，以达到“古为今用”、“洋为中用”的目的。

（摘自 1991 年 5 月 10 日在中华炎黄文化研究会成立大会上的讲话）

179

开放是为了增加自己的力量，就像吃一点补药，为的是使自身机能得到提高。自身机能不提高，完全靠吃补药，健康得了吗？

（摘自 1990 年 4 月 20 日听取延安地委工作汇报时的讲话）

180

富有创造性的民族总是既看到自己长处，又看到别人长处。如果看不到自己的长处，就会缺乏信心，丧失自立于世界民族之林的志气。如果看不到别人的长处，专挑别人短处，固步自封，其结果只能是自己的短处无法消除，长处也无法提高。

（摘自 1997 年 12 月 17 日会见澳大利亚外长唐纳时的谈话）

181

要取诸家之长，走自己的路。取诸家之长，最终是为了走好自己的路。

（摘自 1995 年 6 月 26 日会见智利总统弗雷时的谈话）

182

一个民族要跟上时代，就必须大胆地融入国际社会，善于同其他国家和民族进行广泛的交流与合作，学习和借鉴外来的一切文明成果，取诸家之长，走自己的路。

（摘自 1999 年 10 月 12 日会见委内瑞拉总统查韦斯时的谈话）

183

学别人的东西一定要学好的，丢自己的东西一定要丢坏的，要从本国实际出发选择发展道路，而不能简单照搬、丢掉传统。有个性才有地位，才有价值。

（摘自1999年5月22日会见埃及协商会议主席希勒米时的谈话）

184

“他山之石，可以攻玉”。只有虚心学习别人的长处，才能不断进步，不断完善自己。当然，学习别人长处，是为了取人之长补己之短，是为了使自己的“好”加上别人的“好”，从而使自己变得更好，而不能忘掉自己的长处，机械搬用别人的做法。

（摘自1997年12月17日会见澳大利亚外长唐纳时的谈话）

185

简单地说别人的东西都不好，或简单地说我们的东西都不行，都是十分错误的。吸收别人好的东西，保持自己特有的东西，把他的好与我的好相加，等于比他更好。

（摘自1993年1月27日听取深圳市委、市政府工作汇报时的讲话）

186

自力更生和改革开放并不矛盾，改革开放还是以自力更生为主，中国不能买来个社会主义现代化。

（摘自1990年4月20日听取延安地委工作汇报时的讲话）

187

经济全球化是当今世界经济发展和科技进步的产物，它对发展中国家来说是一个机遇，当然也会带来一些负面影响。发展中国家要顺应潮流，积极参与经济全球化的进程，抓住有利时机发展壮大自己。同时又要从本国实际出发，选择适合自己的发展道路，要坚持循序渐进，稳步前进，要保持清醒头脑，注意防范和化解各种风险。

（摘自 1999 年 5 月 23 日接受中东通讯社、埃及电视台、《金字塔报》等埃及媒体联合采访时的谈话）

188

合作是以对方存在为自己存在的前提，有他的小利，才有你的大利，他不赚，你也赚不成。双方都有利，合作才成立。

（摘自 1986 年 3 月 28 日关于改革中的辩证法的谈话）

189

不要光看别人赚不赚钱，还要看自己赚不赚钱；不要光看眼前赚不赚钱，还要看长远赚不赚钱；不要光看某个具体项目赚不赚钱，还要看总体上赚不赚钱。

（摘自 1991 年 2 月 19 日听取海南省委工作汇报时的讲话）

190

天津港的重要作用在很大程度上是因为有广阔的腹地，天津港要对外发挥其窗口和集散中心的作用，就必须依靠广大的腹地。没有房间就谈不上窗口，没有腹地一个孤立的港口也就很难有大的作为。

（摘自 1984 年 11 月 28 日听取天津港务局工作汇报时的讲话）

191

平等互利、求同存异，是人类文明进步的结果，也是今后人类社会和平相处、继续发展的基础和追求。

（摘自1997年12月17日在澳大利亚总理霍华德为庆祝中澳建交25周年举行的招待会上的讲话）

192

平等是人类追求的方向，是历史发展的趋势，是社会进步的标志。中国政府把平等相待作为外交政策的重要内容，主张国家不分大小、强弱、贫富都一律平等，要求每个工作人员在对外交往中平等待人、诚恳待人、宽厚待人、依理待人，对强国不低三下四，对弱国不盛气凌人。

（摘自2000年5月17日会见特立尼达和多巴哥总理潘戴时的谈话）

193

世界就是同和异的统一体，没有差异就没有世界，绝对一样的人和事是没有的。有些差异通过工作是可以缩小或消除的，有些差异是长期存在的。

（摘自2001年5月2日在出访亚非四国结束午餐会上的即兴讲话）

194

各国之间都有差异，有些差异可以缩小或消除，对此我们应当满怀信心积极工作，但这要有一个过程，需要大度、容忍、耐心；有些差异不可能缩小和消除，大千世界万事万物不存在绝对相同，否定差异就否定了事物的特质特色。

（摘自1997年12月17日在澳大利亚总理霍华德为庆祝中澳建交25周年举行的招待会上的讲话）

195

存在差异并不都是坏事，差异使世界丰富多彩，差异使交流与合作成为必需。

（摘自1997年12月17日在澳大利亚总理霍华德为庆祝中澳建交25周年举行的招待会上的讲话）

196

一个国家、一个地区、一个社会总会存在这样那样的分歧和差异。分歧和差异，有的是是非问题，有的是个性、特点的表现；有的可以消除，有的不能强求一致。

（摘自1999年12月2日会见斯里兰卡总统库马拉通加时的谈话）

197

我们决不能把差异看成异端，也不能把自己的主张强加于人。

（摘自1999年5月23日会见埃及总统穆巴拉克时的谈话）

198

中国有一句成语，叫做“独木难支”。国际社会也是这样，一个国家说了算，难以实现稳定与安宁，只有众多的国家共同发挥作用，才算民主，才叫公平，才能保持世界的多彩多姿，也才能实现持久的和平。

（摘自1998年5月27日会见法国总统希拉克时的谈话）

199

历史证明，凡称霸的人，无论是搞全球霸权主义还是搞地区霸权主义，都没有好结果。尽管他们也可能得逞于一时，但最后都只能以失败告终，不仅自己落下个罪名、臭名，还给子孙欠下还不清的债。多行不义必自毙。中国有出名剧叫《霸王别姬》，当霸王总有一天要“别姬”。

（摘自1997年6月9日会见德国外长金克尔时的谈话）

200

世界各国之间既存在着相同，也存在着差异。相同的利益、相同的任务、相同的愿望等等，为国家间的合作提供了基础和条件；而不同的社会制度、不同的生活方式、不同的发展程度等等，又使得世界呈现出多样化，使各国之间的交流、协商和谅解成为必要。

（摘自 1996 年 9 月 11 日会见荷兰首相科克时的谈话）

201

坦诚是增进了解、加深理解、消除误解、达到谅解的必需条件。由于历史背景、社会制度和价值观念的差别，由于经济发展水平的差异，也由于沟通不够等等原因，不同国家在一些问题上存在不同乃至对立的看法，这是难免的。但不管分歧有多大、误解有多深，只要我们出自善意，坦诚相待，努力求同，允许存异，就一定能够加深了解，增进友谊。

（摘自 2000 年 6 月 9 日会见瑞士前联邦委员会主席科蒂时的谈话）

202

国与国相处，必须相互尊重，尊重对方的国情实际，尊重对方的历史传统，尊重对方人民的意愿和政治选择，只有尊重别人，才能得到别人的尊重；必须平等互利，互通有无，互利互惠，公平合理地处理双方利益关系，谋求共同发展，只有考虑到对方的利益，才能谈得上自己的利益；必须加强交流，多交往，多对话，以求增进了解，消除误解，加深理解，达到谅解，只有经常沟通，才能增进共识；必须求同存异，承认世界的多样性，承认不同国家的经济利益、文化传统、价值取向的差异，彼此诚恳相待、平等相待、以礼相待，从中寻求共同利益和普遍遵循的原则，只有求同存异，才能不断地扩大同、减少异。

（摘自1997年12月11日在新西兰总理希普利举行的庆祝中新建交25周年招待会上的讲话）

203

各国之间在历史背景、文化传统、社会制度、经济水平等方面确有差异，这些差异应成为多联系、多沟通的理由，而不应成为不合作、不协商的借口。

（摘自2001年10月15日会见加拿大参议长海斯时的谈话）

204

在各项活动中既谋求自己的利益，也考虑别人的利益，既善于利用别人的优势改变自己的劣势，又肯于发挥自己的长处弥补别人的不足，取长补短，共同发展。事实表明，不能求同存异，老想闹对立，不能平等互利，老想占便宜，世界就不能安宁，自己也会孤立。

（摘自1999年5月23日会见埃及总统穆巴拉克时的谈话）

205

人类社会发展到今天，经济全球化趋势加快，各国之间的相互依存日益加深，共同利益在逐渐增加，需要共同解决的问题也越来越多。在这种形势下，必须加强协调，加强合作。忽视同其他国家的联系、闭关锁国肯定是要吃亏的，轻视其他国家的作用、一家包揽天下肯定是行不通的。

（摘自2001年10月15日会见加拿大参议长海斯时的谈话）

206

国与国之间难免对一些问题存有不同看法。只要双方从友好合作的愿望出发，平心静气坐下来谈，平等地谈，问题总能得到解决。有些问题或许一时解决不了，但随着时间的推移，人类智慧的发展，最终总会找到解决办法。

（摘自1995年7月20日会见印尼外长阿拉塔斯时的谈话）

207

随着科学技术突飞猛进，经济全球化进程日益加快，各国之间的联系越来越紧密，一个国家的动荡常常牵涉多国利益，一个地区的冲突往往波及整个世界。和平对人类影响的程度，人们对和平关切的程度，比以往任何时候都要广泛和深入。

（摘自2001年11月12日会见斐济总理恩加拉塞时的谈话）

208

做外事工作首先要讲原则，讲国家主权，讲领土完整，讲民族尊严，这是不能含糊的。同时，做外事工作也要讲策略，讲求同存异，讲体谅包容。

（摘自2001年5月2日在出访亚非四国结束午餐会上的即兴讲话）

209

发展同周边国家的睦邻友好关系，是中国外交政策的一个基点。中国有句俗话："远亲不如近邻"。邻国之间，山水相依，道路相通，习俗相近，交往便捷，关系搞好了，于本国有利，于双方有利，于周围各国都有利。

（摘自1995年12月11日会见缅甸国家恢复法律和秩序委员会主席丹瑞大将时的谈话）

210

不忘老朋友，广交新朋友，永做好朋友。

（摘自 1999 年 12 月 9 日在日中友好团体举行的欢迎宴会上的讲话）

211

重要的是种好自家的地。我们不要说人家那么多，不要说什么社会主义国家都垮了，就靠我们了，不要惹那么多事，东出拳头西出脚。我们不当头，也当不了头、当不起头。

（摘自 1992 年 8 月 10 日听取内蒙古自治区党委负责同志汇报时的讲话）

212

平等待人、诚恳待人、宽厚待人、依理待人四准则体现了中国人民的优秀品德，弘扬了中华民族的传统文化，对外有用，对内也适用。

（摘自 1999 年 12 月 15 日在出访亚洲三国总结会上的讲话）

稳　定

213

团结稳定对各项事业的成功具有十分重要的意义，团结是保证，稳定是前提。

（摘自1996年12月25日同全国统战部长会议代表座谈时的讲话）

214

伟大的任务需要广泛的团结，广泛的团结创造伟大的业绩。只有不断巩固和扩大团结，才能维护稳定的社会局面，保持和谐的人际关系；才能充分利用时间进行建设，抓住机遇发展自己；才能挖掘蕴藏的潜力，充分发挥中国人民的聪明才智；才能振奋民族精神，凝聚海内外各方面的力量。

（摘自1993年3月27日在中国人民政治协商会议第八届全国委员会第一次会议闭幕会上的讲话）

215

我国是个发展中国家，必须把握好稳定、改革、发展三者结合的度。稳定压倒一切。稳定当然不是死水一潭，不是不要改革和发展。离开改革和发展，不可能有真正的稳定、长期的稳定。

但是离开了稳定，一切改革和发展都谈不上。

（摘自1989年10月13日同出席全国马克思主义哲学研究与干部哲学教育研讨会全体代表座谈时的讲话）

216

在改革开放的全过程中，始终都要把握好改革的力度、发展的速度、稳定的程度，处理好改革、发展、稳定三者的关系。

（摘自1995年4月10日—16日在辽宁考察工作期间的谈话要点）

217

必须妥善处理改革发展稳定与群众利益的关系，改革要把握群众总体受益和总体承受能力原则，发展要坚持“一要吃饭，二要建设”的方针，稳定要把理顺群众情绪放在突出位置。

（摘自2002年11月9日在中共十六大天津代表团讨论会上的发言）

218

我们所说的稳定，不是孤立的稳定、静止的稳定、停滞的稳定，而是建立在经济和社会不断发展基础上的稳定。只有通过改革达到发展，满足人民日益增长的物质和文化需求，才可能实现真正的稳定。

（摘自1995年6月26日在智利联合国拉丁美洲及加勒比经济委员会的演讲）

219

和平稳定同发展繁荣相互关联、互为条件，和平与稳定是发展的前提，没有和平稳定的环境就不能致力于经济建设，就很难实现繁荣和发展的目标。

（摘自1993年12月5日会见巴基斯坦总统莱加利时的谈话）

220

中国发展需要两个条件，国内有个好政策，国外有个好环境。好政策包括社会稳定，包括人民团结，包括经济发展，包括生活提高，包括改革开放；外面有个好环境，如果整天和别人吵架，穷于应付外面，也很难把国内的事情搞上去。

（摘自2003年2月21日在出访非洲三国总结会上的讲话）

221

不深化改革，就不能解放和发展生产力；不重视发展，就不能提高人民生活水平；不保持稳定，一切都无从谈起。

（摘自1994年5月9日在瑞典瑞中贸易理事会的讲演）

222

我们提出要“三稳”：一是稳定，注意理顺各种关系，特别是人们的情绪，使整个社会有一个和谐、融洽、协调的环境；二是稳步，强调各项事业、各项工作既要积极进取，又不要操之过急，而是谨慎从事，平稳推进；三要稳妥，对于任何工作，特别是重大改革措施和政策出台，要周密准备，把握时机，尽量避免失误，减少震动。

（摘自1987年12月26日在中共天津市委全体会议上的讲话）

223

稳定当然有取有舍，有进有退，但小有所舍是为了大有所取，退一步是为进两步。

（摘自1987年12月《关于稳定发展方针》一文）

224

如果改革力度过大，发展速度过快，影响到社会稳定，那么改革和发展就不可能顺利进行下去，就必须慢下来，先把社会稳定保住。所以，稳定作为改革、发展的前提和保证，在任何时候都是一个非常重要的问题。

（摘自 1995 年 4 月 10 日在辽宁考察工作期间的谈话要点）

225

保持团结稳定的局面，说到底取决于群众的稳定、人心的稳定。民心顺一切皆顺，民心稳社会就稳。

（摘自 2000 年 3 月 11 日在中国人民政治协商会议第九届全国委员会第三次会议闭幕会上的讲话）

226

古人讲，天下之势，常系民心。民心顺了，就会一顺百顺，一顺百兴。

（摘自 1987 年 2 月在研究起草天津市政府全体会议讲话时的几次谈话）

227

唯有团结，才能稳定；唯有团结，才能一心一意搞四化；唯有团结，才能推进祖国统一大业；唯有团结，我们民族才能自立于世界先进民族之林。

（摘自 1992 年 11 月 17 日同各民主党派中央、全国工商联负责人和无党派人士代表座谈时的讲话）

228

团结才能稳定，团结才能有劲。大家团结一致，劲都往一处使，外边的压力就不可怕了。

（摘自 1990 年 4 月 28 日在《人民日报》国内记者工作会议上的谈话）

229

总得给群众提供一个安定的环境，不能让人出门走路也害怕，在家里睡觉也害怕，坐火车也害怕，坐飞机也害怕。不能给群众提供一个安定的环境，不是无理就是无能。

（摘自 1989 年 7 月 3 日在天津市公安武警防止动乱庆功大会上的讲话）

230

从国内来讲，折腾会影响四化的进程，折腾不符合人民的意愿。从国际来讲，支持我们的人，希望中国富强，担心我们再折腾；敌视我们的人，害怕中国发展，希望我们再折腾。

（摘自 1986 年 12 月 22 日关于做好高等院校学生工作的谈话）

231

稳定与协调密不可分，稳定必须协调，协调才能稳定，稳定就是协调。

（摘自 1987 年 12 月《关于稳定发展方针》一文）

232

协调的思想在中华民族的文化遗产中占有重要的位置，“和衷共济”、“兼容并包”、“厚德载物”、“天人合一”等许多人所熟知的成语，都包含着和谐、协调的意思。强调协调的作用，符合事物的客观规律，符合时代的发展潮流，也符合中华民族的优良传统。

（摘自 2002 年 3 月 13 日在中国人民政治协商会议第九届全国委员会第五次会议闭幕会上的讲话）

233

由于人们生活在不同的社会群体之中，其社会地位、实践经验、知识水平和认识能力等各不相同，对利益的追求，对事物的认识，包括兴趣、性格、习惯等在内的个性，都存在着许多差异，因此，在群体与群体、个人与群体以及人与人之间的关系中经常地、普遍地存在着矛盾。要及时地解决这些矛盾，就需要有组织地进行经常性的协调。

（摘自1990年5月18日在中国职工思想政治工作研究会第六次年会上的讲话）

234

世界上万事万物都是相互联系、相互影响的，都是在平衡与不平衡、协调与不协调的矛盾运动中变化发展的。在人类社会出现以前，自然界按照自然法则自发地调节、演化和发展。在人类社会出现以后，产生了人与自然、人与人之间的矛盾和冲突，人类为了生存和发展，也就有了自觉的协调活动。历史发展到今天，整个世界呈现出快速多变、复杂多样的特点，不同文明之间相互交融又相互激荡，不同利益之间相互依存又相互磨擦，人对自然的索取越来越多，人与自然的矛盾也越来越突出。和谐共存、协调共进的问题已经成为人类普遍关注的重大问题。

（摘自2002年3月13日在中国人民政治协商会议第九届全国委员会第五次会议闭幕会上的讲话）

235

在我国，随着改革开放的深入和市场经济的发展，社会经济成分、组织形式、就业方式、利益关系和分配方式日益多样化，人们的职业、身份经常变动，不同群体、不同行业、不同地域间的差异和矛盾错综复杂，协调的任务比以往任何时候都要繁重。

（摘自2002年3月13日在中国人民政治协商会议第九届全国委员会第五次会议闭幕会上的讲话）

236

我国现阶段的各种社会矛盾多属于根本利益一致基础上的人

民内部矛盾。解决人民内部矛盾，主要的大量的要靠协调工作。如果不重视协调，不善于协调，不能及时、有效地加以协调，就会影响改革发展稳定的大局。

（摘自2002年3月13日在中国人民政治协商会议第九届全国委员会第五次会议闭幕会上的讲话）

237

分配政策必须有通盘的考虑，协调好各方面的关系，不要因为调动一部分人的积极性，而伤害、压抑另一部分人的积极性，做到在付出同等劳动和智慧的情况下，收入大体相当。

（摘自1985年2月2日在天津市农村工作会议上的报告）

238

调节关系的学问相当大。每个人有每个人的特点，要保持特点，保持优点，抑制缺点，在发挥其优点的同时，克服缺点，而不是光找缺点把人制住。

（摘自1989年7月3日在调离天津向市政府领导同志交接工作时的讲话）

239

春节是人们相互交往、协调关系、密切感情的最好时机。两家邻居闹点纠纷，谁也不理谁。春节了，图个吉利，互相拜个年、作个揖，花生瓜子一吃，由今天开始，去年不愉快的事就算完了。

（摘自1988年12月21日关于元旦、春节开展群众文化活动的谈话）

环 保

240

保护环境就是保护人类，拯救地球就是拯救未来。

（摘自1999年6月23日在国际建筑师协会第二十届大会开幕式上的讲话）

241

地球是慷慨的，她养育了一代又一代人类；地球是无情的，她也报复了恣意施虐、过度索取的人类。地球是我们唯一的栖身之所，糟蹋地球就是糟蹋我们自己。

（摘自2002年5月27日会见英国副首相普雷斯科特时的谈话）

242

自然界所有东西都有它存在的理由，所有东西都是相互依赖、相互依存的。“天人合一”思想中就有主张自然与人类亲契合一，主张万事万物和谐共存的内容。

（摘自2002年3月7日看望政协文艺界委员时的讲话）

243

要寻求人与自然的和谐发展。大自然是慷慨的，它给了人类种种生存与发展的条件；大自然是苛刻的，它对无节制的索取必然给予无情的报复。历史发展到今天，人类改造自然的能力空前提高，破坏自然的能量也日益增大。尊重客观规律，处理好人与自然的关系，是全人类面临的重大课题，也是建筑师的神圣职责。

（摘自 1999 年 6 月 23 日在国际建筑师协会第二十届大会开幕式上的讲话）

244

中国的“和”的思想表现在人与自然的关系上，强调“天人调谐”，人是大自然和谐整体的一部分，又是一个能动的主体，人必须改造自然又顺应自然，与自然圆融无间、共生共荣。

（摘自 2002 年 5 月 28 日在英中贸易协会举行的欢迎午宴上的演讲）

245

我们的目标是建设两个文明，环境保护既是精神文明，又是物质文明。忽视了环境保护，不搞好环境保护，也就谈不上建设两个文明。

（摘自 1984 年 3 月 10 日在天津市第五次环境保护会议上的讲话）

246

我们在确定一个国家的发展战略时，无论选择什么样的目标、模式和途径，都不能只顾眼前不顾长远，只顾局部不顾全局，只顾自己不顾别人，而应当多从全球发展的角度考虑，多为我们的子孙后代着想。滥用资源、毁坏环境、过度消费是绝对不可取的。

（摘自 1997 年 12 月 11 日会见新西兰总理希普利时的谈话）

247

在环境这个问题上，必须对历史负责，为未来着想。如果只顾当前、不看长远，急功近利、竭泽而渔，就是“吃祖宗饭、造子孙孽”，就会成为历史的罪人。

（摘自 2001 年 11 月 15 日会见巴布亚新几内亚总督阿托帕尔时的谈话）

248

一个良好生态环境的形成可能需要上千年、上万年、上亿年，而对它的破坏则可能是几十年、几年乃至一朝一夕。生态环境一旦遭到破坏，就很难甚至不能得到完全恢复，致使自己或后代吞食苦果。

（摘自 2001 年 11 月 15 日会见巴布亚新几内亚总督阿托帕尔时的谈话）

249

中国数千年来在认识和改造自然的过程中，创造了辉煌的文明成果，也付出了环境恶化、资源紧缺的沉重代价。在人口、资源、环境之间矛盾日益突出的情况下，必须调整发展的模式，寻求人与自然的和谐。

（摘自 1999 年 6 月 25 日在政协第九届全国委员会常务委员会第六次会议上的讲话）

250

健康的海洋环境使人类得以衍生和发展，而恶化的海洋环境特别是海洋灾害可以给人类造成最沉重的损害。毋庸置疑，人类对海洋的利用和控制能力在不断提高，但无论这种能力提高到什么程度，人类都不可能摆脱海洋环境对自己的支配性作用，都不可能不受海洋环境状况的影响。

（摘自 1996 年 11 月 18 日接见第 24 届世界海洋和平大会代表时的谈话）

251

我们唯物主义者讲反映论。艰苦的环境可以使人经受磨炼，培养顽强的意志和拼搏的精神；幽雅的环境可以使人心旷神怡，培养高尚的情操和文雅的性格。

（摘自 1987 年 12 月 4 日同天津市高等院校负责同志的谈话）

252

人类共同生活在一个地球上，生活在一个大气层中。可以说，环境问题相互影响，一家搞坏大家受害，保护别人也就是保护自己。

（摘自 2000 年 5 月 17 日会见特立尼达和多巴哥总统鲁滨逊时的谈话）

253

经济全球化使各国的关系越来越密切。一个国家的人口状况、资源状况、环境状况和经济发展状况不仅与本民族的命运息息相关，而且最终会对全人类的生存和发展产生影响。如何使经济、社会、环境相协调，实现可持续发展，已经成为一个世界性课题，愈来愈紧迫地摆在我们面前，各国领导人对此都负有重大责任。

（摘自 1997 年 12 月 11 日会见新西兰总理希普利时的谈话）

254

一个地球，一块地；一个星球，一片天。海水没有边界地来回流动，空气不用签证地进进出出。环境保护，不仅需要各国自己的努力，还需要加强国际合作，靠大家共同努力来解决。

（摘自 2001 年 9 月 4 日会见出席“二十一世纪论坛”会议外方代表时的谈话）

255

有些事情或做法在当时是有效益的，但从长远看却贻害无穷；有些事情或做法在当时看也许没有多少作用，但从长远看却意义重大。

（摘自2001年11月15日会见巴布亚新几内亚总督阿托帕尔时的谈话）

256

解决我国耕地不足问题，必须面向全部国土，充分挖掘潜力，尽可能把农用土地搞得多一些，把土地的利用方式搞得合理一些，把土地的质量搞得高一些。

（摘自1994年7月1日在政协第八届全国委员会常务委员会第七次会议上的讲话）

257

无度的围湖造田，从局部看有所收益，从全局看危害甚大；由一时看是人对自然的胜利，由长远看是干了一件蠢事。

（摘自1998年10月23日在政协第九届全国委员会常务委员会第三次会议上的讲话）

258

水是不可替代的有限资源。离开水万物就不能生长，离开水人类就不能生存，离开水社会就不能前进，离开水一切都无从谈起。

（摘自1998年10月23日在政协第九届全国委员会常务委员会第三次会议上的讲话）

259

我们研究中国水的问题，不仅要研究水灾问题，还要研究旱灾问题；不仅要研究水资源的总量问题，还要研究水资源的平衡问题。如何最大限度地把水留住，如何把水引到最需要的地方去，实行水的再分配，这是我国治水事业中的重大战略问题。

（摘自 1998 年 10 月 23 日在政协第九届全国委员会常务委员会第三次会议上的讲话）

260

人多是中国劳动力的优势，就业是中国长期存在的问题。把治水与就业紧密结合起来，相辅相成，既可以使治水有充足的劳动力、节省工程费用，又可以使一大批人有活可干，减轻就业压力。

（摘自 1998 年 10 月 23 日在政协第九届全国委员会常务委员会第三次会议上的讲话）

261

绿化是协调人与自然关系的重要环节。我们要进一步提高对绿化事业的认识，使绿化成为全体公民的自觉行动；要一年一年地干，一辈一辈地干，给子孙后代留下山清水秀的美丽环境，为中华民族开辟生存和发展的广阔空间。

（摘自 1999 年 6 月 25 日在政协第九届全国委员会常务委员会第六次会议上的讲话）

262

我国是发展中国家，经济基础比较薄弱，花钱买绿化的事情办不起，必须走全民动手、艰苦奋斗的路子。

（摘自 1999 年 6 月 25 日在政协第九届全国委员会常务委员会第六次会议上的讲话）

263

中国的情况，供不起太多专门看的树，我们既要看，又要吃。一棵树占那么大块地，用那么多的水分和阳光，应当尽可能让它多干些活，开花结果，多为人类造些福。

（摘自 1995 年 12 月 29 日听取广西壮族自治区党委、政府工作汇报时的讲话）

264

我们的大目标是绿起来，只要有利于绿，绿得多、绿得快、绿得好，各种方法都可以探索和试验。

（摘自 1999 年 6 月 25 日在政协第九届全国委员会常务委员会第六次会议上的讲话）

265

我国劳动力资源丰富，绿化又是一个需要大量劳动力的行当，通过各种形式把尽可能多的人组织起来投身绿化，可以为富余劳动力开辟一条就业的门路。我们要下大力气琢磨如何把人多的优势发挥出来，努力形成千军万马齐心协力大搞绿化的局面。

（摘自 1999 年 6 月 25 日在政协第九届全国委员会常务委员会第六次会议上的讲话）

生　活

266

社会主义时期的根本任务是发展生产力，但我们决不能理解为发展生产力可以不抓生活，或者离开生活。生产和生活是辩证统一的。如果离开人民生活，只抓生产，群众的积极性就调动不起来，生产也抓不上去。

（摘自 1984 年 4 月 5 日同天津市部分人民代表座谈时的谈话）

267

我们总是愿意积累多一些，但是必须注意积累和分配兼顾，如果积累比重过大，人民的生活不能随着生产的发展而提高，就可能诱发一系列社会问题。当然，我们也反对脱离现实的高消费。

（摘自 1995 年 6 月 26 日在智利联合国拉丁美洲及加勒比经济委员会的演讲）

268

生产的最终目的是为了消费，过分强调消费不对，不讲消费也不对。因为只有消费，才能体现生产的目的，才能向生产提出新的需求；产品只有适应消费的需求，才能扩大再生产。

（摘自 1984 年 4 月 5 日同天津市部分人民代表座谈时的谈话）

269

我们整个建设的盘子，宁可发展慢点也要首先保证基本生活问题，能够干多少是多少，锦上添花的事宁可少干一些。

（摘自 1996 年 5 月 10 日听取辽宁省委、省政府工作汇报时的谈话要点）

270

我们是社会主义国家，其他问题都可以讲 95%、99%、99.9%，唯独吃饭问题必须讲 100%。

（摘自 1994 年 7 月 4 日与新形势下民族、宗教问题研讨班学员座谈时的谈话）

271

人穷到没饭吃，面包馒头是最珍贵的，其他什么都是第二位的。

（摘自 2002 年 3 月 7 日看望政协文艺界委员时的讲话）

272

你有钱可以吃海鲜，我没钱可以吃萝卜，碗里的东西可以有所区别，但必须都有吃的。

（摘自 1993 年 3 月 23 日在全国统战部长座谈会上的谈话）

273

许多事情我们可以讲一千个理由、一万个理由，但老百姓吃不上饭，就没有理由。“民以食为天”，“饭”字半边是“食”字，半边是“反”字，没有食就会反。

（摘自 1999 年 7 月 6 日听取伊春市委、市政府工作汇报时的讲话）

274

外国人钦佩中国解决了12亿人口的吃饭问题，外国人担心中国吃饭终究会成为问题。

（摘自1998年5月6日在政协第九届全国委员会第四次主席会议上的讲话）

275

世界上最硬的货是粮食，粮食对于一个国家的稳定和发展太重要了。中国是一个有11亿人口的大国，如果在粮食上出了问题，别人白给也运不进来。

（摘自1990年4月20日听取延安地委工作汇报时的讲话）

276

我国是一个农业大国，农民占人口的绝大多数，国民经济的发展离不开农民，农业、农村、农民问题始终是我们面临的重大课题；土地是物质生产的首要条件，人多地少是我们的基本国情，如果耕地锐减的势头得不到遏制，最终会危及我们的生存；粮食问题关乎国计民生，十几亿人口的大国一旦粮食出了问题，我们无处去买，白给也运不进来。热爱农民、珍惜土地、重视粮食，这是农村政策的基本出发点，也是需要长期面对的问题。

（摘自1994年6月21日就起草《关于农用土地的几个问题》同身边工作人员的谈话）

277

中国古话讲，天下可忧在民穷，天下可畏在民怨。如果老百姓长期处于贫困状态，生活得不到改善，甚至民不聊生，就一定会怨声载道。一个国家最可怕的是老百姓失去信心，执政者失去民心。

（摘自2000年5月20日会见秘鲁总统藤森时的谈话）

278

“为政之道在于安民，安民之要在于察其疾苦”。执政的要领是把最困难的人安排好。基层群众的生活困难问题，是一个直接影响社会稳定的大问题。稳住群众、稳住人心、稳住全局的关键是稳住最困难的那部分人。

（摘自2001年3月7日在九届全国人大四次会议天津代表团会议上的发言）

279

作为社会主义国家，如果一方面有些人一掷千金，而另一方面许多群众长期解决不了温饱问题，我们怎么向老百姓交待？

（摘自1993年6月10日听取安徽省委、省政府工作汇报时的讲话）

280

扶贫是一项光荣而高尚的工作。中国有两句成语，一叫锦上添花，一叫雪中送炭。就关心社会大众而言，雪中送炭更为重要、更有意义。

（摘自2000年4月20日在接见“光彩事业迈向新世纪国际研讨会”国际代表时的讲话）

281

四化的实现，国家的富强，主要靠广大群众基于生活一天天美好起来而焕发出的高度热情，而不是单凭勒人民的裤腰带，挤老百姓的牙缝。

（摘自1984年2月18日在天津市人民政府全体会议上的讲话）

282

四化为了富民，也只有富民才能实现四化。四化每前进一步，人民就富裕一步，一步步“化”，一步步富。不能设想让人民长期忍受困难，寄希望于遥远的将来。

（摘自1984年2月18日在天津市人民政府全体会议上的讲话）

283

人民生活的改善，不能超过生产发展的水平，因而还要提倡艰苦奋斗，但决不能把艰苦奋斗和关心人民生活对立起来。

（摘自1984年2月18日在天津市人民政府全体会议上的讲话）

284

生活水平的提高，不光是指个人收入的增加，还包括改善生活环境、增加公共福利。这就是说，我们在努力发展生产、争取尽快提高个人收入的同时，还要关心和重视兴办公益事业、提高公共福利。

（摘自1985年3月5日在天津市人民政府全体会议上的讲话）

285

在我们的社会里，人民最大的福利往往都不是个人钱多能够买来的。个人钱再多，不搞引滦，谁也喝不上甜水；不搞煤气、暖气，不消灭全市100多万个煤球炉子，谁也呼吸不到清洁的空气，看不到明朗的天空。

（摘自1985年3月5日在天津市人民政府全体会议上的讲话）

286

我市农村目前交通状况十分落后，雨天是“水、泥”道，晴天是“扬灰”路，颠娄了西瓜、颠碎了鸡蛋，不仅人民生活有许多不便之处，更对发展农村商品生产造成很大障碍。要想富，先修路。

（摘自1985年2月2日在天津市农村工作会议上的报告）

287

评价生活水平的高低，不只看每个人兜里钱有多少，还要看公共福利事业有没有发展，精神面貌、道德面貌、环境面貌有没有改变。

（摘自1985年2月2日在天津市农村工作会议上的报告）

288

我们要祖祖辈辈地过日子，不能搞得那么紧张，东一个口号、西一个名词。要规规矩矩的，有条不紊的，路是路、水是水，花是花、草是草，上班是上班、休息是休息。这才是生活，才是社会。

（摘自1990年5月25日听取珠海市领导班子汇报时的讲话）

289

我们搞革命为啥，简单说就是为老百姓的生活好。除特殊时期，一般地总是要使群众多活一年多得到一点享受，不能多活一年多受一年苦。

（摘自1989年9月9日—14日考察广东工作期间的谈话要点）

290

允许一部分人先富起来，是实现共同富裕的捷径；不允许一部分人先富起来，其结果是大家共同贫困。

（摘自1989年9月19日会见香港《大公报》、《文汇报》负责人访京团时的谈话）

291

我们总是主张全体人民共同富裕，但是必须允许和鼓励一部分地区、一部分人先富起来，如果固守平均主义政策，就可能压抑人们发展经济的积极性，最终导致共同贫穷。当然，我们也十分警惕贫富两极分化的问题。

（摘自 1995 年 6 月 26 日在智利联合国拉丁美洲及加勒比经济委员会的演讲）

292

在我们的社会里，富的可以更富，但穷的不能更穷，尤其不能穷到不能生活的地步。

（摘自 1996 年 5 月 10 日听取辽宁省委、省政府工作汇报时的谈话要点）

293

中国古话讲，天下顺治在民富，天下和静在民乐。民富就是老百姓丰衣足食，民乐就是老百姓高兴顺气。有了民富、民乐，社会就和谐稳定，事业就兴旺发达。

（摘自 2000 年 5 月 20 日会见秘鲁总统藤森时的谈话）

第二编

民　主

政　党

统　战

政　协

民　族

宗　教

民　主

294

建设富强、民主、文明的社会主义国家，是中国人民的总体目标。富强、民主、文明三者互相联系，互为条件。民主程度提高了，亿万人民的潜能得以充分发挥，国家才会富强、文明。当然，也只有国家富强、文明了，民主程度才能提高。

（摘自 1997 年 6 月 2 日会见希腊议长卡克拉马尼斯时的谈话）

295

民主是目标，是手段，也是过程。中国共产党在长期的革命和建设进程中，始终高举民主的旗帜，为实现人民的民主权利而斗争。马克思主义告诉我们，人民群众是历史的创造者，是实践和认识的主体。在各项工作中只有相信群众，依靠群众，努力把群众的积极性充分调动起来并合理发挥出去，才能取得好的结果。

（摘自 1997 年 6 月 2 日会见希腊议长卡克拉马尼斯时的谈话）

296

民主是历史发展的必然趋势，是社会进步的重要标志，是人民群众的普遍要求，也是中国共产党和各民主党派、无党派民主人士长期为之努力奋斗的目标。中国共产党领导中国人民推翻三座大山，建立新中国，举的就是新民主主义的旗帜。中共十一届三中全会以来我们积极推进政治体制改革，一个重要目标就是扩大社会主义民主。

（摘自 1993 年 5 月 21 日在政协第八届全国委员会常务委员会第二次会议上的讲话）

297

发展社会主义民主，是建设有中国特色社会主义的重要内容，是中国共产党和各民主党派的共同任务，也是进行经济建设和经济体制改革的必要条件。

（摘自 1994 年 3 月 19 日在中国人民政治协商会议第八届全国委员会第二次会议闭幕会上的讲话）

298

没有民主就不能充分调动群众的积极性，就不能实现广泛的团结；没有民主就没有社会主义，就没有社会主义的现代化。我国宪法、中国共产党章程、各民主党派章程都规定，要为建设富强、民主、文明的社会主义现代化国家而奋斗。

（摘自 1994 年 3 月 19 日在中国人民政治协商会议第八届全国委员会第二次会议闭幕会上的讲话）

299

民主建设是一个永无休止的过程，所有的国家都处在这个过程之中。尽善尽美、无需再发展的民主是不存在的。

（摘自 1997 年 6 月 2 日会见希腊议长卡克拉马尼斯时的谈话）

300

否定民主对社会发展的进步作用，对民主政治建设不积极不热心是错误的。不顾我国具体国情，照抄照搬西方民主模式是危险的。把发展民主看得过于简单，急于求成是会误事的。看不到我国民主政治建设所取得的成就，对前景缺乏信心是没有根据的。

（摘自 1999 年 3 月 11 日在地方政协主席座谈会上的讲话）

301

我国的民主政治建设必须从我国的实际出发，符合全国人民的根本利益；必须在团结稳定的前提下进行，巩固和发展团结稳定的社会政治局面；必须有利于坚持以经济建设为中心，促进经济和社会的发展。

（摘自 1993 年 5 月 21 日在政协第八届全国委员会常务委员会第二次会议上的讲话）

302

超越经济程度、超越文明文化程度的民主，历史上是不存在的。因而民主是相对的，是个过程，是动态的，是变化的。绝对的民主、绝对的自由怎么可能存在呢？人们没有吃的、没有穿的，怎么谈得上民主、自由呢？

（摘自 1989 年 10 月 7 日与天津新闻、文艺、出版工作者座谈时的谈话）

303

政治体制改革和民主建设不能急，就好似驾驶一艘大船，转弯时要放慢速度，速度太快就会翻船。

（摘自 1991 年 11 月 1 日会见美国前驻华大使恒安石夫妇时的谈话）

304

民主是历史的、具体的、相对的，必然要受一定的社会经济、政治、文化等条件的制约。民主建设不能脱离现实，不能超越阶段，离开具体条件谈民主，不但达不到发展民主的目的，而且还会对经济发展和社会稳定带来不良影响。民主必然要随着社会的发展而发展。

（摘自1994年3月19日在中国人民政治协商会议第八届全国委员会第二次会议闭幕会上的讲话）

305

中国的民主政治建设如同经济建设一样，要有中国的特色，要符合中国的情况乃至考虑到中华民族的文化传统、道德观念、思维方式等。

（摘自1994年5月11日会见挪威代首相、外交大臣戈达尔时的谈话）

306

履行程序需要花费时间和精力，是有一些“麻烦”，但它是民主权利的体现，也是集思广益的过程，添了一些小“麻烦”，可以减少决策失误导致的大“麻烦”。

（摘自1995年6月5日在政协第八届全国委员会常务委员会第十三次会议上的讲话）

307

把团结和民主统一起来，以坚强的团结保证我们的民主进程健康有序，以充分的民主保证我们的团结充满活力。

（摘自2000年3月11日在中国人民政治协商会议第九届全国委员会第三次会议闭幕会上的讲话）

308

群众观点与我国民主政治建设有着密切的血缘关系。把民主政治建设同马克思主义世界观联系起来，同执政党的领导方法、工作作风联系起来，同政府的各项职能和工作联系起来，同人民群众的实践活动联系起来，就使我国社会主义民主政治建设有了科学的理论依据和深厚的社会基础。

（摘自1994年3月19日在中国人民政治协商会议第八届全国委员会第二次会议闭幕会上的讲话）

309

积极稳妥地推进社会主义民主政治建设，必须始终坚持一切为了群众、一切依靠群众。要努力做到悉心体察群众的情绪，及时了解群众的意愿，坚持不懈为群众办实事；要善于集中群众的智慧，充分尊重群众的首创精神，自觉接受群众的监督；要在密切联系群众的过程中，培养民主作风，增强民主意识，创造和积累民主政治建设的经验。

（摘自1994年3月19日在中国人民政治协商会议第八届全国委员会第二次会议闭幕会上的讲话）

310

在群众观点的指导下进行民主政治建设，在民主政治建设中体现群众观点，这是我国民主政治的显著特征和固有优势，也是发展我国民主政治的必然途径和基本方法。

（摘自1994年3月19日在中国人民政治协商会议第八届全国委员会第二次会议闭幕会上的讲话）

311

真实、全面、及时地弄清群众在想什么，并不容易。如果没有民主、和谐的气氛，就不容易听到真话；如果缺乏闻过则喜的胸怀，就不容易听进真话；如果对听到的情况不作科学的综合分析，就不容易抓住事物的本质和主流。

（摘自1991年3月17日在重庆市考察关于加强思想政治工作时的谈话）

312

要不断扩大同群众直接联系的渠道，让群众有更多的说话机会，使群众的要求和呼声能够及时地、顺畅地反映上来，做到上情下达，下情上达，彼此沟通，互相理解。

（摘自1988年12月25日在中共天津市委全体会议上的讲话）

313

听群众意见要真心真意。要找确有意见并敢于提意见的人而不是一味说奉承话的人；给别人以说话的机会而不要让人把话憋在肚子里；有闻过则喜的胸怀，对待提意见的人不是反感而是感激，把能听到不同意见当作莫大的好事。

（摘自2000年2月24日听取浙江省委、省政府工作汇报时的讲话）

314

商量要能够听得进不同意见。我们与人商量，不是为了摆样子、走形式，而是为了听到各种声音，从别人的意见中发现问题，纠正错误，吸取有益的东西。没有民主的作风，没有虚心对待不同意见的正确态度，商量就不可能收到好的效果。

（摘自2000年3月7日在全国政协九届三次会议中共组联组讨论会上的讲话）

315

马克思、恩格斯在总结巴黎公社的经验时，十分强调社会公仆和公社勤务员要处于人民的切实监督之下，防止国家机关人员由社会公仆变为社会主人。而在这个最基本的问题上，我们出过一些毛病，最突出的是有的公仆比主人还厉害。

（摘自1989年2月3日在天津市和平区“十佳公仆”表彰大会上的讲话）

316

我国的各种形式的监督，都是人民意志的体现，从本质上讲都属于人民监督。为了人民、依靠人民是我国监督的根本特点，也是我国监督的最大优势。我们必须根据我国的实际情况，研究、创造各种能够充分发挥人民监督作用的制度和形式，使人民能够经常地、及时地、有序地防止和矫正权力在运行过程中脱轨变形，以保证人民的权力永远掌握在人民手中。

（摘自 2001 年 3 月 12 日在中国人民政治协商会议第九届全国委员会第四次会议闭幕会上的讲话）

317

自由有两个含义，一个是认识上的含义，一个是政治上的含义。从认识上讲，自由是相对的，是相对必然而讲的。人类历史就是一个不断地从必然王国向自由王国发展的过程。从政治上讲，自由也是相对的，是相对法律和社会意志来讲的。离开法律讲自由，最多是少数人的自由。

（摘自 1987 年 1 月 3 日在天津市委四届六次全会第一次全体会议上的讲话）

318

我们反对资产阶级大民主，同时又要高举民主的旗帜，努力实现高度的人民民主；我们反对资产阶级自由化，同时也要高举自由的旗帜，切实保障人民的自由权利。

（摘自 1987 年 12 月 1 日在天津市高校形势分析会上的讲话要点）

319

必须严格地区分什么是资产阶级自由化，什么是我们力争加速进程的社会主义民主自由。我们必须十分之小心，有的人以反自由化为理由，为借口，来推行僵化的观点，或者说以反自由化为名，妨害我们加速民主化进程，贬低改革开放的重要性和紧迫性。

（摘自 1987 年 6 月 16 日在天津市科协会议上的讲话）

320

贯彻民主集中制，笼而统之地讲是不行的。有的地方本来就没有什么民主，你还去解决集中不够，那更是一个人说了算了；有的地方本来就集中不起来，你还去解决民主不够，那就更是谁说了也不算了。

（摘自 1994 年 10 月 19 日听取贵州省委、省政府工作汇报时的讲话）

321

领导者要尊重多数人的意见，坚持少数服从多数，实行民主集中制，决不能借口自己的意见正确而拒绝听取和接受多数人的意见。

（摘自 1987 年 7 月 4 日关于坚持实践第一观点的谈话）

322

共产党不把民主集中制完善起来，就很难谈得上联系群众。

（摘自 1990 年 2 月 27 日同津冀鲁三省市党委负责同志座谈时的讲话）

323

作为领导者，不应该让提意见的人害怕，不应该让人家非得有“五不怕”精神，非得豁出去，跟孙安动本那样，抬着棺材才敢进言。经过十年改革开放，人民群众的民主意识大大增强，我们现在也缺乏老一辈革命家在特定历史条件下形成的那种权威，特别是又面临着许许多多新的复杂的问题。在这样的形势下，一个人拍板，是很难做到科学决策的。

（摘自1990年2月27日同津冀鲁三省市党委负责同志座谈时的讲话）

324

在进行集体决策时，某些人能言善辩，坚持己见；某些人有看法讲不出，讲了没人听。这样决策，形式上是少数服从多数，实质上缺乏科学依据，集体决定也可能出现瞎领导。

（摘自1986年8月30日在中国城市科学研究会首届年会暨第一届理事会第二次全体会议上的讲话）

325

我们现在研究问题，有些命题提出来了，包括民主的问题，集中的问题，政治体制改革的问题等等，但好多研究都还是仅仅证明已经作出的决策和判断。你那个政策出来，它去证明这是对的；当你说这个政策错了，它又证明早就该批。类似的现象很多，而且在重复着。所有这些都反映出我们发扬民主还不够充分，党的自我制约的能力还比较差。

（摘自1990年2月27日同津冀鲁三省市党委负责同志座谈时的讲话）

326

在社会主义民主建设中，究竟怎样探索一条自我制约的路子，对各级领导机关和领导干部加强监督，这个问题归根到底要在领导与群众的关系上去研究，在民主与集中的关系上去研究。

（摘自1990年2月27日同津冀鲁三省市党委负责同志座谈时的讲话）

327

存在不同意见是正常的，有不同就需要协商。如果只有一个人的脑袋发挥作用，只依靠一个人的聪明智慧，没有不犯错误的。

（摘自1998年11月8日听取福建省委、省政府工作汇报时的讲话）

328

过去我们配班子，主要靠组织上了解，这当然很重要，今后也还需要；但实践证明这种单靠组织上或少数人的方法有局限性，有时不容易看准。孟夫子曾经讲过："左右皆曰贤，未可也；诸大夫皆曰贤，未可也；国人皆曰贤，然后察之；见贤焉，然后用之。"把大范围民主推荐或评议干部的方法坚持下去，普及开来，形成制度，使干部的发现、任用、考核、奖惩放在群众参与的基础上，不但可以避免用人上的不正之风，还会增强干部的民主意识。

（摘自1988年3月5日为《天津日报》"您心目中的领导者形象"专题讨论做的总结）

329

干部的表扬与惩处，上升与下降都要以群众的意见为依据。只有这样，干部的眼睛才能向下，而不是向上或走后门拉关系。

（摘自1991年10月4日在天津市领导干部座谈会上的谈话）

330

我们认为，人权的普遍性原则必须得到尊重，这些原则是人类文明进步的结果，中国政府签署并遵循有关人权的国际公约。我们也认为，人权的普遍性原则必须与各国具体情况相结合。即使是世人公认的最一般原则，如果脱离了具体情况，也未必行得通。比如生孩子，生多少是妇女的基本权利，是再自然不过的事情，但在拥有12.5亿人口的中国，就必须加以引导，否则就会产生严重的后果。

（摘自2000年5月17日在特立尼达和多巴哥就人权问题答记者问）

331

对待人权问题也像其他事物一样，离开共性与个性的统一，就无法收到实际效果而流于空谈。由于历史背景、文化传统和社会经济发展水平不同，各国在实行人权的普遍性原则时，从内容到形式，从方法到步骤，都会有所不同。不考虑特殊性，要求不同国家套用同一模式，沿用同样办法，采用同等步骤是行不通的。

（摘自1994年5月18日在比利时皇家国际关系研究所的讲演）

332

贯彻人权普遍性原则必须从实际出发，必须着眼于多数人的利益，必须坚持循序渐进，必须注重客观效果。只是高唱一些动听的言辞，简单照抄照搬别国的做法，是不可能成功的，甚至会带来相反的结果。

（摘自1997年6月10日答德国《世界报》记者施玛尔茨问）

333

人权普遍性原则的实现是一个过程。人权原则的内容是随着经济和社会生活的发展而发展的，这个过程永远不会完结。昨天看已近于完善，今天看还远未完善；今天看已近于完善，明天看可能又远未完善。正是在这个不断追求、不断变化、不断发展的过程中，人类所享有的基本权利不断被推向更高的阶段。世界上的国家都处于这个过程之中，处于前后左右不同的位置上，不同步的现象总是存在的。但各个国家无论处于什么位置，都有一个不断提高本国人民享有人权程度的任务。

（摘自1997年6月10日答德国《世界报》记者施玛尔茨问）

334

人权表现为历史的过程，所有的国家都毫无例外地处在这个过程之中。各个国家的人权状况都不可避免地受到社会发展程度的制约，同时又都应随着社会的发展和对人权认识的深化而不断改善，因而都有进一步提高本国人民享有人权程度的任务。如果把世界各国分为两类，一类专门监督他国人权状况而自己却无需改善，一类只被别国监督而没有发言权，这本身就是对人权普遍性原则的否定。事实上在一些发达国家，也有相当一部分人生活在贫困线以下，种族歧视远未解决，也存在着进一步改善人权状况的问题。

（摘自1994年5月18日在比利时皇家国际关系研究所的讲演）

335

国际社会中对人权问题存在不同看法是正常的，有了分歧可以协商对话、交换意见，而不应动辄诉诸压力和制裁。对话总比对抗好。大量事实证明，通过对话可以增进了解，加强理解，消除误解，达到谅解。

（摘自1994年5月18日在比利时皇家国际关系研究所的讲演）

政　党

336

一个政党、一个国家、一个民族要适应复杂的客观世界，跟上时代的步伐，就必须坚持解放思想。如果一切从本本出发，思想僵化，迷信盛行，不敢冲破传统习惯和教条主义的桎梏，不能冲破思维定势和主观偏见的束缚，那么就无法前进，甚至走向衰亡。

（摘自 2000 年 5 月 15 日会见委内瑞拉总统查韦斯时的谈话）

337

共产党是执政党，加强同群众联系的一个重要内容就是要制定出符合大多数群众利益、符合实际、行之有效的各项政策。对于决策者来说，决策错误是最大的脱离群众。

（摘自 1990 年 2 月 27 日同津冀鲁三省市党委负责同志座谈时的讲话）

338

多听意见可以少犯错误。在中国，人民的最大利益，莫过于执政党少犯大的错误。

（摘自 1992 年 11 月 17 日同各民主党派中央、全国工商联负责人和无党派人士代表座谈时的讲话）

339

一个国家、一个民族、一个政党最大的忧患是没有忧患意识；一个国家、一个民族、一个政党最大的问题是对问题缺乏警觉。“生于忧患，死于安乐”，这是一句老话，也是一个真理，我们应该牢记。

（摘自 2001 年 2 月 12 日在中央工作会议上的讲话）

340

在当今世界范围竞争十分激烈的环境中，我们无疑应当有忧患意识。这是要求我们清醒地科学地面对挑战，是为了激励全民族奋发进取。这样的忧患意识，是包容在我们中国共产党人的马克思主义的乐观主义之中的，与那种在“忧患意识”名义下散布的悲观绝望情绪根本不同。

（摘自 1990 年 4 月 11 日在新华社国内工作会议上的讲话）

341

我们的国家是一个有 12 亿人口的大国，我们的民族是一个有自强自立传统的民族，我们的党是一个有丰富斗争经验的大党，只要我们自己没大病，自身过得硬，任何力量也奈何不了我们。

（摘自 2001 年 2 月 12 日在中央工作会议上的讲话）

342

人民群众是我们的生存之本、胜利之本，离开了人民群众我们就一事无成、一无所有。对共产党的领导干部来说，心里没有群众，就是忘本；对群众的疾苦漠不关心，就是变质；滥用手中的权力欺压群众，就是对共产党的背叛。

（摘自 2000 年 9 月 11 日听取山东省委、省政府工作汇报时的讲话）

343

"当官不为民作主，不如回家卖红薯"，封建时代的"清官"尚且懂得这个道理，我们作为人民当家做主的国家的干部更应当懂得为人民办实事是我们的职责。人民是否拥护共产党，并不是看共产党说了什么，而是看共产党做了什么。

（摘自1990年2月27日同津冀鲁三省市党委负责同志座谈时的讲话）

344

一个执政党要巩固自己的执政地位，最根本的是要得到人民群众的支持，所以我们把"一切为了群众，一切依靠群众"写进了十五大报告和党章。今后不管碰到什么困难和问题，只要牢牢依靠人民群众，就一定能够克服一切困难，实现我们的既定目标。

（摘自1999年9月14日会见圭亚那前总统霍伊特时的谈话）

345

对贯彻全心全意为人民服务的宗旨，必须坚决、坚定、坚持，不能改变。这就叫千变万变，万变不离其宗。

（摘自1987年3月《深化认识，提高自觉》一文）

346

全心全意为人民服务是我们的最低要求，也是最高要求。所谓最低要求，是每个共产党员必备的条件；所谓最高要求，是我们要为之终身奋斗也办不完的事情，"鞠躬尽瘁，死而后已"。

（摘自1986年1月9日在全国第四期市长研究班学员座谈会上的讲话）

347

全心全意为人民服务是我们党的宗旨，不能以任何理由把全心全意变成半心半意、三心二意、无心无意或假心假意，变了这一条就叫做变质、变色。

（摘自1987年2月在研究起草市政府全体会议讲话时的几次谈话）

348

对一个真正的共产党员和人民政府的干部来说，什么是他们最大的快乐？通过自己的辛勤努力，带来的结果能使群众得到幸福，就是他们最大的快乐。

（摘自1988年11月16日在大港油田大龄青年集体婚礼上的祝辞）

349

党员、干部要“先天下之忧而忧，后天下之乐而乐”，应该做到人民先富，干部后富，下面先富，上面后富。这才是我们共产党人应有的风格和情操。

（摘自1985年5月9日在天津市党员领导干部会议上的讲话）

350

要实现社会的长治久安，必须始终把改善人民生活放在突出的位置，一个执政党如果长期不能改善人民的生活，那么，再讲多少伟大的纲领，再喊多少漂亮的口号，人民群众也不会相信，不会欢迎，最终将脱离人民，甚至走向人民的反面。

（摘自1993年5月17日会见乌兹别克斯坦人民民主党代表团时的谈话）

351

古人主张“每有大事，必相咨访”、“用人之言，若自己出”；并认为“千人之诺诺，不如一士之谔谔”。我们共产党人以人民群众的利益为最高利益，以马克思主义作为自己的世界观，应当有更高的思想境界和博大胸怀。

（摘自2000年3月7日在全国政协九届三次会议中共组联组讨论会上的讲话）

352

古人讲“忠直之忤于主，独立之负于俗。”我们这个国家小资产阶级的影响很深，“笑人之无，气人之有”的嫉贤妒能现象广泛地存在。以全心全意为人民服务为宗旨的中国共产党人，理应以国家和人民的利益为重，做到举贤与能，理应反对和抵制干部政策上的宗派主义，使不琢磨事、光捉摸人的人不能得逞。

（摘自1988年3月5日为《天津日报》“您心目中的领导者形象”专题讨论做的总结）

353

在公开场合，在群众中，在宣传报道中，要多讲成绩，多讲大好形势，以鼓舞士气，凝聚人心。但在党内，在党的领导干部中，在研究工作时，则要多谈问题，多看困难，多找不足，以保持清醒，作最坏的打算，图最好的结果。

（摘自2002年3月5日看望政协中共界委员时的讲话）

354

党的作风是党的世界观的外在表现。有什么样的世界观就应该有什么样的作风。我们的世界观是辩证唯物主义、历史唯物主义，我们承认社会存在决定社会意识，承认客观世界相互联系不断发展，所以我们要求党员干部的作风必须是深入实际、实事求是、一切从实际出发，必须是注重实践、联系群众、尊重群众的首创精神，必须是研究特点、着眼发展、不断解放思想开拓创新。

（摘自2001年9月29日在政协第九届全国委员会常务委员会第十五次会议上的讲话）

355

在党的建设上，如果我们领导同志不能以身作则，那么，我们的决心再大，措施再好，其结果也只能变成空谈，变成废话，变成装模作样。

（摘自 1985 年 12 月 26 日关于整党问题的谈话）

356

任何人，时间有限，精力有限，实践有限，思想认识总难免都有局限性、片面性，因此，任何人都需要帮助，批评就是帮助。人人都要帮助人，人人需要人帮助，也可以说，人人都要批评人，人人需要人批评。

（摘自 1981 年 11 月 2 日在天津市基建系统政治工作会议上的讲话）

357

作为一个领导班子，对一些问题总是有这样那样的看法，大家说话和办事难免有这样那样的错误，认识有分歧就需要讨论，思想有偏差就需要纠正，这个过程中难免有批评。如果没有批评，就不会有真正的集体领导和统一领导。

（摘自 1981 年 11 月 2 日在天津市基建系统政治工作会议上的讲话）

358

目前党内批评与自我批评的风气很差。这里我引用三句话，第一句是：自我批评谈谈感想，互相批评提提希望；第二句是：批评下级哄着护着，批评同级包着让着，批评上级捧着抬着；第三句是：有问题当面不说背后说，开会不说会后说，是非面前不开口，遇到矛盾绕着走。

（摘自 1999 年 4 月 16 日听取河北省委、省政府工作汇报时的讲话）

359

批评与自我批评是我们党的优良传统，是纠正错误、改进工作、完善自我的重要方法。古人讲："明莫大于自见，聪莫大于自闻"，最聪明的人就是那些能够看见自己的缺点和错误的人。

（摘自 1999 年 4 月 16 日听取河北省委、省政府工作汇报时的讲话）

360

没有自我批评的人，一定是搞不好团结的人，因为搞好团结需要检讨和纠正自己的毛病；没有自我批评的人，常常是脱离群众的人，因为搞好群众关系需要虚心倾听群众的意见包括批评意见；没有自我批评的人，往往是进步和提高慢的人，因为进步是克服落后的结果，提高是相对过去不高的差别。

（摘自 1981 年 11 月 2 日在天津市基建系统政治工作会议上的讲话）

361

我们历来要求共产党员在大是大非面前，立场坚定，旗帜鲜明，坚持真理，坚持原则。我们一贯认为，艰苦不要紧，砍头不要紧，原则最要紧。

（摘自 1985 年 5 月 9 日在天津市党员领导干部会议上的讲话）

362

经常在一起谈心、通气，有利于消除隔阂，密切关系，是加强团结的一个重要方式。处理执政党和友党的关系，也应该提倡平等待人，诚恳待人，宽厚待人，真正做到诚心交友，同心共事。

（摘自 1997 年 1 月 24 日在统一战线和多党合作专题研究班座谈会上的讲话）

363

我们共产党和民主党派要“长期共存”，就要以对方的存在、发展为前提和条件。“肝胆相照”，要有“肝”有“胆”，光有“肝”没有“胆”，怎么“相照”？

（摘自1993年3月23日在全国统战部长座谈会上的谈话）

364

中国共产党处于执政的地位，要带头实行“长期共存、互相监督、肝胆相照、荣辱与共”的方针，主动自觉地请民主党派、无党派民主人士参与协商、监督。领导干部要听得进逆耳忠言，善于采纳各种有益的意见并切实付诸实施，让人们看得见实际效果，而绝不能叶公好龙，讳疾忌医，采取表面客气而实际敷衍的官僚主义态度。

（摘自1993年3月27日在中国人民政治协商会议第八届全国委员会第一次会议闭幕会上的讲话）

365

中国共产党有自我批评的优良传统，但也需要其他党派的监督，就像医生一样，有的病自己能治，有的病还得让别人帮助诊断、治疗。

（摘自1999年12月9日会见日本众议院议长伊藤宗一郎和参议院议长斋藤十朗时的谈话）

366

长期共存是互相监督的前提，没有长期共存，监督就无从谈起；互相监督是长期共存的目的，离开互相监督，共存就失去意义。

（摘自2000年8月11日在中国农工民主党成立七十周年纪念大会上的讲话）

367

政治协商是中国共产党和各民主党派、无党派民主人士长期合作共事的优良传统，是我国政治制度的一大特点和优势。通过协商，可以广泛听取各党派团体和各族各界人士的意见，促进决策的民主化、科学化；通过协商，可以增进理解、扩大共识，使党和政府的方针政策成为大多数人的自觉行动；通过协商，可以发现和集中群众的智慧与经验，依靠群众的力量克服困难、解决问题；通过协商，可以协调利益关系、化解社会矛盾，维护和发展团结稳定的政治局面。

（摘自 1999 年 3 月 11 日在中国人民政治协商会议第九届全国委员会第二次会议闭幕会上的讲话）

368

民主党派提的意见、建议被采纳了多少，固然同民主党派参政议政水平有关，同时也取决于我们各级党政主要领导的开明程度。

（摘自 1995 年 1 月 3 日听取中央统战部工作汇报时的谈话）

统　战

369

我们现在的统一战线可以简单概括为"一个领导、两个联盟、三个范围"。一个领导，就是共产党的领导。两个联盟，就是全体社会主义劳动者、拥护社会主义的爱国者的联盟和拥护祖国统一的爱国者的联盟。三个范围，第一，是以建设有中国特色的社会主义为基础，实现大陆范围人民的团结；第二，是以拥护祖国和平统一为基础，实现大陆同胞与台、港、澳同胞的团结；第三，是以促进中华民族伟大复兴为基础，实现海内外全体中华儿女的团结。我们想通过这种大团结、大联合，把拥护和支持我们的人搞得多多的，把反对我们的人搞得少少的。

（摘自 1995 年 11 月 28 日会见越共总书记杜梅时的谈话）

370

在新形势下，统一战线仍然是我们党的一大法宝，其范围不是缩小了，而是扩大了；对象不是减少了，而是增多了；任务不是减轻了，而是加重了。一句话，统一战线不是可有可无，而是比过去任何时候都更加重要。

（摘自 1993 年 11 月 5 日在全国统战工作会议上的讲话）

371

人民总是分为不同阶级、阶层和社会集团，总是既有社会基本群众，又有其他方面的人群。这些其他方面的人群，在大目标上同我们是基本一致的，但在信仰上、在世界观上、在具体的利益和要求上又同我们不尽一致。这些人虽然总体数量不是很多，但是有相当的社会能量和政治影响，对实现大目标有其特殊的作用。

（摘自1999年11月2日在邓小平新时期统一战线理论研究班座谈会上的讲话）

372

我们始终重视依靠基本群众，但是如果少了其他方面的人群，我们的“人民”就构不成一个整体，我们的团结就够不上“大团结”。而实现同他们的团结，不能采用共产党内的办法，也不能采用一般的群众工作办法，只能采用同他们结成统一战线的办法，就是通过求同存异、合作共事、平等协商、交友联谊，同他们团结、联合起来，为大目标而奋斗。

（摘自1999年11月2日在邓小平新时期统一战线理论研究班座谈会上的讲话）

373

统一战线中各党派、各团体、各界党外人士，联系各自的群众，代表各自群众的利益，反映各自群众的要求。他们站在不同的角度想问题、提意见，仁者见仁，智者见智，既有共识，也有歧异；既有正确的意见和建议，也有不那么正确、甚至错误的看法。唯其如此，才能真实、准确地反映社会现实。

（摘自1993年11月5日在全国统战工作会议上的讲话）

374

统一战线汇集了各方面党外代表人士，他们在各自所联系的群众中往往具有我们党不可替代的影响。同样的语言，由他们向自己代表的群众说出来，有时比我们说更容易被接受；同样的工作，由他们到自己代表的群众中去组织和开展，常常比我们去做效果更显著。通过统一战线，协调关系，沟通思想，理顺情绪，化解矛盾，可以有效地消除各种不稳定因素，对实现我国社会长治久安具有重要的作用。

（摘自 1993 年 11 月 5 日在全国统战工作会议上的讲话）

375

实现大团结大联合，说到底离不开大目标。有了大目标，大团结大联合才有广泛的基础，统一战线才有前进的方向；围绕大目标，才能超越分歧、凝聚人心，把各党派团体、各族各界、海内海外所有中华儿女都团结起来、联合起来。

（摘自 2000 年 12 月 6 日在全国统战工作会议上的讲话）

376

团结是统战工作的主题。在任何时候，统一战线都是为了大目标，本着求同存异的原则，把各个方面包括把不同层次、不同见解的人团结起来共同奋斗。统一战线讲本质和宗旨，讲功能和地位，讲范围和对象，说到底，都离不开团结。

（摘自 1996 年 12 月 25 日同全国统战部长会议代表座谈时的讲话）

377

团结一切可以团结的力量，调动一切积极因素，化消极因素为积极因素，是统一战线全部工作的出发点，是统一战线工作的过程和归宿，是统一战线的安身立命之本。

（摘自 2001 年 2 月 12 日在中央工作会议上的讲话）

378

团结大多数、调动积极性是统一战线“安身立命”之本，是统一战线永远不能忘记、始终都要坚持、随着实践发展而常做常新的任务。

（摘自1999年1月20日同全国统战部长会议代表座谈时的讲话）

379

统一战线是同和异的矛盾统一体。有同无异，就没有必要建立统一战线。有异无同，就建立不起统一战线。求同存异，才能建立和发展统一战线。

（摘自1993年11月5日在全国统战工作会议上的讲话）

380

统一战线是同和异的结合，在大目标一致的基础上，允许有不同的思想、不同的信仰和不同的价值观念。如果统一战线组织内不允许讲不同意见，统一战线就等于虚设，就没有存在的必要。

（摘自2002年2月1日听取中央统战部汇报时的谈话）

381

要善于求同存异，着眼同、重视同、发展同，也应当正视异、承认异、允许存异；只要无碍大局，无关宏旨，无妨大目标，一切异都要体谅包容。

（摘自1996年1月同全国政协八届四次大会文稿起草人员的谈话）

382

从统一战线的历史看，有忽视“求同”的错误，但主要的还是不能“存异”的错误，因为追求“清一色”、“纯而又纯”，给我们带来巨大损失。能不能“存异”，敢不敢“存异”，会不会“存异”，很重要的一条，在于能否体谅包容。

（摘自1999年11月2日在邓小平新时期统一战线理论研究班座谈会上的讲话）

383

同，是团结的基础，应当着眼同，重视同，在合作共事中发展同。在现阶段，求同，就是求建设有中国特色社会主义之大同，求统一祖国、振兴中华之大同。与此同时，应当正视异，承认异，允许存异。

（摘自1993年3月27日在中国人民政治协商会议第八届全国委员会第一次会议闭幕会上的讲话）

384

同，有大有小，有主有次，而在当今中国人民中间，最大、最重要的同，就是建设有中国特色的社会主义。这个同也就是共识。只有承认和坚持这个共识，统一战线才有灵魂，才可能不断巩固和扩大。坚持这个共识可以“警惕右”，右是否定社会主义，背离社会主义方向；坚持这个共识也可以“防止‘左’”，“左”是否定中国特色，不看时代发展，固守关于社会主义的某些过了时乃至严重扭曲了的观念。

（摘自1994年1月22日在民主党派、工商联、无党派领导干部理论研讨班结业时的讲话）

385

统一战线的一个重要问题是“存异”。在统一战线中，有些差异可以通过工作加以限制、缩小乃至转化，但有些差异是应当而且可以长期存在的。比如，党派之间的差异，信仰之间的差异，民族之间的差异，多种经济成分之间的差异，等等。有些人正是由于同我们之间存在差异，才成为统战对象。如果否定这些差异，不能“存异”，也就否定了统一战线存在的理由。

（摘自1999年11月2日在邓小平新时期统一战线理论研究班座谈会上的讲话）

386

统一战线中，有各种不同性质的异，要具体分析，区别对待。有的异无关宏旨，无碍大局，可以存而不论。有的异，其是非长短还有待反复比较和实践检验，可以长期讨论。有的异对改进工作、减少失误大有好处，与其说允许存在，毋宁说应当欢迎。有的异涉及重大是非、重大原则问题，要旗帜鲜明地坚持正确的立场，做好思想引导工作。

（摘自1993年11月5日在全国统战工作会议上的讲话）

387

统一战线中的民主监督是我国监督机制中不可或缺的组成部分。这种民主监督首要的是民主党派和党外人士对我们党的监督。在当前我国历史发展的重要时期，我们特别需要统一战线中那种敢于仗义执言、据理力争的党外诤友，特别需要把民主党派、党外人士的监督作用充分发挥出来。

（摘自1993年11月5日在全国统战工作会议上的讲话）

388

做统战工作的同志始终应当注意，不要官气十足、盛气凌人，而要诚恳宽厚、热情谦和；不要自以为是、高人一等，而要平等商量、互相切磋；不要包办代替、横加干预，而要充分尊重民主党派独立自主处理自己内部事务的权利。

（摘自1998年2月13日同全国统战部长会议代表座谈时的讲话）

389

做统战工作，就是要宽容一点、谅解一点、豁达一点、“糊涂”一点，就是要听得进、容得下、想得开。对于有些人提出的不同意见甚至比较刺耳、比较尖锐的意见，要听得进；对于有些人在信仰上、世界观上以及思维方式、生活方式上同我们的差别，要容得下；对于那些反对过我们并证明是反对错了的人给以适当安排，也要想得开。这是我们的气度，是我们的胸襟，也是我们的原则和品格。

（摘自1999年11月2日在邓小平新时期统一战线理论研究班座谈会上的讲话）

390

广交深交党外朋友，心要热，腿要勤，言必信，行必果，以自己的道德风范赢得党外朋友的信任。

（摘自1993年11月5日在全国统战工作会议上的讲话）

391

统战干部与从事其他工作的干部一样，要求具备许多基本的条件，如思想觉悟、文化素质、办事能力，等等。但是统战干部还应当具备一些特殊的条件，其中很重要的一条就是要形象好、人缘好、富有人格的力量。

（摘自1999年11月2日在邓小平新时期统一战线理论研究班座谈会上的讲话）

392

统战工作是联系、团结的工作，如果你让别人见了感到别扭，避之唯恐不及，本身就是"裂变"因素，怎么能去联系人、团结人呢？统战工作常用的是平等、商量的方式，如果你居高临下，作风霸道，把个人意见强加于人，怎么能同别人合作共事呢？统战工作是靠带动、影响做工作，如果你言行不一，不能以身作则，率先垂范，你讲的道理怎么能使别人信服呢？统战干部具有桥梁、纽带的作用，如果你的言行违背党的宗旨，不能使人感受到党的正确和温暖，党的方针政策又怎么能很好地得到贯彻落实呢？因此，形象问题、人缘问题、人格力量问题，对统战干部来讲，不是无关紧要的小问题，而是涉及统战工作能否真正收到实效、统一战线能否巩固和发展的大问题。

（摘自 1999 年 11 月 2 日在邓小平新时期统一战线理论研究班座谈会上的讲话）

政 协

393

中国共产党领导的多党合作和政治协商制度是我国的一项基本政治制度，人民政协是实现这一制度的重要机构。人民政协由我国各政党、各团体和各族各界代表人士组成，在组织上有着广泛的代表性，在政治上有着巨大的包容性。

（摘自1998年5月15日同罗马尼亚参议院议长罗曼会谈时的谈话）

394

人民政协这一组织形式，坚持了马克思主义统一战线、人民民主的基本理论，体现了中华民族和衷共济、兼容并蓄的传统精神，是老一代领导人的伟大构想。半个世纪的历史充分证明，人民政协符合中国国情，有着鲜明的中国特色，在我国政治体制中具有不可替代的作用。

（摘自1998年3月14日在中国人民政治协商会议第九届全国委员会第一次会议闭幕会上的讲话）

395

按照政协章程的规定，政协实行的是委员会制。委员会制同行政首长负责制的区别，就在于它是一种集体领导的制度，是一种各成员权利平等、民主议事的制度，是一种少数服从多数、在多数人意见基础上进行决策的制度。在这种制度下，各种见解都能充分发表，不同的主张也允许存在；重大事项必须经过一定的民主程序，不能少数人说了算；决策时一人一票，实行民主基础上的集中。

（摘自1998年1月22日在政协第八届全国委员会常务委员会第二十三次会议上的讲话）

396

政协说官亦官、说民亦民、非官非民、亦官亦民。从民的意义上讲，它可以直接接触三十几个界别的委员及其联系的群众。从官的意义上讲，许多政协委员是各级领导干部或曾经是领导干部。它下通各界，上达中央，有许许多多的有识之士，是人才库。

（摘自1996年5月11日—14日在四川考察时的谈话要点）

397

政协不同于人大，更不同于外国的议会。政协就是政协，要按政协的章程介绍政协、解释政协，不要去比照国外。

（摘自1994年6月25日在听取全国政协八届常委会第七次会议准备工作汇报会上的谈话）

398

承认民主重要，就不能不承认政协重要；承认稳定重要，也就不能不承认政协重要；承认既要发展民主又要保持稳定，就必须认真研究和充分发挥政协的作用。

（摘自1993年5月21日在政协第八届全国委员会常务委员会第二次会议上的讲话）

399

强调民主、求实，不能忽视团结、鼓劲；强调团结、鼓劲，不能丢掉民主、求实。忽视团结、鼓劲，最终达不到开会的良好目的，而丢掉了民主、求实，就失去了开会的意义，民主、求实要有利于团结、鼓劲，团结、鼓劲要促进民主、求实。

（摘自1994年3月5日在政协第八届全国委员会常务委员会第五次会议上的讲话）

400

政协有哪些优势？至少有这么几条：一是人才荟萃，智力雄厚，能够深入研究一些宏观的、重大的、深层次的问题。二是代表性强，信息量大，能够反映各方面群众的意见、愿望和要求。三是位置超脱，视界宽阔，能够比较客观地提出意见和建议。四是下通各界，上达中央，能够发挥民主渠道作用。

（摘自1993年5月21日在政协第八届全国委员会常务委员会第二次会议上的讲话）

401

在对外交往中，人民政协具有许多有利条件和特点。人民政协包括了各党派、各团体和各族各界的代表人士，具有广泛的代表性，可以充分反映广大人民群众对各种国际问题的见解和意愿；人民政协亦官亦民，可以融官方与民间为一体，多种形式、多种渠道地开展灵活多样的国际交往活动；政协委员中有一大批优秀外交人才和国际问题专家，可以对国际生活中的各种问题提出高水平的专业性意见。

（摘自1998年5月18日同意大利众议院议长维奥兰特会谈时的谈话）

402

政治协商是人民政协的首要职能，它的要旨是就国家的重大问题进行充分商量，既听多数人的意见，也听少数人的意见；既听正确的意见，也听错误的意见；既听支持的意见，也听反对的意见。

（摘自1999年5月18日会见阿曼协商会议主席卡塔比时的谈话）

403

人民政协所实行的民主协商方式，有助于充分吸纳各民主党派的意见，使共产党的领导作用和民主党派的参政议政作用同时得到发挥；有助于拓宽人民群众发表意见的渠道，做到既尊重多数人的共同意愿又照顾少数人的合理要求；有助于在团结稳定的前提下发扬民主，在发扬民主的过程中巩固和发展团结稳定的政治局面。

（摘自1993年3月27日在中国人民政治协商会议第八届全国委员会第一次会议闭幕会上的讲话）

404

参政议政与政治协商、民主监督是一致的。人民政协参政议政的主要内容和基本特征就是政治协商、民主监督。参政议政又不简单等同于政治协商、民主监督，而是它的拓展和延伸。一般说来，政治协商、民主监督以国家和地方的大政方针、重大问题为中心议题，以各级领导机关为具体对象，以会议为主要形式，并依据一定的程序和规则进行。参政议政则不完全受上述条件的局限，对象更加广泛，内容更加丰富，形式更加多样，方法更加灵活。

（摘自1994年3月19日在中国人民政治协商会议第八届全国委员会第二次会议闭幕会上的讲话）

405

人民政协的参政议政，贵在主动，重在实效。

（摘自 1995 年 6 月 5 日在政协第八届全国委员会常务委员会第十三次会议上的讲话）

406

人民政协中存在不同的意见是正常的，与其说应该允许，毋宁说应该欢迎。如果大家对任何问题的看法都一样，没有不同意见的比较，没有批评和反批评，政治协商和民主监督就失去了意义。

（摘自 1993 年 3 月 27 日在中国人民政治协商会议第八届全国委员会第一次会议闭幕会上的讲话）

407

什么部门、什么工作、什么职务都有它特定的地位。一个人在家里，要么是儿子的爸爸，要么是爸爸的儿子，要么是妻子的丈夫，要么是丈夫的妻子。不懂得自己的特定地位，就不可能尽到自己的责任。

（摘自 1994 年 6 月 25 日在听取全国政协八届常委会第七次会议准备工作汇报会上的谈话）

408

只要有分工，所有的工作都有个尽职而不越位的问题。如果政协去干人大的事、国务院的事，就是越位了。越位的事做多了，就会产生同其他系统、部门的矛盾，同时也不能尽到自己应尽的责任。

（摘自 1993 年 6 月 1 日同全国政协机关干部座谈时的讲话）

409

认真选好角度、发挥优势，做到尽职而不越位，帮忙而不添乱，切实而不表面。

（摘自1997年3月12日在中国人民政治协商会议第八届全国委员会第五次会议闭幕会上的讲话）

410

就一般来讲，不同单位有不同的事情，同样的事情在不同单位可以有不同的干法。对政协来讲，就需要研究如何把我们特有的事情干得更好，如何把我们与别人共有的事情干得更能体现政协的特点和优势。

（摘自1993年3月28日在政协第八届全国委员会常务委员会第一次会议上的讲话）

411

政协是以界别为单位组成的机构，政协委员必须与本界的群众保持密切联系，倾听群众的呼声，体察群众的情绪，反映群众的愿望，维护群众的利益。当前，一方面，中央一再要求知实情、讲真话，力戒虚假浮夸，另一方面，一些地方官僚主义严重、形式主义泛滥，许多真实情况反映不上来；一方面，许多领导干部为解决问题殚精竭虑、苦乏良策，另一方面，不少有识之士的真知灼见滞留于下层，散佚于民间，得不到应有的重视。人民政协在反映社情民意方面具有自己的优势。

（摘自1995年3月14日在中国人民政治协商会议第八届全国委员会第三次会议闭幕会上的讲话）

412

人民政协现有34个界别。从一定意义上讲，了解了各界别的意见就基本上了解了多数人的意见，掌握了各界别的情况就基本上掌握了整个社会的情况。人民政协只有突出界别的特色，发挥界别的作用，才能更好地履行职能，使各项工作生动活泼、富有成效。

（摘自2001年3月12日在中国人民政治协商会议第九届全国委员会第四次会议闭幕会上的讲话）

413

社情不等同于民意，但社情包含着民意；民意不等同于社情，但民意是最重要的社情。在许多情况下，社情就是民情。因此，了解和反映社情民意，最主要的是了解和反映民情民意。

（摘自2001年6月29日在政协第九届全国委员会常务委员会第十四次会议闭幕会上的讲话）

414

反映社情民意，一要力求真实。信息不真实，不仅没用，而且误事。必须坚持实事求是，提倡讲真话、报实情，反对弄虚作假。二要注重质量。着眼大局、贴近实际、贴近群众，使反映的信息有分量、有价值。三要争取快速。利用政协组织下通各界、上达中央的优势，减少环节，提高效率，特别是一些重要信息更应及时、快捷。四要突出特色。注意界别性，避免一般性，从不同方面、不同层次、不同角度反映社会各界群众的意见和愿望。

（摘自1999年12月28日会见政协办公厅第二次信息工作座谈会代表时的讲话）

415

政协不立法，但可以立论。

（摘自1998年5月6日在政协第九届全国委员会第四次主席会议上的讲话）

416

古人讲立德、立功、立言。立言就是对某个重大问题，经过调查研究，反复论证，提出“一家之言”，提出一些论点。从一定意义上讲，立言，也就是立论，专题调研做的就是立论的工作。

（摘自1998年5月6日在政协第九届全国委员会第四次主席会议上的讲话）

417

不用不等于无用，今天不用不等于将来也不用。自古以来，很多有识之士为国家大事建言立论，写下了若干著名的“疏”、“表”、“策”、“论”，有的在当朝当代发挥作用，有的对后人后世产生影响，有不少至今仍被人们所引用。

（摘自1999年3月11日在中国人民政治协商会议第九届全国委员会第二次会议闭幕会上的讲话）

418

政协委员都有自己的事业、自己的追求，努力发展自己的事业、争取更大的成就，这是理所当然的，是应当鼓励和支持的，但还应该有更高的境界，把国家和人民的利益摆在更加重要的位置。

（摘自2001年3月12日在中国人民政治协商会议第九届全国委员会第四次会议闭幕会上的讲话）

419

香港是中国了解世界的一个窗口，是中国走向世界的一座桥梁，是连接内地与世界的一条纽带。香港的特殊位置，决定了香港政协委员在履行职能方面具有独特的优势和条件。对世界各地情况掌握得多，对各种信息了解得快；是香港各方面的代表人物，能够从不同于内地委员的角度观察问题、发表见解。

（摘自2000年11月8日会见香港地区全国政协委员时的讲话）

420

结合新情况，落实老精神。

（摘自1994年12月9日在全国地方政协工作经验座谈会上的讲话）

421

政协工作必须在前进中开拓，在开拓中前进。首先要前进，就是要把已经看准的、条件成熟的、力所能及的那些事情先干起来，很快形成一个活跃的工作局面，在这个过程中去探索去开拓去创新。

（摘自1997年11月27日在全国地方政协主席座谈会闭幕会上的讲话）

422

只要我们不断增强创新意识，敢于突破陈规旧习，做到与时俱进；只要我们时刻牢记人民群众是创造历史的动力，尊重人民群众的首创精神，经常从人民群众中汲取智慧和力量；只要我们切实遵循实践第一的观点，边实践边总结，用经验推动工作；只要我们始终注意把优良传统与时代特点结合起来，在继承中发展，在开拓中前进，人民政协的事业就一定能够充满生机与活力，就一定能够不断开创新的局面。

（摘自2002年3月13日在中国人民政治协商会议第九届全国委员会第五次会议闭幕会上的讲话）

民　族

423

大家常说的我们中国，包括960万平方公里领土、56个民族以及由这些民族组成的12亿人民这样一些最基本的构成条件。这些条件缺一不可，缺少其中任何一项，就不成其为中国。这些条件不可割裂，领土不能分裂，民族不能分裂，人民不能分裂，如果分裂了，中国同样不成其为中国。

（摘自1994年7月4日同新形势下民族、宗教问题研讨班学员座谈时的谈话）

424

在一定意义上可以说，中国领土的完整、国家的统一、人民的团结，是以各民族的团结为基础的。中国的兴旺，离不开各民族的发展；中国的稳定，离不开各民族的团结。

（摘自1996年9月18日答瑞士记者问）

425

在中国，保持国家的统一，维护领土的完整，实现人民的团结，都离不开各民族的共同努力。讲任务，是56个民族共同的任务；讲成绩，是56个民族共同的成绩；讲困难，是56个民族共同的困难；讲前途，是56个民族共同的前途。56个兄弟民族情同手足，休戚与共，一荣俱荣，一损俱损。

（摘自2002年1月《中国共产党关于民族问题的基本观点和政策》代序言）

426

要让人家当兄弟，我们首先要把自己摆放在兄弟的位置上。

（摘自2002年2月1日听取中央统战部汇报时的谈话）

427

民族、宗教无小事，不能掉以轻心、麻痹大意；民族、宗教问题很复杂，不能用简单化的方法对待、处理；民族、宗教工作涉及方方面面，不仅统战部门，而且各有关部门都要重视、都要去做；民族、宗教领域的新情况、新问题较多，要及时研究，不断总结，作出新的概括，但一定要瞻前顾后，慎之又慎。

（摘自2001年2月12日在中央工作会议上的讲话）

428

民族地区的主要任务是发展经济、改善生活。一般地说，现在全国都在以经济建设为中心，民族地区当然不能例外；特殊地说，民族地区经济确实比较落后，群众生活确实比较困难。如果经济长期得不到发展，群众生活长期得不到改善，就会带来一系列问题。事实证明，民族地区其他问题的解决，从根本上说有赖于经济的发展。

（摘自1999年3月28日听取云南省委、省政府工作汇报时的讲话）

429

民族地区的各项工作是互相联系的有机整体。贯彻民族宗教政策，坚持和完善民族区域自治制度，发展民族教育、科技、文化、卫生事业，培养民族干部，加强民族团结，维护社会稳定等，都十分重要，都必须切实抓好。但是，如果经济长期不发展，群众生活长期不提高，这些工作就难以做好。

（摘自1994年9月8日在各界少数民族人士座谈会上的讲话）

430

全国8 000多万尚未稳定解决温饱问题的人口，大部分集中在民族地区。逮住最苦的一头就出不了事，下决心解决少数民族地区贫困群众的温饱问题，才是为政安民之道。

（摘自1993年2月24日在听取中央统战部关于民族、宗教工作汇报时的谈话）

431

民族是历史的产物，在历史发展过程中各民族形成不同的风俗、不同的习惯、不同的语言和不同的生活方式，各民族之间的差异是客观存在。

（摘自1994年9月8日在各界少数民族人士座谈会上的讲话）

432

把少数民族地区某些具体的、个别的问题都简单地归结为民族分裂问题，既不符合实际，也不利于解决问题，甚至会影响发展的大局。

（摘自1999年3月28日听取云南省委、省政府工作汇报时的讲话）

433

世界上有一类问题可以研究探讨，属于有弹性的问题；有一类问题没有多少回旋余地，是硬性问题，如国家的领土问题就属这类问题。我过去讲过，祖宗留下这块地皮，不能叫我们给搞小了；中华民族的好传统，不能叫我们给搞丢了；革命先烈留下的好制度，不能叫我们给搞坏了。这是大是大非，不能有一点含糊。

（摘自 1994 年 2 月 18 日在第三次西藏工作座谈会筹备领导小组第一次会议上的讲话）

434

在家庭中，父子吵架，夫妻不和都属于家庭纠纷，但是如果杀了人，无论是父亲杀儿子，还是丈夫杀妻子，就不能再说成是家庭纠纷问题了。任何宗教、任何教派、任何个人都不能置于国家法律之上。处理西吉事件，必须高举保护人民的旗帜——保护人民利益，保护人民生命财产安全；必须高举维护法律的旗帜——维护法律的尊严，制止一切违法犯罪行为。这是核心问题，是我们制定文件的根据，也是执行文件的目的。

（摘自 1993 年 8 月 30 日关于迅速平息宁夏西吉沙、陈械斗事件的讲话）

435

处理闹事是公安、政法委、军队一拨人的事，更多的人还是好好弄生产去，比如弄畜牧业，弄水电，弄格尔木去。我们有这么多党员、干部，基本群众又都站在我们一边，就算有点事又有什么了不起呢？

（摘自 1996 年 7 月 25 日听取青海省委工作汇报时的讲话）

436

用简单的、抽象的提法概括复杂的思想认识问题和工作实践中的具体问题以至不同意见和具体偏差，容易把事情搞坏。应当说，大汉族主义有，地方民族主义也有，“两个主义”的现象是存在的。但“两个主义”的帽子不要轻易戴，是什么问题就解决什么问题。我们处理问题，总是要使大家化解矛盾，消除隔阂，更好地团结起来。动不动就上纲，就戴大帽子，听起来很解气，实际上很坏事。这既不利于团结，也无助于问题的解决。

（摘自 1993 年 2 月 24 日在听取中央统战部关于民族、宗教工作汇报时的谈话）

437

少数民族干部是我们党的干部队伍的有机组成部分，是我们党和政府团结联系少数民族群众的桥梁和纽带，他们在许多方面有着汉族干部所不能或难以替代的作用和影响。特别是在开展民族工作方面，有些话由他们直接说，有些事由他们出面办，有些工作由他们亲自去做，往往具有事半功倍的效果。

（摘自 1994 年 7 月 4 日同新形势下民族、宗教问题研讨班学员座谈时的谈话）

宗　教

438

我们讲宗教信仰自由，而宗教从世界观上来说和马列主义就不同。不能要求有宗教信仰者也信仰马克思主义无神论。

（摘自 1992 年 12 月 4 日同赵朴初同志的谈话）

439

我们的宗教信仰自由政策是一项长期政策，而决不是什么虚伪之辞、权宜之计。那种认为无神论与宗教信仰自由之间势不两立的看法，是错误的；同样，那种认为坚持唯物论、无神论就是要对宗教采取反对态度的看法，也是错误的。

（摘自 1998 年 10 月 14 日会见美国基督教会联合会访华团时的谈话）

440

宗教信仰问题是一个历史现象。如果承认历史发展的长过程，承认其阶段性，承认宗教是个人的私事，当然就要尊重个人的信仰自由。

（摘自 1996 年 3 月 7 日在参加全国政协八届四次会议少数民族界、宗教界委员讨论时的谈话）

441

公民有信教的自由，也有不信教的自由。你不信、我信，或者我不信、你信，这是个人的私事。不能说因为你信神我不信神，或我信神你不信神，就对立起来。我妈妈信佛教，她要烧香，要吃素。我是一个无神论者，我很敬爱我的母亲，我们之间并没有因为信仰不同而闹矛盾。

（摘自1998年9月27日会见台湾玄奘顶骨舍利迎请团主要成员时的谈话）

442

在我国，信教和不信教群众在思想信仰上的差异是次要的，在政治上经济上根本利益的一致性才是主要的。只有尊重公民的宗教信仰自由权利，才能调动广大信教群众的积极性，才能使信教和不信教的群众在根本利益一致的基础上团结起来，把意志和力量凝聚到建设现代化国家、实现更加美好生活的共同目标上来。

（摘自2000年1月31日同全国宗教团体领导人座谈时的谈话）

443

宗教作为人类精神生活中一种普遍、长期存在的现象，有其发生和发展的深刻社会根源和认识根源，有其不以人的意志为转移的客观运动规律，企图用行政手段去限制甚至消灭宗教是行不通的，企图用行政力量去发展宗教也是错误的。

（摘自2000年1月31日同全国宗教团体领导人座谈时的谈话）

444

过去的解释，认为宗教的发生和发展是由于社会生产力、科学技术水平以及人们对自然界的认识能力低下。但现在的情况是，人们对自然界的认识越来越深入，改造自然的能力越来越加大，但宗教信仰者并没有减少。全世界58亿人口中有46亿信仰宗教，其中包括许多对自然现象有深刻认识的科学家和有广泛影响的政治家。这就要求我们对宗教作进一步观察，针对新的情况作出新的解释。

（摘自1998年10月14日会见美国基督教会联合会访华团时的谈话）

445

某些浅见的人说，“马克思主义讲无神论，怎么去支持有神论?”他们不太理解，说这种话就如同说“我们要实现共产主义，私人财产就得交出，吃大锅饭”一样的肤浅。

（摘自1996年3月7日在参加全国政协八届四次会议少数民族界、宗教界委员讨论时的谈话）

446

我国各宗教倡导的伦理道德都有弃恶扬善的内容。佛教的“庄严国土，利乐有情”，道教的“慈爱和同，济世度人”，基督教的“荣神益人”，伊斯兰教的“两世吉庆”，都倡导服务社会，造福人群。宗教界可以在社会主义精神文明建设中发挥教义中的积极因素，做出应有的贡献。

（摘自1997年1月30日同宗教团体负责人迎春座谈时的谈话）

447

我国是一个讲求“和合”文化的国家，主张以和为贵，对各种文化兼容并包，包括对待宗教。中国传统文化有相当部分与宗教文化有联系，各种外来宗教也不断从中国传统文化中汲取养料，不同程度地“中国化”。

（摘自 2000 年 1 月 31 日同全国宗教团体领导人座谈时的谈话）

448

强调宗教与社会主义社会相适应，从根本上说就是要努力做到“四个维护”：维护法律尊严，维护人民利益，维护民族团结，维护祖国统一。

（摘自 2000 年 1 月 31 日同全国宗教团体领导人座谈时的谈话）

449

在我们国家，任何人、任何团体、任何宗教，都应当维护法律尊严、维护人民利益、维护民族团结、维护国家统一，这是最基本的行为准则。

（摘自 1997 年 1 月 11 日在听取藏传佛教工作座谈会汇报时的谈话）

450

要认真研究如何把加强管理同实行宗教信仰自由政策更好地统一起来。不能一讲信仰自由、落实宗教政策就忽视、放弃管理，处处事事退让，坐视不良倾向膨胀，直到事情发展到难以收拾的地步；而一讲管理，又忽视宗教政策，随意干涉、过多限制，甚至把有神论同无神论的对立简单理解为信教的人同不信教的人的对立。

（摘自 1997 年 1 月 11 日在听取藏传佛教工作座谈会汇报时的谈话）

451

对民族、宗教纠纷要尽可能解决在萌芽状态，宜解不宜结，宜疏不宜阻，宜散不宜聚。尤其不能用夸大问题的严重性，来掩盖自己的错误，掩盖自己的无能。

（摘自 1993 年 2 月 24 日在听取中央统战部关于民族、宗教工作汇报时的谈话）

452

在现阶段，我国民族、宗教领域发生的问题，主要属于人民内部矛盾，但也不排除有的问题带有对抗性质。对于人民内部矛盾，只能用耐心说服、改进工作的办法来解决。绝不能把非对抗性矛盾当作对抗性矛盾，人为树敌；不能把非对抗性矛盾激化成为对抗性矛盾，自讨苦吃。

（摘自 1994 年 7 月 4 日同新形势下民族、宗教问题研讨班学员座谈时的谈话）

453

只有在政治上真诚团结合作，才能真正做到在信仰上互相尊重；而只有在信仰上互相尊重，才能有效巩固和加强政治上的团结合作。

（摘自 1993 年 1 月 1 日在全国性宗教团体领导人迎春座谈会上的讲话）

第三编

文　明

文　化

文　艺

宣　传

体　育

京　剧

文　明

454

近年来，我们党在加强整个意识形态领域工作的过程中，有若干重要的提法，如反对资产阶级自由化，加强思想政治工作，一手抓“扫黄”、一手抓繁荣文艺，弘扬民族文化等等。可否考虑有一个带总的提法，就是加强社会主义精神文明建设。在这个总的口号下，指导和抓好整个意识形态领域的各项工作，有立有破，使各项工作有一个明确的方向、目标和落脚点。

（摘自1990年2月9日听取福建省委、省政府工作汇报时的讲话）

455

精神文明建设是建设有中国特色的社会主义的重要组成部分，是建设社会主义物质文明的重要保证。科学技术，现代化，这些东西哪个国家都讲，只有同时赋予社会主义精神文明这个内容，才能保证它的社会主义方向，才能真正为社会主义物质文明建设的发展提供精神动力和智力支持。

（摘自1990年2月9日听取福建省委、省政府工作汇报时的讲话）

456

在我国现代化建设的全过程中，我们必须始终像重视物质文明建设一样重视精神文明建设，像抓物质文明建设一样抓精神文明建设。只有把两个文明建设都搞上去，才能有社会的全面进步，才能满足广大人民群众的根本愿望，也才谈得上建成有中国特色的社会主义。

（摘自1993年4月18日听取广西壮族自治区党委、政府工作汇报时的讲话）

457

毫无疑问，精神文明建设必须紧紧围绕经济建设这个中心，为改革开放和现代化建设提供强大的精神动力和智力支持，成为物质文明建设的重要保证。同时也要看到，精神文明本身也是我们的奋斗目标。我们搞现代化建设，就包括了人民精神生活的改善和文明水平的提高。如果忽视精神文明建设，我们的社会就会被种种愚昧、落后、僵化、不文明的现象所困扰，经济建设也将受到严重的阻碍。

（摘自1993年4月18日听取广西壮族自治区党委、政府工作汇报时的讲话）

458

长期以来我们常犯的一个最大的毛病在于，把本来是统一的东西人为地分割开来，对立起来，结果给人们的思想造成很大混乱，给我们的事业造成很大损失。今后，我们必须认真吸取这一教训，在一切工作中都要坚持两个文明一起抓，两项任务一起下，两副担子一起挑，两个成果一起要。

（摘自1986年12月在天津市外环线道路工程土方义务劳动表彰大会上的讲话）

459

没有社会主义精神文明，有中国特色的社会主义事业就无从谈起。精神文明建设体现在现代化建设的一切环节，渗透在政治、经济、文化、社会生活各个方面。

（摘自1993年11月5日在全国统战工作会议上的讲话）

460

一个国家不发展经济，不提高人民的生活水平，许多问题的解决包括精神文明的发展就无从谈起。如果物质生活搞上去了，精神生活搞不好，经济建设最终也会受到妨碍，老百姓也不会满意。

（摘自1995年8月23日同新加坡内阁资政李光耀的谈话）

461

我们纠正“一手软、一手硬”，应当使软的一手变硬，而不应当使硬的一手变软。

（摘自1989年10月13日同出席全国马克思主义哲学研究与干部哲学教育研讨会全体代表座谈时的讲话）

462

社会主义精神文明与物质文明，是相互联系又相对独立地存在着，精神文明本身就是我们的一个战略目标。这个目标包括思想道德建设和科学教育文化建设等非常广泛的内容。这些内容之间既有区别又有联系，既互相制约又互相促进，构成了精神文明建设的统一体。

（摘自1990年11月9日同全国精神文明建设活动工作会议代表座谈时的讲话）

463

精神文明建设要为经济建设这个中心服务，为经济建设提供精神动力、智力支持、思想保证，形成有利于社会主义现代化建设和全面改革的舆论力量、价值观念、文化条件和社会环境，有力地抵制资本主义和封建主义的腐朽思想，防止种种迷失方向的危险，振奋起全国各族人民的巨大热情和创造精神，用几代人的努力建设起社会主义现代化强国。

（摘自1990年11月9日同全国精神文明建设活动工作会议代表座谈时的讲话）

464

依法治国是人类文明进步的标志，自古以来，无论在东方还是西方，人类为这一政治理想进行了长期不懈的努力。早在两千多年前，我国古代著名思想家管子就提出了“依法治国”的概念。没有规矩不成方圆，法律就是规矩。严格按照法律治理国家，社会才能秩序井然，人民才能安居乐业，国家才能长治久安。

（摘自2002年5月27日与英国上院议长兼大法官欧文勋爵会谈时的谈话）

465

人是要有点精神的。许多问题光算经济账是算不清楚的，只有通过加强思想政治教育、发挥党团员的先锋模范作用等政治的办法，把群众的精神振奋起来，把群众的情绪理顺，才能很好地解决。共产党的一个传家宝，就是讲思想，讲精神，讲政治优势。

（摘自1990年2月9日听取福建省委、省政府工作汇报时的讲话）

466

要善于把思想政治工作贯彻、渗透到各项具体工作中去，既会用经济手段也会用思想政治工作调动人的积极性。每完成一项任务，既出物质成果，又出精神成果，把人民群众在完成任务中所表现出的高尚品质和革命精神总结推广，变成社会的共同财富。

（摘自1986年12月在天津市外环线道路工程土方义务劳动表彰大会上的讲话）

467

我们的工作之所以出现毛病、发生问题，许多不是出在自然科学方面，而是出在社会科学方面。

（摘自1984年11月23日对《中国信息报》记者的谈话）

468

有些领导干部的自然科学专业知识比较丰富，而社会科学综合知识比较欠缺，领导干部的马列主义水平在有的地方、有的单位下降了。有些领导干部，就事论事的多，对问题进行综合、概括、抽象的少；研究具体方法多，研究一般规律少。这种状况令人忧虑。

（摘自1997年1月24日在统一战线和多党合作专题研究班结业座谈会上的讲话）

469

在对待政治问题和学术问题上，第一，要把政治问题和学术问题区别开来；第二，政治问题和学术问题在社会科学某些领域很难区别开；第三，不要用政治问题来限制学术问题的研究。一般来说，真正跟你开诚布公地探讨问题、提出意见的是好心好意的人，而别有用心的人，希望你倒台的人，未必能公开给你提意见。

（摘自1987年6月11日在天津市调查研究工作会议上的讲话）

470

我们讲变，不仅是要追求物质上的丰富，由穷变富，而且要讲究精神上的提高，要变得文明、变得可爱，使人们有一种“谁不说俺家乡好”的自豪。这是一种更为深刻的变。

（摘自 1985 年 2 月 2 日在天津市农村工作会议上的报告）

471

追求丰富多彩的精神文化生活是人类固有的特性，不断满足人们对精神文化的需求是社会主义建设的重要目标。随着经济的发展和物质生活的改善，人民群众对文化生活和娱乐活动提出了新的更高的要求。富而思文，富而思乐，这是社会发展的趋势。

（摘自 1990 年 5 月 18 日在中国职工思想政治工作研究会第六次年会上的讲话）

472

一个国家的文明程度如何，发展前景如何，很重要的一个方面就是看它的风气如何。风气不好，人心就难以凝聚，社会就难以稳定，经济最终也难以搞上去。

（摘自 2001 年 11 月 19 日会见新加坡总统纳丹时的谈话）

473

社会风气是人们思想文化素质、道德水准和文明程度的外在表现，也是人们精神面貌的集中反映。一种好的社会风气一旦形成，会对人们产生很大的鞭策、激励、规范和引导作用。

（摘自 1986 年 11 月 26 日在天津市外环线工程义务劳动总结表彰会上的讲话）

474

一个民族要实现振兴，就必须千方百计地振奋民族精神，把全民族的积极性都调动起来，潜力都挖掘出来，人心都凝聚起来，依靠本民族的艰苦奋斗，克服困难，创造业绩。

（摘自1999年10月12日会见委内瑞拉总统查韦斯时的谈话）

475

精神文明的一个标志就是提高效率，使劲干活。天天在那儿扯皮，连精神都没有了，还有什么文明。

（摘自1982年7月15日在中共天津市引滦工程指挥部委员会第一次全委会上的讲话）

476

倡俭崇实，不仅是一个经济问题，也是一个社会价值取向问题，一个关系到我们的事业兴衰成败的根本性问题。全党特别是各级领导干部必须高度重视这个问题，并以此来要求自己、约束自己。

（摘自1993年7月5日在承德市考察工作时的谈话）

477

我们要特别提倡扶贫济困、乐善好施的高尚精神，先富的人应该有报效国家、服务社会、奉献人民的胸怀，用自己的才华和力量去帮助未富的人、贫困的人。

（摘自1997年11月7日在接见光彩事业表彰大会代表时的讲话）

478

孟子讲："乐民之乐者，民亦乐其乐；忧民之忧者，民亦忧其忧。"你若帮助别人，当你有困难的时候，别人也会帮助你；当你发财的时候，周围的人会替你高兴。如果你只顾自己，不顾别人，甚至损人利己，为富不仁，你越发财别人越穷，别人就不会支持你，你的发展也不会顺利，你的心情也不会舒畅。

（摘自1998年10月7日在会见非公有制经济人士时的讲话）

479

人类的文明，应该集中体现在人与人之间的关系上，或者叫人际关系上。在我们社会主义社会里，人与人之间应该建立起平等友爱、相互理解、相互尊重、相互服务的关系。

（摘自1987年3月11日在天津市尊老敬老报告会上的讲话）

480

过去交朋友的一个简单标准，就是看他对父母的态度，如果这个人对老人、对父母不好，你就不要去结交他。这个标准听起来似乎简单了一些，仔细想来有道理。因为你跟他再好，也没有办法达到他母亲对他关心的程度。假如他连自己的老母亲都不去照顾，那么他对你能有什么诚心诚意可言呢？

（摘自1987年3月11日在天津市尊老敬老报告会上的讲话）

481

一个社会如果缺少尊老敬老的空气，不能做到老有所养，它再标榜如何“博爱”、“平等”，如何“高度文明”，那也是假话。

（摘自1987年3月11日在天津市尊老敬老报告会上的讲话）

482

尊老敬老是中华民族的一个传统美德，是人类文明的象征，是社会安定的重要因素，是对国家建设的一大贡献，也是对党和政府工作的一个切实的支持。

（摘自1987年3月11日在天津市尊老敬老报告会上的讲话）

483

“顺者为孝”这话有片面的地方，有点不分是非，不讲原则。但是，这里边也有值得吸收的地方，就是说对老人不要苛求，当小辈的不要寄希望于使多大的劲儿去“改造”老人，而主要应该考虑如何去适应老人。

（摘自1987年3月11日在天津市尊老敬老报告会上的讲话）

484

我们的理想、伦理、道德是与中国历史文化、民族文化相结合的，是使人们在喜闻乐见之中高高兴兴地接受的，是尽情尽理而不是连自己也不想做却非要别人去做的。

（摘自1990年4月28日在《人民日报》国内记者工作会议上的谈话）

485

我们习惯于强调经济对教育制约的一面，而忽视教育对经济建设和社会发展制约的一面，不能把教育放在整个现代化建设的战略地位去考虑。这是在教育问题上目光短浅乃至短期行为的思想根源。

（摘自1989年4月10日在天津市普教工作会议上的讲话）

486

假如我们两眼一睁，忙到熄灯，忽视了对下一代的教育，就等于忽视我们党奋斗的最终目标，忽视我们毕生为之奋斗的革命和建设事业的伟大成果，我们就成了糊涂人。

（摘自1990年6月28日在中国关心下一代工作委员会第一次会议上的讲话）

487

过去说，“无农不稳、无工不富、无商不活”，现在应加一句，叫“无才不兴”。

（摘自1985年2月2日在天津市农村工作会议上的报告）

488

在处理不同文明之间的关系问题上，一要相互尊重。由于自然环境不同、历史背景不同，使各国的文明都具有特色，应承认人类文明的多元性，肯定他国、他民族的历史地位和贡献，尊重各国人民的意愿和选择，不能把某一国的做法作为唯一模式强加于人。二要相互学习。各国、各民族都不能满足于自己以往的成就，而应实行开放政策，通过交流、合作，认真汲取和借鉴其他国家、民族所创造的优秀的文明成果，不断为自己的文明注入新的活力。三要保持特色。在科学高度发达，特别是交通、信息十分便捷的条件下，做到既学习别人的优点，又保持自己的特色是很不容易的，然而这是必需的。汲取他人成果要同本国、本民族的实际相结合，发扬自己的长处和优势，增强人民自立于世界民族之林的自信心。遵循这样一些原则，人类社会就能够和平稳定，就能够丰富多彩，就能够发展进步。

（摘自1997年6月3日会见希腊总统康斯坦丁·斯特凡诺普洛斯时的谈话）

489

民族是多种的，文明是多元的。每一种文明之所以能够存在和发展，都有其理由和根据，都有其价值和作用。各种文明都是人类文明的组成部分，都对人类文明做出了贡献。在人类几千年的历史上，不同文明之间尽管有过磨擦、碰撞和冲突，但交流、借鉴和融合始终是发展的主流。

（摘自 2000 年 6 月 23 日会见伊朗总统哈塔米时的谈话）

490

各种文明都是人类文明的组成部分，都相互联系，相互影响。随着经济全球化的日益发展，这种联系越来越紧密，影响越来越深刻。应当承认，各种文明之间确有差异。差异往往是民族存在的理由。正是这种差异使世界丰富多彩，使交流与合作成为需要。假如世界上万事万物全都一模一样，那还有什么意思？各种文明都应当相互尊重，相互学习，求同存异，和谐共进。

（摘自 2001 年 11 月 14 日会见斐济总统伊洛伊洛时的谈话）

文　化

491

中国有五千年的文明史，有很丰富的民族传统文化，这是值得骄傲的一面。但如何将传统文化中好的东西与现代文明有机地结合起来，这是中国当前面临的问题，也是需要加以解决的课题。

（摘自 1995 年 12 月 20 日会见新加坡内阁资政李光耀时的谈话）

492

有中国特色的社会主义新文化，即我们的民族形式与社会主义内容相结合的新文化，就其本质和主体来说，应该是符合中国国情的，表现社会主义的时代生活和时代风貌，揭示现实社会关系的本质和历史发展趋势的。这种新文化必然是以有中国特色的社会主义的政治和经济为根据的，反转过来又给予政治、经济以伟大的影响和作用。

（摘自 1990 年 1 月 10 日在全国文化艺术工作情况交流座谈会上的讲话）

493

现实是历史的延续，不讲继承，搞历史虚无主义，发展就失去前提和基础，民族的长处和特征就难以保持。现实是历史长河中的一段，不讲发展，不研究与时代结合，传统文化就失去生机，也不可能很好地继承。

（摘自1998年6月10日会见意大利总统斯卡尔法罗时的谈话）

494

对待文化遗产，处理得好，会成为培育民族精神的珍贵养料；处理得不好，也会成为阻碍前进的沉重包袱。

（摘自1999年12月10日拜会日本天皇明仁时的谈话）

495

对待文化遗产，必须采取科学的态度，对于大量珍贵的祖宗遗产，要很好地保护、传留；对于过时的、有害的东西，要准确地加以剔除；对于优秀的传统文化，要着眼新的时代需求，注意挖掘整理，取其精华，使之更好地为现实服务。

（摘自1999年12月10日拜会日本天皇明仁时的谈话）

496

优秀的文化遗产作为人类认识和改造世界的共同成果，决定了它具有相对的稳定性。也就是说，不但物质文明，而且精神文明的许多方面，不是某一个阶级所独有的，而是经过不同阶级世世代代的努力共同创造的成果；它也不是只为某一个社会形态服务的，而是可以为各个不同的社会形态服务的。因此，我们既要看到历史文化遗产的阶级性，又要重视它的继承性和借鉴性。

（摘自1989年6月为《中国历代文献精粹大典》撰写的序言）

497

文化具有继承性和借鉴性，它的许多内容并不是为某一个阶级、某一个时代所特有，也不只是为某一个阶级、某一个时代所专用。中华民族传统文化所包含的政治、经济、文艺、军事、哲学、道德等方面的理论和思想，在许多方面都反映了事物的客观规律，具有超越时空的意义，可以为我们所借鉴、利用。

（摘自2002年5月9日在《续修四库全书》出版座谈会上的讲话）

498

把所有的历史文明简单地贴上阶级的标签，并拒绝继承、借鉴，不是马克思主义对待传统文化的正确态度。

（摘自1989年6月为《中国历代文献精粹大典》撰写的序言）

499

对于传统文化中优秀的东西，对于构成民族精神基础和主干的内容，必须努力继承和弘扬，只有这样，才能在世界民族之林中保持自己的长处和特征。对民族传统文化持虚无主义的态度，数典忘祖，全盘否定，是错误的。

（摘自1995年12月20日会见新加坡内阁资政李光耀时的谈话）

500

继承和弘扬民族传统优秀文化，并使其在现代化建设中发挥应有作用，就必须研究与现代科学、现代文明相结合。结合很不容易，但结合非常重要。离开结合，就不能很好地继承，更谈不上发展与创新。

（摘自1995年12月20日会见新加坡内阁资政李光耀时的谈话）

501

要继承、借鉴好中华民族的文化遗产，就要在广征博采的基础上，廓清历史文化发展的脉络，赋予其应有的历史地位，并运用马克思主义的方法加以批判总结，取其精华，剔其糟粕，鉴往而知来，更好地为现实服务。

（摘自 1989 年 6 月为《中国历代文献精粹大典》撰写的序言）

502

对古文化遗产抱残守缺、照搬照抄，是不可取的；而妄自菲薄，数典忘祖，采取历史虚无主义态度，更是极其有害的。

（摘自 1989 年 6 月为《中国历代文献精粹大典》撰写的序言）

503

古代文化作为历史产物，有精华，亦有糟粕，瑕瑜互见，这是时代所限，不可苛求于古人。我们的责任是有批判地吸收，有选择地借鉴，在继承中求发展，真正做到博古通今，鉴古知今，古为今用，继往开来，以五千年的历史视野，10 亿人的大国襟怀，探索民族振兴之道，奔向新的崛起。

（摘自 1987 年 9 月为《古典诗词百科描写辞典》所作的序）

504

要珍惜和弘扬中华民族的优秀文化传统。继承和发展，首先是继承，没有继承，就没有发展。只有继承了我们民族文化的优秀传统，才能建设社会主义文化。要反对民族虚无主义。应该明白：越是民族的东西，越能走向世界。

（摘自 1989 年 10 月 23 日出席梅兰芳塑像揭幕仪式时的谈话）

505

我们要采取科学的态度，运用科学的方法，对儒家学说进行挖掘、整理、总结、研究，取其精华，剔其糟粕，既不抱残守旧，照搬照抄，也不数典忘祖，全盘否定。要结合新的时代情况赋予其新的意义，并使之有机地渗透到政治、经济、文化以及社会生活的方方面面，更好地为现实服务，真正做到古为今用。

（摘自 1999 年 10 月 9 日会见参加纪念孔子诞辰 2550 周年大会暨国际儒学联合会第二届会员大会的中外专家学者时的谈话）

506

人类知识的来源有两大特点，一是连续性，在时间上、纵向上讲，知识要由上往下一辈一辈地传；二是社会性，在空间上、横向上讲，知识的来源常常不是一个人的。要善取诸家之长，刻意综合创新。

（摘自 1987 年 3 月 2 日在天津青年京剧团拜师会上的讲话）

507

中华民族历经沧桑，经受了种种磨难，总是能够衰而再兴，分而必合，压不垮，打不散，隔不断，其中一个重要原因，就在于中国有特殊而悠久的文化纽带。

（摘自 1998 年 9 月 27 日会见台湾玄奘顶骨舍利迎请团主要成员时的谈话）

508

民族文化是民族的重要表现形式，也是整个人类文化的组成部分和宝贵财富。正是因为各民族文化具有不同特色，人类社会才显得五彩缤纷，各民族文化之间才有交流与合作的需要。那种把民族文化差异视为民族冲突根源的观点，那种对不同民族文化歧视排斥而不是尊重包容的态度，是完全错误的。

（摘自2000年5月9日会见加拿大总督克拉克森夫人时的谈话）

509

越是民族的，越是世界的。对民族的东西，必须强调和保持它的个性，因为这是它存在的理由。你把它完全普遍化了，它存在的理由也就失掉了。

（摘自1994年11月22日在文化部“梅周百年诞辰纪念活动”汇报会上的讲话）

510

从辩证的观点看，共性和个性是对立统一的关系，没有个性就没有共性，只有个性表现活跃，生动活泼，共性才能丰富多彩。

（摘自1988年5月为天津市河西区《文化采珍》写的序言）

511

我们提倡国画，并不排斥油画，油画在世界上有很大影响，在中国也应当发展繁荣。我们说尊重国画规律，并不反对油画和国画结合而产生的新品种，我们希望能有这种不东不西、亦东亦西、不是东西的好东西。

（摘自2002年7月10日出席“当代国画优秀作品展”开幕式时的讲话）

512

在深刻的社会变革过程中，在急剧的现代化过程中，文化的内容和形式必然会有许多新的变化，但是决不能忽视民族特色和民族文化的研究。丢掉民族的优秀文化遗产，不仅是民族自身的悲剧，也是人类的损失。

（摘自1990年1月10日在全国文化艺术工作情况交流座谈会上的讲话）

513

学习、吸收外来文化必须注意保持自己的特色，无论如何不能因为融入世界而把自己的好东西给弄坏了弄丢了。也就是说，改革、改进、改善都可以，但是不能改行、变种。

（摘自2002年3月7日看望政协文艺界委员时的讲话）

514

中国人搞中国的事情，不研究中国的文化风俗习惯，不了解中国的过去和现在，是难以成功的。

（摘自1989年8月1日视察广播电影电视部时的谈话要点）

515

黄帝是中华民族的象征，是维系民族感情的纽带。祭祀黄帝体现着华夏儿女对中华文化传统的认同，对民族团结和睦的企盼，对祖国繁荣昌盛的希望。中华民族屡经磨难而不衰，几临厄运而不散，一个最深层的原因就在于有着这种深厚的民族情感和独特的民族文化。

（摘自2002年10月26日在黄帝陵基金会成立十周年暨整修黄帝陵工作座谈会上的讲话）

516

面对全球化，中国文化最不怕。全球化给中国文化创造了更多走向世界的机会，在全球化过程中，中国最具竞争力的就是文化。

（摘自2002年3月7日看望政协文艺界委员时的讲话）

517

文化问题不仅要研究不让干什么，还要研究应当干什么，如何才能干好，用好的东西来代替坏的东西。

（摘自 1989 年 8 月 9 日在文化部汇报会上的谈话）

518

文物事业战线长，涉及面广，各方面的工作无疑都应当抓紧抓好，但是，在当前任务繁重而我们的力量又很有限的情况下，必须坚持保护为主、抢救第一的方针。

（摘自 1992 年 5 月 8 日在全国文物工作会议上的讲话）

519

文物的一个特点是毁灭了不能再生。有些文物如早点抢救，就可以保住，而且并不需要花很多的钱。如果我们行动迟缓，该修的不及时去修，拖上几年，有的甚至只要拖几个月，就可能造成不可挽回的损失。

（摘自 1992 年 5 月 8 日在全国文物工作会议上的讲话）

520

保护文物是要花一点钱的，我国目前也确实是缺钱，但缺钱并不能只缺文物保护这笔钱。如果我们目光短浅，在文物保护方面该花的钱不花，该办的事不办，致使文物保护长期处于一种较低的水平，那么我们还有什么资格自称文物大国，在世界文化舞台上还有什么光彩？

（摘自 1992 年 5 月 8 日在全国文物工作会议上的讲话）

521

我们强调保护为主，强调把抢救放在首位，并不是否定文物的合理利用。从一定意义上讲，保护文物的目的最终还是利用。实践证明，合理、适度、科学的利用，不仅不会妨碍保护而且有利于保护。

（摘自1992年5月8日在全国文物工作会议上的讲话）

522

当前要强调的是保护文物、是抢救文物，而不要简单地讲搞活文物市场。简单地讲“搞活”，那就有“乱”的可能，因为“活”和“乱”有时是伴生的。

（摘自1991年4月6日在国家文物局汇报会上的讲话）

523

在思想观念上，随着经济体制的转变和对外交往的增多，出现了新旧碰撞、是非伴生的现象。如何对传统文化中优秀的加以继承、腐朽的予以摒弃，对外来文化中有益的加以吸收、有害的予以排斥，对市场经济条件下出现的思想观念积极的加以提倡、消极的予以抵制，逐步形成具有中国特色的、有利于改革开放和社会主义现代化建设的价值观念、思维方式和舆论环境，是一项需要正确引导、审慎处理的复杂工作。

（摘自1996年3月13日在中国人民政治协商会议第八届全国委员会第四次会议闭幕会上的讲话）

文　艺

524

文艺的根本目的应该是最大限度地满足广大群众精神生活的需要。我不同意只是把文艺作为教育群众的一种手段。文艺应该是通过其特有形式，千方百计地提高和丰富人民群众的精神生活，为他们提供美的享受。

（摘自 1986 年 6 月《齐心合力，繁荣文艺》一文）

525

如果说物质生产的最终目的，是要使人民群众尽快地富起来，得到更多的物质享受，那么艺术生产的最终目的，便应当是驱除人民群众精神上的“饥饿”，使他们在精神上极大地“富有”起来，得到更多的美的享受。

（摘自 1986 年 6 月《齐心合力，繁荣文艺》一文）

526

毫无疑问，文艺作为思想战线的一个重要组成部分，有着教育群众的作用。但如果把根本目的仅仅理解为教育，而忽视给群众以美的享受，使人民得到娱乐，实际上是否认文艺是人民生活的一项内容。

（摘自 1986 年 6 月《齐心合力，繁荣文艺》一文）

527

在革命战争年代，国土沦丧，中华民族处于危急存亡之秋，人民饥寒交迫，生活于水深火热之中。那时候把政治斗争摆在突出的头等的地位，要求文艺直接配合抗日救亡和打倒蒋介石、建立新中国的革命斗争，这是完全必要的、正确的。今天，我们已经进入社会主义现代化建设新的历史时期，肩负的历史重任是建设高度民主、高度文明的社会主义现代化国家，我们的人民安居乐业，文化素养不断提高。存在变了，任务变了，文艺的方针也必须相应地调整。

（摘自 1986 年 6 月《齐心合力，繁荣文艺》一文）

528

文艺有娱乐、审美、认识、教育等多方面的作用。我们总是希望并努力争取充分发挥文艺的思想政治教育的作用，但也必须承认，不可能使每个作品都具有这种作用。文艺的根本任务，是满足广大人民群众日益增长的文化生活的需要。因此，我们在提倡多创作健康有益、群众喜闻乐见作品的同时，也不反对政治思想上无害、艺术上较好、群众喜闻乐见的作品，只要不违反国家宪法和法律，就不要横加干涉。

（摘自 1992 年 8 月 10 日在内蒙古乌兰牧骑艺术节闭幕式上的讲话）

529

艺术生产必须强调丰富多彩，不拘一格。在政治上有益无害的可以，在政治上所谓无益无害而艺术上好的也可以；有教育意义的可以，所谓教育意义不大但可以给人以美的享受的也可以。

（摘自 1986 年 6 月《齐心合力，繁荣文艺》一文）

530

要强调文艺的教育、认识作用一定要通过审美作用、娱乐作用来实现。文艺不同于其他意识形态，它的教育、认识作用，只有在作品和演出具有强烈感染力的前提下，才能收到积极的效果。

（摘自1986年6月《齐心合力，繁荣文艺》一文）

531

文艺节目首先要让人喜闻乐见，能够吸引人，才能教育人，即所谓“寓教于乐”。如果人家不爱听，不爱看，你去教育谁？

（摘自1989年8月1日视察广播电影电视部时的谈话）

532

文艺的社会效益是一个非常宽泛的概念。给人以思想启发和人生思考，具有社会效益；使人赏心悦目，增添生活情趣，也有社会效益；帮助人们开阔眼界，增长知识，“多识鱼虫草木之名”，同样也具有社会效益。歌颂四化建设的新成就，宣传改革、开放的新步伐，介绍人民如何奋勇建设自己的新生活，使人们受到鼓舞，增长信心与干劲，具有社会效益；反映工作中的矛盾，揭露生活中的阴暗面，指出前进中的困难，唤起人们的警觉，激励人们同困难和邪恶现象作斗争，同样具有社会效益。一句话，一切能够提高和满足人民群众文化生活需要的艺术创作，都能产生这样那样的程度不同的社会效益，都应当允许存在、发展。

（摘自1986年6月《齐心合力，繁荣文艺》一文）

533

既然社会主义文艺的根本目的是最大限度地满足广大群众精神生活的需要，那么对文艺的功能也应该作更加全面、更加广泛、更加准确的理解。在文艺的教育、认识、审美和娱乐这四项功能中，对长期忽视的认识作用、审美作用、特别是娱乐作用要适当地加以强调和突出。

（摘自 1986 年 6 月《齐心合力，繁荣文艺》一文）

534

既要突出主旋律，又要坚持多样化；只有坚持多样化，才能更好地表现主旋律。

（摘自 1990 年 2 月 20 日同全国故事片创作会议代表座谈时的讲话）

535

文艺的主调、主要的表现形式，应该是中国式的、民族的、大众的、群众喜闻乐见的东西。

（摘自 1989 年 10 月 7 日与天津新闻、文艺、出版工作者座谈时的谈话）

536

古今中外历史都证明，凡是异时共存、异地共赏的传世之作，都是植根于人民群众之中，都为人民群众所喜闻乐见。

（摘自 1997 年 10 月 25 日在第五届中国艺术节组委会第二次会议上的讲话）

537

过去讲“不破不立”，反过来说，你要不立，破也破不彻底。没有健康的有益的文艺作品占领阵地，你破完了它还得回来。

（摘自 1989 年 8 月 26 日接见全国整顿清理文化市场工作会议代表时的谈话）

538

文艺的繁荣单靠抓“扫黄”抓不出来。任何国家文艺的繁荣，都要靠发展健康的、优秀的文艺创作和演出活动，用健康的、优秀的文艺作品和文化活动占领阵地，使“黄色”的低级庸俗的东西没有市场。

（摘自1989年9月11日在南方四省“扫黄”工作座谈会上的讲话）

539

“扫黄”的目的之一是为了繁荣文艺，而不是打击文艺。剪除了毒草，香花会更好地开放；清除了垃圾，社会文化环境会更加健康。

（摘自1989年8月24日在全国整顿清理书报刊及音像市场电话会议上的讲话）

540

有些文艺作品是无益的，但是无益的不就是有害的，作为文艺作品，总不能天天讲政治课。

（摘自1984年1月7日在天津市文艺创作会议上的讲话）

541

花，有红的有蓝的，有香的有不香的。人，有喜欢牡丹的，有喜欢菊花的，喜欢牡丹的不要骂喜欢菊花的。如果只许一种存在，哪还有百花齐放？

（摘自1984年1月7日在天津市文艺创作会议上的讲话）

542

任何人、任何一个行当、做任何工作，错误都在所难免，搞创作也是如此，因此不能把作品的错误都说成是精神污染。否则，既不利于文艺的繁荣，也不利于清除精神污染。

（摘自1984年1月7日在天津市文艺创作会议上的讲话）

543

必须注意防止有些常年不干、不写的人（他没有“污染”，什么也没写），乘反对精神污染的机会，整那些想干、敢干、肯干，写了大量好作品而出点儿问题的人。

（摘自1984年1月7日在天津市文艺创作会议上的讲话）

544

我们的作家和艺术家绝大多数是好的，绝大多数作品是好的。有的作品如果只是小毛病，可以改一改。如果一棍子打下去，随便说这个作品是“坏的”，那就不仅否定了整个作品，而且会影响一大批人，所以，文艺界领导的肚量应该大一点。

（摘自1990年2月1日在广东省文艺出版界座谈会上的谈话）

545

要创作更多更好的现实题材作品，就必须尊重广大文艺工作者的创作个性。作为文艺工作者，要通过自身的努力，逐步形成自己的创作个性；作为各级领导，要尊重创作个性，并千方百计地创造条件，使每个文艺工作者都能更好地培养和发挥自己的创作个性。

（摘自1988年7月26日在电视剧《大学》获“飞天奖”庆功会上的讲话）

546

外因只是事物变化的条件，内因才是事物变化的根据，外因只有通过内因才能起作用。文学艺术要真正搞上去，归根结底要靠文艺工作者自身的艰苦努力。如果文艺界自己不争气，不作劲，外部条件再好，也创作不出震惊当世、流传千古的佳作，也迎不来百花齐放、万紫千红的文艺春天。

（摘自1986年6月28日在天津市文艺创作座谈会上的讲话）

547

四项基本原则作为重大的政治原则，应该从总体上去认识，去把握，而不能要求文艺作品简单地去图解，也不能用来直接地规范具体的艺术创作，更不能把对现实生活的某些批评指责为违背四项基本原则。

（摘自1986年6月《齐心合力，繁荣文艺》一文）

548

鉴别文艺作品好坏不能以个人的好恶为标准。有害的东西必须清除，有益的东西必须保护，益大害小的要修改，即使无益但也无害的东西也未必去反对。

（摘自1985年10月23日在天津大学部分学生座谈会上的谈话）

549

文艺界强调文艺要“面向世界”、“走向世界”，对此要做具体分析。有一些艺术形式，因为世界上的评价标准差不多，比如杂技、武术、声乐和芭蕾舞等，可以这样说；有一些艺术形式，因为受不同民族传统和社会意识形态的影响，缺乏共同的评价标准，因而不能这样说。我们不能简单地以是否在国外获奖来评价我们的文艺作品。

（摘自1990年2月1日在广东省文艺出版界座谈会上的谈话）

550

实践证明，对文艺作品简单地、片面地、过分地强调姓“社”姓“资”、强调思想政治教育的作用，就不能很好地坚持“二为”方向和“双百”方针，就很难做到“古为今用”、“洋为中用”，就不利于形成生动活泼、百花盛开的良好局面。

（摘自1992年8月10日在内蒙古乌兰牧骑艺术节闭幕式上的讲话）

551

要把握好为人民服务、为社会主义服务和百家争鸣、百花齐放的辩证关系。“二为”是我国文艺发展的总目标和方向，“双百”是实现“二为”的必由之路。二者紧密相联，不可分割，不能离开“双百”谈“二为”，也不能离开“二为”谈“双百”。

（摘自1990年1月10日在全国文化艺术工作情况交流座谈会上的讲话）

552

要允许各种不同风格、流派的文艺作品存在和发展，以满足人们的不同需要。正像有的人想吃辣椒就买辣椒、想吃西红柿就去买西红柿一样。决不能以个人的好恶和欣赏兴趣的不同，就随意否定一部文艺作品或一种艺术形式。

（摘自1989年10月7日与天津新闻、文艺、出版工作者座谈时的谈话）

553

中国有句老话，叫“志逾鸿鹄，行若赤金”。志，有远大、高尚的追求；行，有坚定、闪光的实际行动。我们每个文艺工作者都应当有这样的修养和素质。

（摘自1986年6月28日在天津市文艺创作座谈会上的讲话）

554

工矿企业现在都讲听取用户和消费者的意见，以便加强经营管理，生产适销对路的产品。文艺作品不是商品，但是听听服务对象的意见，对于“产品”能更加“适销对路”也会有些好处。

（摘自1984年1月7日在天津市文艺创作会议上的讲话）

555

有的人批“奇装异服”，“奇”是什么？“奇”就是新鲜，穿衣服为何不可以新鲜？“异”是什么？“异”就是和人家不一样，为什么穿衣服不能和别人不一样？男的女的都是灰的黑的一个样，这好吗？

（摘自1984年1月7日在天津市文艺创作会议上的讲话）

556

艺术终究属于人民，群众喜闻乐见是文艺创作的出发点，也是对文艺是否坚持为人民服务的最终检验。物质产品讲求适销对路，有些精神产品群众不喜欢、不接受，也要在自己的产品上找原因。今天的问题不是“曲高和寡”，而是“曲低和寡”。

（摘自1986年6月《齐心合力，繁荣文艺》一文）

557

文化界有个老问题就是团结问题。有的人从30年代就打架，日本打跑了，国民党打倒了，还接着打，解放以后还是几派在那里打。“文化大革命”都逮起来了，不管哪一派都进牛棚了，不打了，成了患难之交。“文化大革命”以后都落实了政策，回到了工作岗位，又接着打。我给他们开玩笑说，你们都是写戏的，你们之间的戏到哪一年算结束呢？

（摘自1990年1月6日在河北省六大班子成员座谈会上的讲话）

558

咱们过去来回争是非，争得没完没了，到底哪个真的是，哪个真的非？争来争去，结果往往是两败俱伤，怄了一肚子气，弄了一身病，谁也没成为英雄。

（摘自1997年3月3日在政协八届五次会议文艺、教育、特邀联组会上的讲话）

559

历史是公正的，也是无情的，历史给每个人的时间是有限的。在有限的时间里干点什么？我想，对作家艺术家来讲，还是多留下一些作品叫别人评论，不要留下两个人打架的事叫别人评论。

（摘自1997年3月3日在政协八届五次会议文艺、教育、特邀联组会上的讲话）

560

要出好的作品，就必须学习。有的作家的作品，之所以给人的印象不深，之所以生命力不强，有的像时装一样过几天就不“时髦”了，很重要的原因是缺乏理论功底。大家都知道，世界上许多伟大的作家，同时又是思想家。

（摘自1991年5月26日在全国青年作家会议上的讲话）

561

我们说文艺创作需要社会的理解和谅解，需要领导的支持和担待，这丝毫不排除我们要求文艺工作者创作要精心、再精心，使我们的作品即使不能看出血来，也要能看出汗来。一部作品如果连作者的汗珠儿都看不见，稀里糊涂地拼凑一番，还要叫人去理解、担待就不好了。

（摘自1992年1月23日与重大革命历史题材影视创作会议代表座谈时的讲话）

宣 传

562

宣传思想战线要准确地宣传中央的精神，既要坚定地坚持四项基本原则、反对资产阶级自由化，又要继续创造和保持民主、和谐的政治气氛。

（摘自1990年1月31日在广东省新闻宣传战线负责人座谈会上的谈话要点）

563

当我们宣传某项工作时，要讲清具体情况、政策界限；当我们表扬先进人物、先进经验时，要讲清不同的条件，留有余地；当提倡某种做法、形式时，不要贬低另一种可行的做法、形式；在强调宣传这一面时，对允许存在的另一面也要作适当报道；当社会舆论过分集中在某些“热点”问题时，要注意适当分流。

（摘自1989年11月25日在新闻工作研讨班上的讲话）

564

新闻报道必须坚持以正面宣传为主的方针，这是社会主义新闻事业必须遵循的一条极其重要的指导方针。坚持这个方针，就是要准确、及时地宣传党的路线、方针、政策，实事求是地反映社会现实生活的主流，让人民群众用创造新生活的业绩教育自己，形成鼓舞人们前进的巨大精神力量，在当前就是要造成一个有利于稳定局面的舆论环境。

（摘自1989年11月25日在新闻工作研讨班上的讲话）

565

团结、稳定、鼓劲的方针，是宣传思想工作必须长期坚持的方针。我们的中心任务是搞好经济建设，如果没有一个长期团结稳定的政治和社会环境，许多事情就难以办成。只有实现团结稳定，才能鼓起人民群众搞建设的劲头；只有人民群众有了搞建设的劲头，才能有助于团结稳定。我们宣传思想战线的同志在任何时候做任何工作，都要考虑到团结稳定，都要有利于团结稳定。

（摘自1992年1月25日在全国宣传部长会议上的讲话）

566

贯彻团结、稳定、鼓劲的方针，坚持正面宣传为主，不能简单化，不应理解为堆砌好人好事，不应搞成干巴枯燥的空洞说教，尤其不能宣传形式主义，助长形式主义。贯彻团结、稳定、鼓劲的方针，也不是不要批评报道和舆论监督，关键是这些批评、监督要给人以力量、信心和希望，有利于团结、稳定和鼓劲。

（摘自1992年1月25日在全国宣传部长会议上的讲话）

567

新闻第一要真，第二要新，第三要短，第四要活。新闻姓“新”，要讲时效性。

（摘自1996年12月27日在《人民政协报》改日报座谈会上的讲话）

568

保持文汇特色，报新闻，讲实话，正文风。

（1998年1月为《文汇报》创刊60周年题词）

569

报纸都有自己的特殊性，都有自己特定的任务和服务对象，比如人民政协报的特色就是政协特色，这个特色是别的报纸不可替代的。一切共性的东西都在个性之中，一切普遍的东西都在特色之中，理在其中立。因此，要注意特色，研究特色，突出特色。

（摘自2003年1月17日看望《人民政协报》工作人员时的讲话）

570

只能站在正确的立场上反对错误的东西，而不能以“左”反右，或以右反“左”。

（摘自1990年1月31日在广东省新闻宣传战线负责人座谈会上的谈话要点）

571

真理需要宣传，群众需要组织。真理一旦掌握群众，就变成巨大的物质力量。

（摘自1989年6月9日为《天津日报》撰写的特约评论员文章）

572

中国地方大，如果报纸把各地发生的贪污、受贿、抢劫、强奸等犯罪活动集中起来，8个版天天登也登不完。这不反映我们现实生活的总体，不是本质的真实。

（摘自1990年1月31日在广东省新闻宣传战线负责人座谈会上的谈话要点）

573

错误看待形势的人，有一个共同的特点，就是夸大阴暗面。我们进行形势教育时，说他们是“一叶障目”，看不到本质和主流。他们则说“我们看到的只是‘九牛一毛’”。如果我们在纠正不正之风的宣传报道上，不控制数量，不掌握分寸，弄得到处是“毛”，就会把本来能够正确看待形势的人也搞糊涂了。

（摘自1986年4月3日在端正党风座谈会上的发言）

574

批评性报道，固然要实事求是，完全真实；正面报道，歌颂性的，表彰性的，也要实事求是，完全真实，否则不但起不到鼓舞人心的作用，而且可能产生相反的效果。

（摘自1989年11月25日在新闻工作研讨班上的讲话）

575

无论是表扬还是批评，最后都要给人以信心，给人以力量，给人以勇气，给人以希望。对消极的东西如果处理得当，也可以起到积极的作用，这就是我们追求的目的。

（摘自1989年11月25日在新闻工作研讨班上的讲话）

576

提高宣传艺术首先是内容问题。如果没有引人注意的内容，报道的事实没有典型意义或深刻的内涵，而片面地去追求写作或表现技巧，那只能是矫揉造作。反之，有了好的内容，但不讲究表现的方式方法，不讲究技巧，干干巴巴，枯燥乏味，也不会收到好的效果。我们要求的是内容与形式的统一，思想性与知识性、趣味性的统一。

（摘自1989年11月25日在新闻工作研讨班上的讲话）

577

文章是客观事物的反映，是人的认识的载体。任何一篇文章，即使是理论家的文章，也是在特定的时间地点条件下写出来的，既有绝对的一面，也有相对的一面。一般说来，越是当时引起轰动、大家认为不错的文章，其时令性就越强。

（摘自 2002 年 11 月 25 日与中央统战部领导及部分老同志座谈时的讲话）

578

舆论监督，实质上是群众的监督，是反映群众的呼声。舆论监督的宗旨，是批评不良现象，提倡好的风气。

（摘自 1988 年 7 月 20 日关于天津新闻出版工作的谈话）

579

新闻宣传不仅要通过“喉舌”向群众宣传和灌输党的主张，也要通过“耳目”广泛收集来自四面八方的信息，表达群众的意愿，发动群众对党和政府的工作实行监督。

（摘自 1990 年 1 月 31 日在广东省新闻宣传战线负责人座谈会上的谈话要点）

580

我们的新闻报道，必须增加来自下面的声音，代表广大群众讲话，下情上达，在广大群众同党、政府之间，在各部分人民群众之间，架起相互沟通和理解的桥梁。

（摘自 1988 年 7 月 20 日关于天津新闻出版工作的谈话）

581

新时期的思想政治工作，必须树立这样一个指导原则：在宪法和法律的范围内，在不违反社会道德规范和公共行为准则的前提下，允许和鼓励个人的志向、爱好和追求，为个人的发展提供必要的环境和条件。把尊重人、理解人、关心人、爱护人作为思想政治工作的基点，充分调动人们的积极性、主动性和创造性，尽可能地使更多的人高兴、满意，发挥自己的聪明才智。

（摘自1988年4月22日在中共天津市党代会上的讲话）

582

把思想教育寓于娱乐之中，寓于文化知识的学习之中，寓于科学普及的活动之中，寓于各种形式的服务之中，通过丰富多彩的活动，使群众得到哲理的启迪、心灵的感染、情操的陶冶，进而帮助人们分清是非，提高觉悟，树立正确思想，升华精神境界。

（摘自1988年4月22日在中共天津市党代会上的讲话）

583

为什么要强调言教与身教相结合？为什么要强调以身作则？因为只有你按照自己说的去做，人家才会信你说的是对的；要求别人做到的，自己首先做到，人家才会口服心服；信了服了，你讲的道理人家才能听得进去，才能照着去做。

（摘自1990年5月18日在中国职工思想政治工作研究会第六次年会上的讲话）

584

思想政治工作者要树立从平等地位出发、共同商讨问题的作风，破除教育者和被教育者之间的严格界限。通过真诚坦率、赤诚相见的交流、恳谈，形成一种彼此沟通、相互教育的良好环境和气氛。

（摘自1988年4月22日在中共天津市党代会上的讲话）

585

把人际关系搞得十分紧张，这不是马克思主义的本来之义，也不是社会主义制度的必然现象。马克思所讲的解放全人类，包括政治解放、经济解放，也包括精神解放。我们总是要通过各方面的工作，使人们心情舒畅起来，使大家和谐融洽，使更多人的个性、爱好、追求尽可能地得到满足，使每个人的聪明才智得到发挥。

（摘自 1990 年 6 月 12 日在“现场短新闻”颁奖会上的讲话）

586

尊重人，就是要平等待人，尊重人的人格和权利。理解人，就是要理解每个人的具体处境和个性，承认人们不同的性格、爱好和兴趣。关心人，就是要对人满腔热情、诚恳宽厚，为人排忧解难。

（摘自 1990 年 5 月 18 日在中国职工思想政治工作研究会第六次年会上的讲话）

587

尊重人、理解人、关心人、爱护人，这个指导思想的侧重点，是强调注意人的个性。我们所说的个性，不是超越现实、脱离整体的“自我表现”和“自我价值”，而是使每个人都能充分发挥主动性和创造性。

（摘自 1988 年 5 月为天津市河西区《文化采珍》写的序言）

588

我曾提出过要尊重人、理解人、关心人、爱护人，注意人的个性，最大限度地团结人等问题。有人说我这里讲的人是抽象的人，没有区分好人与坏人，自己人与敌人，对坏人、敌人怎么能讲尊重、关心？按照这种逻辑，还怎么讲话？

（摘自 1992 年 5 月 21 日与中国职工思想政治工作研究会负责人的谈话）

589

尊重人、理解人、关心人，绝不是不讲原则、放松管理、取消批评，绝不是迁就不合理的要求或容忍不守纪律的行为。但是要注意把人们的缺点和特点区别开来，不要把人们的特点误认为是缺点加以抹煞。

（摘自1990年5月18日在中国职工思想政治工作研究会第六次年会上的讲话）

590

思想政治工作只有以尊重人、理解人、关心人、爱护人为基点，采取群众乐于接受的方法，并依靠群众来进行，才能发挥其宣传和动员群众的作用。

（摘自1989年3月6日在天津市人民政府全体会议上的讲话）

591

思想政治工作有个基本的应该遵循的东西，就是要坚持群众自我教育为主，正面教育为主。就一般来讲，任何人都有长处和短处，有优点和缺点。思想政治工作者、领导干部的责任，就在于必须首先看到一个人的长处和优点，在充分发挥他的长处和优点的过程中，去弥补他的短处，克服他的缺点，而不是首先抓人短处，抠人缺点，把人制住。

（摘自1989年11月8日在京津沪企业思想政治工作研讨会上的讲话）

592

人民群众是历史的主人，是创造物质文明的主人，同时也是创造精神文明的主人。人民群众自己解放自己，包括政治的解放，经济的解放，解除束缚自身的种种思想包袱的精神解放，所有这些解放都不能靠神仙皇帝，只能靠人民群众自己。马克思主义的这一观点，决定了我们对待群众的立场和态度，也决定了我们在思想政治工作中必须坚持依靠群众进行自我教育的原则。

（摘自1990年5月18日在中国职工思想政治工作研究会第六次年会上的讲话）

593

人民群众自己教育自己，不仅决定了教育内容以及教育者与教育对象之间的平等关系，而且决定了必须采取启发式的教育方法。对人民群众的各种教育，都必须采取耐心说理、平等讨论、互教互学等民主的方式方法。启发式教育的意义在于，开掘和发挥教育对象内在的积极因素，使思想教育的过程成为信息交流、思想交流和感情交流的过程，使教育者发出的思想信息被顺畅地接受，并产生共鸣，从而增强教育效果。

（摘自1990年5月18日在中国职工思想政治工作研究会第六次年会上的讲话）

594

自我教育同理论“灌输”并不矛盾。所谓理论“灌输”，说的是马克思主义理论需要经过宣传教育才能为工人阶级所掌握。但是，马克思主义理论的宣传和教育，也绝不能采取强制硬灌的方法，把人民群众当做完全被动的接受灌输的对象。从根本意义上说，人民群众掌握马克思主义理论，也就是人民群众自己教育自己，就是用经过科学概括了的工人阶级自己创造的实践经验，即马克思主义的世界观和方法论来教育自己。

（摘自1990年5月18日在中国职工思想政治工作研究会第六次年会上的讲话）

595

按锁配钥匙，锈锁先膏油。把思想问题比做锁，是先有锁，钥匙后配。对很落后、难办的人，转化得有个过程，得先点一点儿油，慢慢再捅，不然不是把锁捅坏了，就是把钥匙弄断了。

（摘自1989年11月8日在京津沪企业思想政治工作研讨会上的讲话）

596

妇女工作究竟有什么特点，这需要研究。中国妇女不同于外国妇女，现在的妇女不同于旧社会的妇女，也不同于解放初期的妇女。不同年龄的妇女有不同的特点，家庭妇女和职业妇女有不同的特点，农村妇女和城市妇女有不同的特点，有文化的妇女和没文化的妇女有不同的特点，结婚的和没结婚的有很明显的特点，千篇一律地讲，这个工作就很难做。妇联工作要想搞好，必须下功夫研究特点。

（摘自1983年8月16日在天津市第七次妇女代表大会上的讲话）

597

利益的作用激发了人们的进取意识和创造热情，给社会注入了发展活力；利益的驱动也使一些人的私欲膨胀，带来诸多消极负面的东西。

（摘自2000年12月6日在全国统战工作会议上的讲话）

598

我们应根据不同对象的情况、不同时期的实际，讲究道德的层次性，注意工作的渐进性，明确区分应当提倡的、必须做到的、允许存在的和坚决反对的，既照顾多数，又鼓励先进，连结和引导不同觉悟程度的人们一起向上。

（摘自1990年5月18日在中国职工思想政治工作研究会第六次年会上的讲话）

599

有的同志说，现在经济工作是春天来了，思想政治工作是冬天来了。我说，全国人民都觉得春天来了，各行各业都热火朝天，唯独你思想政治工作感到冬天来了，那么你所希望的春天是什么模样呢？你还是得研究研究如何在这个春天里生根发芽。

（摘自1993年9月19日听取江西省委、省政府工作汇报时的讲话）

600

通过思想政治工作动员群众、组织群众，为了共同的目标而自觉地去奋斗，这是我们的优势所在。任何时候、任何情况下，都不能忽视、更不能丢掉这个优势。

（摘自1988年10月14日在中共天津市委全体会议上的讲话）

601

所有政治优势的发挥，都同群众问题有着直接的联系。我们说党的领导是优势，就在于它代表了全国各族人民的共同利益和根本利益，反映了群众的意见和要求，集中了群众的力量和智慧。我们说社会主义制度是优势，就在于这个制度使人民真正成为国家的主人，使亿万群众的主动性、积极性和创造性得以充分发挥。我们说马克思主义的理论指导是优势，就在于这个理论揭示了人民群众的历史地位和作用，是人民群众改造世界、改造社会的锐利武器。

（摘自1989年3月6日在天津市人民政府全体会议上的讲话）

602

我们在一切工作中要注意发挥政治优势，就必须充分尊重人民群众的主人翁地位和他们的民主权利，而不能单纯地用物质利益和经济手段去淡化群众的主人翁地位，更不能因为强调行政领导负责制而否定了群众的民主权利。

（摘自 1988 年 5 月 11 日在听取天津市河西区文化建设调查汇报时的谈话）

603

经济政策是规定性的，道德规范是倡导性的；经济政策是处理最广大人们经济利益关系的现实规定，而道德规范还应当包括一部分先进分子的理想要求。既不能都按道德要求来制定经济政策，也不能用经济政策来限制道德要求。如果把二者混同起来，就会给思想政治工作和实际工作带来极大的损害。

（摘自 1990 年 5 月 18 日在中国职工思想政治工作研究会第六次年会上的讲话）

604

我们的思想政治工作当然要讲道理，帮助群众解开思想疙瘩，但是必须看到，当前群众中存在的思想问题，有相当一部分是由于实际问题得不到妥善解决而引起的。这种因实际困难而产生的思想问题，不从解决实际问题入手，仅仅靠空洞的说教是解决不了的。人家在困难中烦恼，你的道理讲得再好，话讲得再动听，他也很难听得进去。不办实事，只说空话，思想政治工作就插不进手，贴不上身，就无法取得做好工作的基本条件和主动权。

（摘自 1990 年 5 月 18 日在中国职工思想政治工作研究会第六次年会上的讲话）

605

不能笼统地、一般地讲优势，不能认为我们党具有这样的优势，所有的地区、单位和干部就自然而然地都有了这样的优势。在有些地方和单位，领导相信群众，依靠群众，并真心实意地为群众服务，从而得到了群众的支持，就有了这个优势；而在有些地方和单位，领导不相信群众，不依靠群众，甚至严重地脱离群众，就没有这个优势，甚至变成了劣势。

（摘自1989年3月6日在天津市人民政府全体会议上的讲话）

606

不能孤立地、静止地看待优势，优势的加强或削弱、发挥或丧失都与实际工作状况有着直接的联系。如果工作不审慎、不努力，已有的优势就会发生变化，走向反面。

（摘自1989年3月6日在天津市人民政府全体会议上的讲话）

607

许多东西单从经济上是无法衡量、无法计算的，比如政治觉悟、献身精神，都不是金钱可以换来的。所谓讲政治，就是靠大家的觉悟，大家动手，共同奋斗。

（摘自1986年8月28日同天津市献计出力活动先进人物座谈时的谈话）

608

正确处理政治与经济的关系，既要着眼于经济，更要着眼于政治，从政治的高度来认识，用政治工作来保证。讲政治、抓思想、比贡献、求实效，取得经济、政治两个成果。

（摘自1987年4月22日在天津市十届人大六次会议上的《政府工作报告》）

609

生气勃勃的社会主义是千百万人民群众自己创造的。思想政治工作就是要提高人的思想觉悟和认识能力，调动和保护人的积极性，启发人的创造力，激励、鼓舞人们前进，使人们的聪明才智得到充分的发挥。

（摘自1990年5月18日在中国职工思想政治工作研究会第六次年会上的讲话）

610

调动人的积极性，应当成为我们思想政治工作的主要任务。人的积极性调动得如何，是衡量思想政治工作做得好不好的一条基本标准。如果大多数群众不开心，不高兴，工作劲头不大，就不能说这个地方的思想政治工作做得好。

（摘自1990年11月18日听取湖北省委、省政府工作汇报时的讲话）

611

如果只承认共性，不承认个性，把所有人的个性强制性地磨掉，那就不可能把人们的积极性充分调动起来。

（摘自1988年8月9日在听取天津市总工会、团市委、市妇联汇报时的谈话）

612

人类的解放包括人的个性的解放。我们在总的、统一的大原则下，要承认个性。

（摘自1988年7月26日在电视剧《大学》获“飞天奖”庆功会上的讲话）

613

不同的人或同一个人在不同时期，思想问题是不完全一样的，企图用一种方式、一个办法，比如开一次会或者谈一次话，就把情绪都理顺，把积极性都调动起来，事情没有那么简单。

（摘自1990年11月18日听取湖北省委、省政府工作汇报时的讲话）

614

社会在变，客观事物在变，人的思想也在变。做思想政治工作理所当然地要研究这个“变”。这就是我们常讲的了解新情况，研究新问题，创造新经验。离开了对这个“变”的研究，谈加强和改进思想政治工作就一定是空话，就一定收不到好的效果。

（摘自1991年6月11日在“黄河杯”思想政治工作新探索征文颁奖仪式上的讲话）

体　育

615

哲人讲"生命在于运动"，俗话说"人必须活动"，要想"活"就必须动，"动"就是运动。

（摘自1999年2月17日在99京津"市长杯"网球友谊赛前接见两市领导同志时的讲话）

616

体育是人类文明与进步的一种表现。一个国家体育的发展是这个国家精神文明水平的标志之一。我们全社会要形成这样一种风气：人人喜欢体育，人人尊重运动员，使有条件的青少年愿意走进体育这个大门。

（摘自1992年1月5日在接见中国乒乓球队时的讲话）

617

当运动员，个子高的人去打篮球、排球；个子矮的人去搞体操、跳水。唱京戏，个子大唱武生，扮姿帅；个子小，就去演武丑，半径小，折跟头方便。这是个比喻，所有的工作都要研究自己的特点，发挥自己的优势。

（摘自2000年12月26日在接见全国各省区市政协港澳台侨工作经验交流座谈会全体人员时的讲话）

618

整个世界竞技运动的发展都是以对方强大为提高自己的前提。对方强了你打不过，你就要想办法，就可以发展；如果对方越打越软，就促进不了自己的发展。比如说武松是英雄，那是因为他打死了老虎，他要是打了一只猫，就算不上英雄了。

（摘自1991年5月13日在接见第四十一届世乒赛中国乒乓球代表团时的谈话要点）

619

体育比赛是双方斗智斗勇斗技，一切必须从客观的现实的发展的情况出发，研究对立双方、知己知彼，研究长处短处、避其锐气、攻其弱点，研究形势、灵活多变、出其不意，等等，这里面充满了辩证法。

（摘自1999年8月13日在接见中国乒乓球队时的讲话）

620

敢打敢拼，不畏强手，节骨眼上不松软，关键时刻过得硬。拼搏精神、“咬劲”在竞技体育中非常重要。选拔、培养运动员要特别注意心理素质和拼搏精神，做到敢打敢拼，始终充满信心，赢多了不放松，输多了不慌张。

（摘自2001年5月10日在接见第四十六届世乒赛中国乒乓球代表团时的讲话）

621

许多比赛之所以不能取胜，不是输给对手，而是输给自己，因为自己身上的包袱太重。骄傲是包袱，急躁是包袱，气馁是包袱，想得太多、患得患失、不动脑筋、马虎大意也是包袱。

（摘自1994年9月27日为第十二届亚运会中国体育代表团送行时的讲话）

622

打球主要靠两种因素，一个是技术，另一个是精神状态。同样的水平，你精神状态好，打球路子对，以己之长攻人之短，就能战胜对方。

（摘自1991年5月13日在接见第四十一届世乒赛中国乒乓球代表团时的谈话要点）

623

演戏如果从头到尾都是喜事，敲锣打鼓，没有什么矛盾冲突，没有什么波澜曲折，往往很难引起观众的兴趣。从这个意义上说，打输了，并不见得都是坏事。有点挫折，有点刺激，能迫使你去认真总结，想些东西，出些新招，谋求进步。

（摘自1992年1月5日在接见中国乒乓球队时的讲话）

624

中国人常把本事叫做功夫，把有本事叫做有功夫。功夫是掌握本事的过程，本事则是下功夫的结果。人们之所以把功夫叫做本事，就是因为本事和功夫成正比，不下苦功夫就不会有真本事。

（摘自2001年5月10日在接见第四十六届世乒赛中国乒乓球代表团时的讲话）

625

要大范围地普及，撒大网，建基地，抓小孩，然后由里面去挑苗子，然后集中力量强化训练。定运动员、定教练员、定领导、定时间、定目标，搞会战，包括到国外培训，包括请个别外国教练。这叫普及基础上抓提高，集中力量抓提高。

（摘自1995年4月6日在接见全国网球训练工作会议代表时的讲话）

626

农民种地非常讲究有好种子和好苗子，没有好的种苗，不可能有好的收成。运动员没有好的苗子，再努力培养也不会有大的作为。“撒大网、建基地、抓小孩”，就是要从普及开始，百里挑一、千里挑一，选早、选好，然后送进基地进行强化培训。这一条很重要，也不简单。

（摘自 1999 年 8 月 13 日在接见中国乒乓球队时的讲话）

627

相当多的运动员水平低是训练数量不够。吃饭夹菜一伸手就放到嘴里面，因为天天吃，够数。有的人打不好，就是没打够数。所以，要想提高水平必须强调刻苦训练，加大训练的难度。当然也有这样的人，练得很刻苦，也够数，方法也对，还是不成，那就是材料不行，换人。

（摘自 1995 年 4 月 6 日在接见全国网球训练工作会议代表时的讲话）

628

要重视科研创新，没有科研，就很难创新；没有创新，就很难战胜对手、保持领先。体育项目竞争激烈，发展迅速，必须跟上形势，必须研究一般规律，研究发展趋势，研究重点人物，研究战术技术。

（摘自 1999 年 8 月 13 日在接见中国乒乓球队时的讲话）

629

一般来说，凡长期、反复出现的现象，都不是偶然的，都有其内在的、必然的东西。我们应该通过总结中国乒乓球运动四十年来的经验，把其中带规律性的东西找出来，这对于推动包括乒乓球在内的各项体育项目和今后的工作具有十分重要的意义。

（摘自 1999 年 8 月 13 日在接见中国乒乓球队时的讲话）

630

凡属正确的领导方法，都是由个别到一般、由一般到个别的过程，都必须先集中起来再坚持下去。解剖麻雀，树立典型，以点带面，是我们长期形成的推动事业发展的有效途径。希望中国乒乓球队的成功经验，对其他运动项目，对其他各项工作，都能起到借鉴、帮助、推动的作用。

（摘自 2002 年 12 月 22 日在纪念中国乒乓球队建队五十周年座谈会上的讲话）

631

乒乓球队在体育运动中率先坚持用辩证唯物主义思想指导训练比赛。讲究一天、一月、一年打多少个球，通过量的积累寻找质的飞跃。讲究认真总结，在不断实践的基础上使感性认识不断升华为理性认识。讲究科学研究，锐意创新，保证技战术的领先优势。讲究知己知彼，扬长避短，灵活用兵。

（摘自 2002 年 12 月 22 日在纪念中国乒乓球队建队五十周年座谈会上的讲话）

632

网球有很多和乒乓球相近的地方，不是强对抗性，网子在中间，各自占一边，谁也碰不上谁，主要是凭心思、讲技巧，而这正是中国人的特长。当然网球离开体力也不行，相对其他一些项目讲，网球运动适合中国人的体质情况，对体力要求差一些，存在着赶上、达到世界先进水平的可能性。

（摘自 1995 年 4 月 6 日在接见全国网球训练工作会议代表时的讲话）

633

网球工作最重要的是抓人才。既抓普及，又抓提高，在普及基础上提高，在提高指导下普及，在普及、提高的过程中抓人才。

（摘自1995年4月6日在接见全国网球训练工作会议代表时的讲话）

634

网球是一项十分科学的运动。它有自由的一面，也有严格的一面。“自由”是讲体能，有些运动项目，年岁大、身体弱坚持不了，网球强度大点小点、体力强点弱点都可以。“严格”是讲动作，动作必须规范、合理，网球对身体各个部位都有要求，按照要求去做，对身体有益无害，违反要求就会造成损伤。协调、舒展、流畅是网球的特点，也是学网球的要领。损伤是动作不合理的结果，不是网球运动本身的弊端。

（摘自1999年2月17日在99京津“市长杯”网球友谊赛前接见两市领导同志时的讲话）

635

领导干部是脑力劳动者，要经常用脑，好的领导一定脑子很好。脑子好有先天条件，更重要的是训练，是多学、多思，是劳逸适当，所以脑子必须休息。怎么休息？光躺在床上不一定能休息，睡觉不一定能休息，有时越想休息越不能休息，而运动却可以使脑子休息。

（摘自1999年2月17日在99京津“市长杯”网球友谊赛前接见两市领导同志时的讲话）

636

领导干部必须要有运动，没有运动很难做好领导。“领导”首先是“领”，“领”就是带领，就是走在前边，干在前边，没有运动，没有健康的体质，跟在后边都困难，怎么能“领”好？

“导”就是“引导”、“教导”，要“导”好，就要看好多材料，掌握好多情况，动好多脑筋，没有充沛的体力，怎么能“导”好？要想领导好，必须身体好；要想身体好，必须常运动。

（摘自1999年2月17日在99京津“市长杯”网球友谊赛前接见两市领导同志时的讲话）

637

领导干部不忙，那是懒人；领导干部因为“太忙”不能运动，那是笨人。这里边既有对运动的看法问题，也有个工作的安排问题。

（摘自2006年3月同参加“和谐杯”网球赛部分领导同志的谈话）

638

我是天津出生，北京成长，站在老天津的角度，我热烈欢迎北京市的同志到天津来。站在北京市民的角度，我感谢天津为这次比赛提供良好的条件和热情接待。站在中央工作的角度，我希望京津两市加强联系，加强合作，互相学习，互相促进，在党中央、国务院的领导下，把工作做得更好。

（摘自1999年2月17日在99京津“市长杯”网球友谊赛前接见两市领导同志时的讲话）

京　剧

639

京剧以其丰厚的内容、完美的形式、精湛的技艺，达到了我国戏曲艺术发展的高峰。它具有鲜明的民族特色和浓郁的艺术魅力，它的突破时间空间界限的虚拟化表现方式，从化装到表演的艺术夸张和写意手法，有很高的艺术价值，体现了中国传统的美学观点，形成了中国特有的东方戏剧艺术体系。

（摘自 1990 年 12 月 27 日在纪念徽班进京二百周年振兴京剧学术讨论会上的讲话）

640

京剧不但是中华民族文化的瑰宝，而且是人类文化宝库中的精品，最富民族性，同时也最富世界性。

（摘自 1990 年 12 月 27 日在纪念徽班进京二百周年振兴京剧学术讨论会上的讲话）

641

京剧也有一个改革、发展的问题。说京剧不要改革、不能改革是不对的，艺术大师们的重大贡献都在于改革。但改革不能背离京剧自身的艺术规律，必须是在继承传统的基础上进行。离开京剧的特点胡改乱改，比如改得和唱歌一样，那就不叫改革，而叫改行。京剧有的剧目太长；有的剧目过场太多，重复的话太多，台词不准不美；有的剧目内容不好，这些都应该在原有基础上进行整理、删节，并借用影视文学的方法加以精炼。京剧也要重视故事性，要有新节目，但京剧更重视唱腔、表演。如果单纯追求剧目新、内容新，京剧怎么也赶不上电影、电视。

（摘自 1994 年 12 月 21 日在会见海外京剧艺术家和著名票友时的讲话）

642

发展京剧必须符合京剧的特点，必须遵循京剧艺术的规律。京剧就是京剧，京剧的发展是对京剧的完善和提高，而不是把它变成别的剧种。

（摘自 1990 年 12 月 27 日在纪念徽班进京二百周年振兴京剧学术讨论会上的讲话）

643

京剧吸收其他戏剧艺术的优点，是见好就拿，拿来就化，把人家的优点融合到京剧艺术之中，而不是淡化自己的特色。

（摘自 1990 年 12 月 27 日在纪念徽班进京二百周年振兴京剧学术讨论会上的讲话）

644

京剧就是姓“京”，不管运用什么现代科技手段，都必须以不破坏它的艺术特色为准绳。如果周仓拿着盒子炮、关公拿着报话机，岂不叫人笑掉大牙。

（摘自 1990 年 1 月 10 日在全国文化艺术工作情况交流座谈会上的讲话）

645

京剧不发展就没有生命力，但没有真正的继承，就不会有真正的发展。因此，必须强调先继承后发展，为发展先继承。

（摘自1986年12月30日在京剧“梅花奖”评委座谈会上的谈话）

646

强调继承并不是否定发展，继承的目的正是为了发展。京剧也像其他事物一样，如果不发展、不创新，它的生命力就会逐渐枯萎。随着时代的前进和观众艺术需求的变化，京剧艺术包括它的形式和内容都需要有新的提高、新的发展。

（摘自1990年12月27日在纪念徽班进京二百周年振兴京剧学术讨论会上的讲话）

647

学习、吸收外来文化必须注意保持特色，无论如何不能因为融入世界而把自己的好东西给弄丢了弄没了，也就是说改革、改进、改善都可以，但是不能改行、变种。但作为中国京剧本质的东西，任何时候都不能改丢。

（摘自2002年3月7日看望政协文艺界委员时的讲话）

648

京剧艺术的发展创新，必须在继承前人成就的基础上，必须在遵循艺术规律的前提下，与时代、与自己的条件相结合，结合得好，就是发展，就是创新。

（摘自2005年10月14日在纪念张君秋诞辰85周年座谈会暨《京剧大师张君秋》画册首发式上的讲话）

649

一些有成就的京剧大师们开始时并不曾想成家立派，而是老老实实地向老师学习，认认真真地继承前人，把名家的专长真正学到手。当自身艺术达到很高造诣，其特色就会脱颖而出，得到社会公认。

（摘自1990年12月27日在纪念徽班进京二百周年振兴京剧学术讨论会上的讲话）

650

在京剧艺术上取得突出成就的大艺术家，像梅、尚、程、荀都有自己独特的发展。当然，发展、创新必须在继承前人成果基础上，必须遵循京剧艺术规律，京剧就是京剧，简单地、生拉硬扯地糅进一些与京剧格格不入的东西，不能叫京剧改革，而叫改行；也不是京剧创新，而是糟蹋京剧。

（摘自2005年10月14日在纪念张君秋诞辰85周年座谈会暨《京剧大师张君秋》画册首发式上的讲话）

651

有的老艺术家讲，当年轻演得动的时候，常常是朦朦胧胧、不太理解的时候，当年老经验多懂得多的时候，常常是演不动的时候。这次，许多老艺术家把自己一生积累并理解了的东西，由自己来导演，找一个替身表现出来，取得了更加理想的舞台效果，自身精湛的艺术也得到了新的升华。京剧音配像的方法是成功的，应该坚持下去。

（摘自1995年10月31日在《中国京剧音配像精粹》首发式上的讲话）

652

音配像是一项很有意义的工作。第一，可以提供一批声像并茂、品位较高的京剧欣赏剧目，满足广大戏迷的愿望，对京剧艺术的普及具有重要作用。第二，可以抢救不少濒临失传的经典作品，为京剧艺术的教学和研究、学习和继承提供标本和根据。第三，可以再现若干老京剧艺术家特别是在“文革”中遭受迫害的艺术家的成就，使他们获得应有的社会、历史地位，这是对老一辈艺术家最好的纪念。第四，可以使一批参加配像的中青年演员受到一次难得的科班训练和艺术熏陶，对于继承前辈精华、提高艺术修养很有好处。第五，同时也使参加这项工作的老艺术家焕发了艺术青春，取得了新的艺术硕果。

（摘自 1995 年 10 月 31 日在《中国京剧音配像精粹》首发式上的讲话）

653

京剧音配像的成功实践说明，音配像的方式可以为广大观众提供一批声像并茂的欣赏剧目，再现艺术名家当年的演出风采，抢救并传留一些艺术经典作品，使中青年演员获得珍贵的学习模板和教材。这种方式是音与像美的结合，是适合于其他剧种的。

（摘自 1997 年 4 月 9 日出席名家音配像选萃座谈会时的谈话）

654

京剧音配像的意义和目的主要在于对京剧艺术的抢救、传留和振兴。现在可以说，抢救工作已基本告一段落。今后的主要任务是，充分利用音配像的成果，提高演出水平，排出更多的好戏，推出更多的名角儿，促使京剧艺术在认真继承的基础上不断地发展创新。

（摘自 2002 年 9 月 6 日出席京剧音配像工程庆祝晚会时的讲话）

655

当前舞台上剧目过少，一个重要原因是许多京剧剧目节奏松散，前后重复，剧情拖沓，过于冗长，与现代生活习惯不合拍。我在天津青年京剧团做过一些尝试，把几出传统名剧进行压缩，从“一剧之本”的剧本着手，整理改编加工，删节冗长的剧情，压短演出的时间。当然这种改编，必须十分审慎，要本着先继承、后发展，继承与发展相结合的思路，对原剧的优点与特点能留尽留，传承发扬；同时努力突出主题，剪裁结构，芟除枝蔓，减少重复，增添精彩唱段，设计优美唱腔。改编后的剧本，不仅压短了时间，适合现代观众的习惯，而且人物形象更加鲜明，剧情发展更为合理，提高思想性和艺术性，真正做到推陈出新、精益求精。

（摘自 2004 年 11 月 19 日关于京剧音配像工作的讲话）

656

京剧音配像强调“原汁原味”，一般不做改动，是为了展现京剧原貌，便于向前辈学习，继承优良传统，但时代在前进，观众在变化，不应该也不可能墨守成规。如何按照京剧艺术发展的客观规律，发扬京剧艺术的优良传统，不断推陈出新，以适应现代生活的需要，这是振兴京剧必须面对的课题。修订和改编剧本是解决这个问题的一个重要举措。

（摘自 2004 年 11 月 19 日关于京剧音配像工作的讲话）

657

京剧从诞生到现在，一直是在继承前人的基础上不断演化和发展的，所有的京剧大师都有发展，所有的京剧大师都在继承前人方面花费了巨大精力。可以说，继承前人的成就，借鉴别人的经验，结合时代的特征，这本身就是发展。京剧艺术是“角儿”的艺术，“艺在人身，艺随人走”，京剧音配像恰是把“角儿”的音像传留下来。

（摘自 2002 年 9 月 5 日在京剧音配像总结会上的讲话）

658

振兴京剧有两个重要因素，一是“角儿”，一是观众。没有好“角儿”，戏就演不好，也不会有更多的观众；没有广大、热情的观众支持、捧场，也不会出更多、更好的名“角儿”。

（摘自2001年5月11日在出席全国青年京剧演员电视大赛汇报联欢会时的讲话）

659

如何振兴京剧，对社会来讲主要是抓宣传抓普及，对剧团来讲首先是抓质量抓继承。因为离开对京剧原貌的准确了解，学习就没有根据，发展就缺乏基础，评价就失去标准。这就如同学书法，如果没有字帖，不经过一段临摹练习，就不可能把字写好。

（摘自1995年10月31日在《中国京剧音配像精粹》首发式上的讲话）

660

振兴京剧，总的讲要强调两点，一是提高，一是普及。提高包括提高编导水平和演员水平。普及主要是争取更多的观众和培养观众的欣赏水平。离开观众，离开戏迷，离开票友，京剧振兴就很难。

（摘自2001年10月8日在第一届京剧戏迷票友电视大赛联欢颁奖晚会上的讲话）

661

振兴京剧艺术，对观众要抓宣传、抓普及，对演员要抓质量、抓提高。“百日集训”和京剧精粹音配像相辅相成，相得益彰，它们所体现的先继承后发展、在继承的基础上求发展的思路，符合人类文化纵向讲继承、横向讲借鉴的客观规律，对于弘扬京剧艺术乃至一切文化艺术都具有普遍意义。

（摘自1996年9月4日给天津青年京剧团“百日集训”十年庆祝活动的贺信）

662

做好任何工作，光喊重要不行，光有热情不够，光表决心也没用，必须有真招实招。世上凡普遍和长期存在而解决不了的问题，必然有其深层次的、内在的原因。京剧及其他剧当前面临的问题，是多种因素造成的，需要更多的人，从多方面采取切实有效的招法才能解决。

（摘自1995年10月31日在《中国京剧音配像精粹》首发式上的讲话）

663

按理说，京剧界应该是最讲团结的，任何一出戏的成功演出，都是红花绿叶互相帮衬的结果。正因为如此，人们常常把“共唱一台戏”、“补台”而不“拆台”作为搞好团结的形象比喻。其实，不少京剧剧目就是讲事业第一、大局为重、舍己为人、团结互助的。

（摘自1990年12月27日在纪念徽班进京二百周年振兴京剧学术讨论会上的讲话）

第四编

城　建
规　划
设　计
施　工
管　理
旧城改造

城　建

664

坚持全心全意为人民服务，必须通过我们的服务，使人民获得益处，使他们的生活得到改善。而大量的事实证明，改善人民生活的事多数都与城市建设有关，抓为人民办实事、办好事，就必须特别重视抓城市建设。

（摘自 1987 年 2 月 18 日在天津市城市建设工作会议上的讲话）

665

经济发展是改善生活的基础，而城市建设是经济发展的一个最基本的条件。没有路，或路不够宽，或路很破，货运不进来，拉不出去；没有电，或电力紧张，常常拉闸停电，生产受影响；没有通信设备，或电话不通，无法进行信息交流，怎么搞经济？不搞城市建设，经济上不去，最终受影响的还是老百姓的生活。

（摘自 1987 年 2 月 18 日在天津市城市建设工作会议上的讲话）

666

城市是政治、经济、文化、科教、交通、旅游、信息的中心，城市如何，城市建设如何，极大地影响全局、影响人民的切身利益。城市建设中出现失误，其后果往往是短期内无法纠正的，有些甚至根本无法挽回。

（摘自1994年5月30日在《万里论城市建设》首发式和第十八期市长研究班结业式上的讲话）

667

城市是经济、政治和文化的中心，它代表着一个社会经济文化发展的高峰，是人类活动的中心舞台。马克思说过：城市的发展，造成新的力量和新的观念，造成新的交往方式，新的需要和新的语言。城市的这种地位和作用，就表明了城市的发展有着自身的客观规律，有着区别于农村和一般地区的若干特点，因此，要使一个城市协调、健康地发展，就必须认识城市的特点，把握城市运动的规律性。

（摘自1986年8月30日在中国城市科学研究会首届年会暨第一届理事会第二次全体会议上的讲话）

668

作为人类文明标志的城市，一方面集中了人类的智慧和成就，另一方面也集中了整个社会和整个时代所具有的各种矛盾。城市的高度密集，决定了城市矛盾的集中和交错，而这种集中、交错，也就决定了城市科学研究的复杂性。

（摘自1986年8月30日在中国城市科学研究会首届年会暨第一届理事会第二次全体会议上的讲话）

669

城市科学是研究和解决城市问题的学科，它对于城市的许多问题，如城市的运动规律，城市规划的原则、理论和方法，城市在国民经济和社会发展中的地位和作用等等，都有科学的理论依据和明确的规定性。它的许多成果都是人类在城市发展的过程中经过曲曲折折、付出巨大代价而得来的，我们应当把这些宝贵的财富自觉运用到城市工作的实践中去，并不断地探索开拓，运用科学的观念和科学的方法，指导城市规划、建设和管理。

（摘自1986年8月30日在中国城市科学研究会首届年会暨第一届理事会第二次全体会议上的讲话）

670

城市建设是一门科学，许多基本问题都有定论，别人也有先例，离开这些基本原则瞎来不行。要认真学习理论，借鉴别人经验，结合本地情况，不断开拓创新。

（摘自1999年10月30日在大连考察工作时的讲话）

671

城市是个综合的有机体，一切都应该综合地考虑，按着城市科学固有的联系进行研究。

（摘自1985年12月17日在天津市城区综合治理研讨会上的讲话）

672

在城市这个大系统中，包含着宏观和微观、静态和动态、时间和空间、外部条件和内部功能等等，各个方面相互作用、相互制约，这就使城市问题具有动态、关联和整体的明显特点。因此，研究城市问题必须从全局、整体战略的高度来看待和解决局部、个别、具体的问题，研究在动态中如何协调部分与整体的关系，使部分的功能目标服从总体的最终目标，并把整体与部分最佳地统一起来，从而达到总体最佳。

（摘自1986年8月30日在中国城市科学研究会首届年会暨第一届理事会第二次全体会议上的讲话）

673

总体和综合是城市科学研究的基本方法，当然，这里边也有局部和分析，但这个局部是站在总体上的局部，这个分析是为了最终的综合分析。其中既有局部之间的综合，也有局部和总体的综合；既有空间的横向综合，也有时间的纵向综合；既有物质之间的综合、精神之间的综合，也有物质和精神之间的综合。

（摘自 1986 年 8 月 30 日在中国城市科学研究会首届年会暨第一届理事会第二次全体会议上的讲话）

674

城市领导的决策必须依靠城市科学，离开城市科学的领导是“瞎领导”；同时，城市科学也必须围绕城市领导的需要进行研究，脱离领导的研究是“白研究”。

（摘自 1987 年 2 月 18 日在天津市城建工作会议上的讲话）

675

如果缺乏科学研究，没有长期谋划，不经过一个完整的研究过程，待事到临头要拍板，拍晚了误事，拍错了坏事，就难免捅娄子、出乱子。

（摘自 1986 年 8 月 30 日在中国城市科学研究会首届年会暨第一届理事会第二次全体会议上的讲话）

676

离开科研盲目决策，碰到什么干什么，路子往往不是越走越宽，而是越走越窄，不是越理越顺，而是越搞越乱。

（摘自 1986 年 8 月 30 日在中国城市科学研究会首届年会暨第一届理事会第二次全体会议上的讲话）

677

确有一些同志对城市建设懂得不多，下功夫研究不够，又不能虚心听取别人的意见，常常表现出只顾局部不顾整体，只讲眼前不讲长远，只强调经济效益不注重环境效益，只重视使用功能不考虑观瞻效果，只追求仿效外国风格不注意继承民族传统，等等。在有的城市，高楼盖得过多而且摆放不合理；外饰面用得太滥留下很大后患；颜色缺乏协调又不讲究对比；绿地面积太小而且零乱。这些现象令人担忧。

（摘自1994年5月30日在《万里论城市建设》首发式和第十八期市长研究班结业式上的讲话）

678

城建文化是什么？固然少不了街景的美观和协调，建筑的艺术和特色，但同时也要包括街名、楼名等所体现的文化韵味。一处好的街景，一幢好的楼房，如果不配上一个相宜而雅致的名称，就显得很不和谐，很没有文化。

（摘自1987年3月关于天津城市改造与发展的谈话）

679

搞建筑最怕碰上“不懂、主观、有权”的领导。不懂不可怕；不懂、不听别人意见才可怕；不懂、不听意见、但说了可以不算也无大害，最可怕的是碰上不懂、主观又有权“三位一体”的人，其破坏性常常是无可弥补的。

（摘自2000年2月10日关于三亚城市建设的谈话）

680

城市领导需要从总体、长远去观察和处理问题，而当前的一个特点是大事多、急事多、新事多、难事多，领导者天天处在时少事多的情况下，很难集中时间、精力运筹帷幄，对问题进行系统的研究。在这种情况下往往容易就事论事，就局部看局部，就当前说当前，干一些从局部和眼前看有利，从整体和长远看属于花钱“买腻歪、安钉子、造麻烦”的事。

（摘自1986年8月30日在中国城市科学研究会首届年会暨第一届理事会第二次全体会议上的讲话）

681

当市长的，要认真研究城市科学，把城市的规划、建设、管理作为一项主要职责抓紧抓好。

（摘自1993年10月12日在全国市长研究班创办十周年纪念会暨第十七期全国市长研究班开学典礼上的讲话）

682

人多是我们的一大难题，人多也是我们的一大优势。在目前国家资金短缺的情况下，要想把人民生活的事搞得好点，必须坚持人民城市人民建、为民之举靠人民的方针。

（摘自1987年3月5日在天津市人民政府第十届第七次全体会议上的讲话）

683

搞好城建工作，最基本的方法是具体抓、抓具体，一块一块地弄，一条街一条街地搞，一个项目一个项目地抓，反反复复地抓。必须不怕辛苦，扎实过细，坚韧不拔，使每个地方都能看到付出的心血和汗水。贪便宜走近道，花不得时间，舍不得下本，其结果一定是出错、吃亏、走弯路。

（摘自1999年10月30日在大连考察工作时的讲话）

684

在研究城市中各个行业、各个部门、各个系统之间的相互关系时，不仅要研究定性的关系，还要研究定量的关系即它们的比例关系。这样，才能找出城市建设中突出的问题，亟需解决的问题，也就是市政府应该抓紧解决的问题。把城市科学单纯地理解为研究建筑、研究工业是片面的。

（摘自 1984 年 12 月 31 日在天津市城市科学研究会成立大会上的讲话）

685

城市基础设施建设决定着城市的载体能力，是城市发展的基础和先决条件。一个城市要稳定协调地发展，必须注意提高它的载体能力。如果只往城市身上增加负担，而不加强城市的基础设施建设，那不是发展城市，而违背客观规律去毁坏城市，最终要遭到惩罚。

（摘自 1988 年 3 月 12 日在天津市城市协调发展研讨会上的讲话）

686

必须把人民生活的重大建设与城市的总体规划和当年的基本建设任务结合起来。重要的公益建设都须包括在基建盘子之内，而不是另搞一套。这样做，一方面为了保证建设总规模不致失控，另一方面也只有如此，才能使公益建设的资金、材料、施工力量和组织指挥得到保证。

（摘自 1984 年 2 月 18 日在天津市人民政府全体会议上的讲话）

687

有的同志讲，现在流行着各种“城市病”，比如，人口膨胀，供应紧张，各种“难”越来越多；污染严重，噪声成灾，自然环境不断恶化；基础建设、公用设施同城市发展相脱节，城市长期处于超负荷运行；等等。这些问题，在很大程度上反映了我们还没有掌握城市发展的规律，对城市的认识还有许多必然王国。

（摘自 1986 年 8 月 30 日在中国城市科学研究会首届年会暨第一届理事会第二次全体会议上的讲话）

688

当前城市建设中存在着一些令人担忧的问题，比如房子盖得过高、过密，不适当地挤占绿地、水面和破坏风景、文物的事情时有发生。我们应当把对城市负责、对子孙后代负责统一起来，无论如何不能再干那种为今后的发展安钉子、添腻歪的蠢事。

（摘自 1993 年 10 月 12 日在全国市长研究班创办十周年纪念会暨第十七期全国市长研究班开学典礼上的讲话）

689

城市好看与否的标志是什么，这需要研究。我认为应当转变一个观念，即简单地把高楼大厦多当成城市好看的标准。如果城市不大，街道不宽不长，而把楼搞得过高过大，这个城市未必好看，甚至可能很难看。

（摘自 1993 年 10 月 12 日在全国市长研究班创办十周年纪念会暨第十七期全国市长研究班开学典礼上的讲话）

690

城建搞不好，“多”会变成乱，“大”会显得不协调；而搞得好，“多”就会变成繁荣，“大”会显得雄伟。

（摘自 1999 年 9 月 9 日听取陕西省委、省政府工作汇报时的讲话）

691

现在城市建设中比较突出的问题是：第一，高楼盖得太多，摆放得又不很合理，东一个，西一个，很难出来一个好模样。第二，中心区密度太大，见缝插针，拆来拆去，造价很高。第三，城市缺乏个性，你学我、我学你，这是对的，但学来学去都一个模样了，这就不对了。

（摘自 1996 年 5 月 7 日接见第二十二期全国市长研究班学员时的讲话）

692

我历来主张在旅游海滨搞建筑，一是要与海滩保持一定距离；二是体形不能太大太高；三是风格要协调。海南的旅游海滩很多，从一开始就要注意这个问题。

（摘自 1997 年 1 月 18 日听取海南省委、省政府工作汇报时的讲话）

693

现在城市建设的一大毛病是过于雷同。三亚的城市建设应该突出个性。三亚的环境、三亚的建设、三亚的绿化，都应在个性上作文章，体现热带风光、海岛景致。

（摘自 2000 年 2 月 10 日关于三亚城市建设的谈话）

694

三亚的最大优势是有漂亮的海滩。这在国内绝无仅有，在国外也不多见。如何把海滩及沿海周围的土地充分利用好，这是三亚规划、建设、管理工作的重点。政府在规划上要严格把关：（一）不要在靠近海滩边上建房子；（二）不能出让海滩；（三）海边要多种花草、灌木；（四）点缀的树种树貌要突出热带滨海特色。

（摘自 2000 年 2 月 10 日《谈三亚的城市建设》一文）

695

珠海自然风光很好，珠海的建设应该依形就势，保护景观。所有新的建筑物都要为自然景观增辉而不能减色，要使建筑和自然景观互为衬托，互相添彩。同时对高大建筑要十分谨慎，控制数量。

（摘自 1990 年 5 月 25 日听取珠海市领导班子汇报时的讲话）

696

承德市规划要以离宫、外庙为中心，现代建筑不能离古建筑太近，不能影响古建筑。城市各个区域及其功能设计要特别注意协调。搞得不好，老的不老，新的不新，古味没有了，新意也出不来。

（摘自 1993 年 7 月 2 日—5 日在承德市考察工作时的谈话）

697

与其他城市相比，桂林市既有发展经济、改善人民生活等一般性的共同任务，又有保护与建设风景名胜区的特殊要求。桂林不要盖高房子，不能搞有污染的工业，不能损害环境，不能破坏旅游资源。保护好风景名胜，对桂林来说，是名誉，是地位，是资源，是利益，也是责任，是社会责任，是历史责任。

（摘自 1998 年 11 月 6 日在桂林市考察工作时的讲话）

698

厦门地域不大，规划时尤其要讲究岛内建筑的密度和高度。高楼群要相对集中摆放，弄散了就很难形成街景。你们城中那个湖很美，但是如果周围都建成高楼，湖就成小沟沟了。

（摘自 1998 年 11 月 10 日在厦门市考察工作时的讲话）

699

厦门既然是海滨城市，看不到海不行，要有一条滨海大道，既是交通要道，又是防波堤，也是一道风景线。现在要注意的是，临海一面的树要稀稀疏疏的，在个别地方搞点组团，如果树种多了，变成行道树，挡住了看海的视线，那么滨海路就成了林荫大道，意义就小多了。在路上可以看大海，这是厦门的特点，是厦门的优势，这一点非常重要。

（摘自 1998 年 11 月 10 日在厦门市考察工作时的讲话）

规　划

700

城市规划是城市建设和管理的依据，也可以说是城市发展的方向和目标。它既决定着城市当前的各个方面，也关系着城市长远的重大问题。一个城市没有规划不行，没有好的规划不行，有了好的规划不按规划去做也不行。

（摘自2000年2月10日关于三亚城市建设的谈话）

701

一个城市的面貌，总是要通过当前的建设和长远的规划来得到体现。当前离开了长远就会失去方向，长远离开当前就会落空。城市规划的作用，就在于能够从全局出发，高瞻远瞩，既考虑当前又规划长远，远近结合，由近及远，以最优的方案、最小的代价，一步一步地实现长远的设想。

（摘自1984年10月10日在天津市规划设计工作会议上的讲话）

702

城市的规划、设计，既是物质的东西，也是精神的东西；既是现实的东西，也是未来的东西。搞好规划、设计，既是经济问题，也是政治问题；既是生产发展的需要，也是人民生活的需要。

（摘自1984年10月10日在天津市规划设计工作会议上的讲话）

703

城市如果没有规划，必然是盲目建设；城市如果规划不好，建设就一定不好。

（摘自1984年10月10日在天津市规划设计工作会议上的讲话）

704

规划离开计划，就会“规划规划，墙上挂挂”，难以变成现实；计划脱离规划，就会“计划计划，经常变卦”，很容易搞乱。因此，强调规划与计划结合，计划与规划统一，这是搞好计划、实现规划的关键所在。

（摘自1987年2月18日在天津市城建工作会议上的讲话）

705

城市政府的主要职责是规划、建设和管理城市。可以说，凡是重视经济发展的人，凡是关心城市面貌的人，凡是注重人民生活的人，凡是关心我们祖国建设和未来的人，都应该重视、关心城市规划和设计工作。

（摘自1984年10月10日在天津市规划设计工作会议上的讲话）

706

规划就其大的原则说，一是讲总体，二是讲长远，三是讲区域，四是讲专项。城市和农村、道路和绿地、建筑和环境、今天和明天等等，都有机相连。不能单打一，不能顾此失彼，不能想了现在、忘了未来。

（摘自2000年12月17日考察三亚城市建设时的谈话）

707

规划设计既要讲标准化、规范化，又要讲特殊化、多样化。标准化不应该是建筑外形的标准化，而是便于工业化生产的内部构件的标准化，参数、模数的标准化。也就是说，内部构件可以标准化，但建筑外形必须多样化。

（摘自1984年10月10日在天津市规划设计工作会议上的讲话）

708

规划表现为长远的、总体的，计划常常表现为当前的、具体的。必须坚持二者的有机统一，计划要依据规划去编制，规划要通过计划来落实。计划应该体现规划的要求，规划要注意到计划的实施。

（摘自1990年5月25日听取珠海市领导班子汇报时的讲话）

709

如果没有长远的战略研究，现实的行动就缺乏明确的方向，就可能为将来的发展设置障碍；如果没有当前的工作部署，长远的规划和蓝图就难以实现，甚至成为一纸空文。

（摘自1985年5月22日在天津市1985年社会科学课题调研工作会议上的讲话）

710

城市领导、城市规划，没有长期总体观念，没有发展的眼光，肯定是要吃大亏的。过去批大马路主义，北京批机场路，天津批西青道，今天看如何？哪个是大马路？

（摘自1985年2月1日同天津城市总体规划修编人员的谈话）

711

看发展不能离开联系，讲联系也不能忘了发展。孤立地看，就道路论道路，外环线500米绿带是宽了，50米也不能算窄。如果联系整个城市的发展看，情况就不同了，将来三五十年之后，天津市内人多了，楼多了，路多了，污染源多了，没有大片绿地，空气怎么净化？这500米的绿带实际上是天津城市的环境保护圈。

（摘自1985年2月1日同天津城市总体规划修编人员的谈话）

712

路不是越宽越好。有些地方城市不大，却修了120米宽的路，当前看是浪费，长远看也是多余。路修多宽，要从城市规模、城市性质、城市发展前景考虑。

（摘自1993年10月12日在全国市长研究班创办十周年纪念会暨第十七期全国市长研究班开学典礼上的讲话）

713

红线必须一次搞好。有些同志说，把路先修窄一点，以后有钱再加宽。实际上，路修完了，两边的房子也盖完了，想再加宽也就难了。

（摘自1993年10月12日在全国市长研究班创办十周年纪念会暨第十七期全国市长研究班开学典礼上的讲话）

714

一幢楼，就局部本身看高低大小都合适，但从整个街景看却可能是个败笔；一条路，从眼前看够宽，但从长远看却可能为将来留下了难题。

（摘自 1986 年 8 月 30 日在中国城市科学研究会首届年会暨第一届理事会第二次全体会议上的讲话）

715

不能只看这座房子是否好看，只看这条道路是否好走，只看这块绿地是否美观，而要从整个环境的要求来考察。有些事就一个局部来看，可能是对的，但放在整体里看，就可能是错的。

（摘自 1985 年 12 月 17 日在天津市城区综合治理研讨会上的讲话）

716

总体规划是指导城市合理发展的大纲，是区街详细规划的依据。区街详细规划是总体规划的基础和具体化。两者的关系是全局与局部、总体与部分的关系，是互为条件、互为依存的。没有总体规划，区街详细规划就失去了依据和遵循；而没有区街详细规划的制定和实施，总体规划也就成了空中楼阁，只能是“规划规划，墙上挂挂”。

（摘自 1984 年 10 月 10 日在天津市规划设计工作会议上的讲话）

717

城市规划必须讲究区街功能分工。北京老辈子就有天桥、六部口、大栅栏，世界各国也都如此，东京的银座、纽约的华尔街等。这条街干什么，那条街干什么，总要有所规划，并且按照功能搞基础设施。

（摘自1988年10月关于修建专业街的两次谈话）

718

一般说，在长远规划确立以后，区街规划、设计工作要超前。一条街、一个区建什么样、放什么东西，要统一筹划、一笔划完。对整体的建筑大小、格式、色调要确定基本原则，对具体的建筑要精心细致地研究、不厌其烦地修改。一块一块地弄，一条街一条街地弄，一个系统一个系统地弄，一个项目一个项目地弄，反反复复地弄。这是城市规划设计工作的笨办法，又是最基本的办法，也是我们应有的工作作风。

（摘自2000年2月10日关于三亚城市建设的谈话）

719

一般地讲，城市规模不宜过大，过大了，就会造成用水、用地紧张，建房困难，交通拥挤，绿地缺少，环境污染等一系列问题；特殊地说，作为经济中心城市，规模太小了也不行，太小了，形不成必要的力量，许多功能不能具备或不能充分发挥。

（摘自1985年4月22日在天津市第十届人民代表大会第三次会议上的《政府工作报告》）

720

对城市人口规模不控制不行，失去控制，就会盲目发展，造成“人口爆炸”；对城市人口规模采取理想主义也不行，理想主义，脱离现实，想得很好，实际办不到。

（摘自1985年4月22日在天津市第十届人民代表大会第三次会议上的《政府工作报告》）

721

村镇建设是城市建设的延伸，村镇城市化是社会发展的一种必然趋势，是农村现代化的重要标志。因此，必须坚持城乡一体化的总体发展战略，把大城市和近郊的村镇建设融为一体，统筹规划，协调推进。

（摘自1982年12月16日在天津市农村工作会议上的讲话）

722

不管什么单位、什么人都必须按规划办事。市政府可以换届，市长可以换人，但都要按规划办事，不能说今天你当官，把“红线”挤窄了，明天他有权，把布局弄乱了。按照规划建设、管理城市是提高城市功能的关键。

（摘自1984年12月31日在天津市城市科学研究会成立大会上的讲话）

723

规划要集中统一，设计要放开搞活。

（摘自1984年10月10日在天津市规划设计工作会议上的讲话）

724

规划和设计应该是一致的，规划和设计的一致性可以充分体现群体和个体的关系。规划较多的是从全局的角度考虑群体的关系；而设计较多的是从单体建筑的角度考虑个体的特性。因此必须把规划和设计紧密地结合起来，通过规划、设计人员的创作，在个体的多样性和群体的协调性上取得更理想的效果，这就是我们的追求。

（摘自1984年10月10日在天津市规划设计工作会议上的讲话）

设　计

725

建筑设计首先要讲大效果，讲群体，讲街景。有些房子一个个看还不错，加在一起看并不好。一幢房子，住房子、使用房子的是少数人，而观瞻这房子的是大多数人。

（摘自 1984 年 10 月 10 日在天津市规划设计工作会议上的讲话）

726

强调总体协调，并不是不要重视个体设计。群体是由个体组成的，没有好的个体也就谈不上好的群体。个体搞不好，必然会影响群体。正是从群体观瞻上考虑，提高了对个体建筑重要性的认识，提出了在个体上下功夫的要求。

（摘自 1984 年 10 月 10 日在天津市规划设计工作会议上的讲话）

727

建筑首先是物质文明建设，必须注意其使用功能；同时也是精神文明建设，必须注意其艺术、观瞻功能。

（摘自 1984 年 10 月 10 日在天津市规划设计工作会议上的讲话）

728

在设计上必须把建筑物的适用和美观、使用功能和观瞻功能统一起来，必须在个体建筑物的造型和群体街景的统一协调上下功夫，认真处理好新建筑和旧建筑之间的关系。

（摘自 1984 年 10 月 10 日在天津市规划设计工作会议上的讲话）

729

功能作用与审美观点要有所区分，功能作用有现代先进的科学，审美观点也有现代科学，但更多的是民族的、社会的、民众的要求，这里包括社会的文化知识，也包括民族和地域的风俗习惯。

（摘自 1984 年 10 月 10 日在天津市规划设计工作会议上的讲话）

730

有的建筑，从一个单位、从一个局部、从一个建筑本身看，是正确的或者说是有理、有利的，但是从全局上考虑，则可能是错的或完全错的。我们不能迁就某个部门的利益，或者屈服于某些领导的权势，而丧失原则，不顾大局。

（摘自 1984 年 3 月 13 日在天津市城乡建设工作会议上的讲话）

731

每一项建筑，都是实现城市规划的具体行动，都要给整个城市增辉，而不是减色，更不能为今后的工作安钉子，添腻歪。

（摘自 1982 年 9 月 18 日在天津市胜利路一条街规划会议上的讲话）

732

我们讲的丰富，是在协调基础上的丰富；我们讲的多样，是在统一原则下的多样。离开了协调统一，就必然是乱七八糟、杂乱无章，也就没有了城市的特点与风格。

（摘自 1984 年 10 月 10 日在天津市规划设计工作会议上的讲话）

733

设计应该注意这样几点：要在满足使用功能的同时讲究观瞻，使建筑物在造型、色调等方面体现民族文化的传统特色，给人以美的享受；要把个体建筑同群体建筑协调起来，做到高低有别、错落有致、统一多样，形成好的街景；要改革不合理的设计规定和标准，在确保质量、安全的前提下，尽量做到多快好省。

（摘自 1990 年 5 月 25 日听取珠海市领导班子汇报时的讲话）

734

改进住宅设计，既要考虑当前的急需，又要兼顾长远的发展，尽量做到适用、经济、美观。

（摘自 1985 年 4 月 22 日在天津市第十届人民代表大会第三次会议上的《政府工作报告》）

735

搞建筑必须有长远的眼光。人能活多少年？汽车能用多少年？但建筑不出问题可以保存上百年、上千年。有些建筑过一百年、几百年后是什么样子，是文物还是废物，是财富还是包袱，很值得研究。

（摘自 1999 年 9 月 9 日听取陕西省委、省政府工作汇报时的讲话）

736

建筑必然受到现实的经济、政治、文化等条件的制约，因而总是带有时代的特征；建筑特别是一些重要建筑有着较长的寿命，它将存留于未来，又影响着未来。建筑师必须对历史负责，对祖先负责，对子孙负责，重视保护前人遗产，努力给未来创造财富而不是留下包袱。

（摘自1999年6月23日在国际建筑师协会第二十届大会开幕式上的讲话）

737

一个建筑物除了使用功能外，还有外形、体型、色调等观瞻功能。特别是色调，有些建筑什么色都敢用，大黑、大红、疙疤绿、狗屎黄，而且都是没有加工调和的原生色。有人说：“情人眼里出西施”，“各有各的看法，你喜欢灰的，我喜欢黑的”。这话从根本上否认了规划设计的客观标准，否认了这是一门学问。如果是专家说的，也就否认了自己的专家地位。

（摘自1982年9月18日在天津市胜利路一条街规划会议上的讲话）

738

建筑外观的色彩，既受到人们使用心理的影响，又影响着人们使用的心理。色彩的运用既要符合时代精神，又要考虑地方风情，只有做到“以色传神，以色抒情”，方能合情得体，陶冶人的性情，美化人的心灵，激发人的理想，让大家从城市的市容风貌上更多地获得美感。

（摘自1984年10月10日在天津市规划设计工作会议上的讲话）

739

什么叫水平高？把美观、适用、省钱结合得好才是水平高。好的建筑师不在于多花钱，而在于花同样的钱却能做到更美观、更适用。

（摘自 1984 年 10 月 10 日在天津市规划设计工作会议上的讲话）

740

房子盖完了，看的人总是老百姓多、不懂的人多。不懂的人看了说好，懂的人看了知道好在哪里，这样才叫真好。不懂的人看了说不好，懂的人看了说很好，摇头晃脑、很神秘，那就不叫真好。

（摘自 2000 年 2 月 10 日关于三亚城市建设的谈话）

741

要注意在全球化进程中保持民族传统和地域特色。在国际交流日益广泛、频繁的情况下，建筑师要时刻把握世界的发展趋势，借鉴各国的先进经验，跟上不断前进的时代潮流；同时要高度重视和努力保持不同民族、不同地域的风格，使普遍性的文明成果寓于不同的个性之中，使建筑丰富多彩。

（摘自 1999 年 6 月 23 日在国际建筑师协会第二十届大会开幕式上的讲话）

742

要做到建筑科学与其他学科的紧密结合。离开建筑专业知识，建筑师就失去了存在的根据，必须重视建筑学的研究、运用；建筑又涉及社会科学、自然科学和工程技术诸多学科领域，建筑师必须及时了解其他学科的发展、变化，借鉴和体现其他学科的综合成果。

（摘自 1999 年 6 月 23 日在国际建筑师协会第二十届大会开幕式上的讲话）

743

建筑设计单凭自己憋是不行的，必须参考别人成功的经验。

一个聪明的技术人员就在于能博采各家之长，经过自己的加工，形成新的东西，吸收他人的优点，保持自己的特点。

（摘自1984年10月10日在天津市规划设计工作会议上的讲话）

744

目前很多设计单位“只管设计，不管经济”。“设计一条线，投资几十万”。如果在设计上认真抓一下经济效益，在节约上下功夫，省下的钱将是一个很大的数字。

（摘自1987年2月18日在天津市建设工作会议上的讲话）

745

有人问，规范、规律究竟谁大？我说这是两个不同性质的问题，但归根结底规范要符合规律，反映规律。违背客观规律的规范，不管是哪里通过的，都应该修改。

（摘自1984年10月10日在天津市规划设计工作会议上的讲话）

746

现在规规矩矩、大大方方的楼太少，异型的太多，但异型的又“异”不出个样儿来，真要能像悉尼歌剧院那样“异”出个模样来，给人一看就是个怪楼，那倒也是个东西。

（摘自1987年8月4日审查天津市服装街设计时的谈话）

747

大多数建筑还是得规规矩矩、大大方方，才能延年益寿，站得住脚。中国的旗袍，多少年了？

（摘自1987年8月4日审查天津市服装街设计时的谈话）

748

设计是属于主观活动，施工则是主观见之于客观的活动。任何一个设计，都是要通过施工和使用的实践来检验的。所以，设计和施工必须很好地结合，不能彼此脱节。

（摘自 1984 年 10 月 10 日在天津市规划设计工作会议上的讲话）

施　工

749

在工程建设中，规划设计和施工组织是紧密联系的两个阶段。设计是施工的依据，施工是设计的延续和落实。

（摘自1984年3月3日在天津市城市建设工作会议上的讲话）

750

工程施工组织的基本工作方法是自始至终注意抓重点，抓主要矛盾，也就是人们常说的要“抓根找头”：“一棵大树抓住根，带动树叶和树枝；一团大绳先找头，捆在一起牵着走”。

（摘自1987年5月29日察看天津铁路枢纽改造工程后在工程指挥部的讲话）

751

任何一项工程都有它的特殊性，每个项目、每个阶段又各有不同的特点。工程上不去，主要是由于对工程的特点认识不足；工作搞不好，常常是由于没有把握住它区别于别的工作的特殊性。

（摘自1983年9月主持起草的《引滦入津工程总结报告》）

752

毛主席纪念堂工程，就一般来讲，它的工作范围也是建筑、市政、电力、电讯、园林、绿化、地下、地上这一套。但如果只停留在一般性的东西上，不去研究它的特殊性的东西，工作就会陷于被动，是非吃苦头不可的。

（摘自发表于《哲学研究》1978年第1、2期合刊的文章《要精心再精心地分析和解决矛盾》）

753

纪念堂工程有许多不同于其他工程的特点：一是工程量大，二是技术复杂，三是质量要求高，四是工期紧，五是涉及方面多，六是四边施工（边设计，边准备，边施工，边拆迁），七是冬季施工，八是没有生活住地和办公的地方。这几方面的特点，是我们这个工程的矛盾特殊性的反映，因而有一系列的特殊要求，必须精心地注意分析才能加以解决。

（摘自发表于《哲学研究》1978年第1、2期合刊的文章《要精心再精心地分析和解决矛盾》）

754

相对于其他建筑工程而言，纪念堂的工程量、施工程序和时间、空间的矛盾，是纪念堂工程要解决的特殊矛盾。在整个工程的建设中，这一矛盾也是这个工程的根本矛盾，因为它贯穿于整个工程的始终，规定了整个工程的本质。在工程施工进展的各阶段中，它的表现是很复杂的。因此，我们必须抓住各个阶段的主要矛盾，从而把主要的精力、注意的重心放在这些地方。

（摘自发表于《哲学研究》1978年第1、2期合刊的文章《要精心再精心地分析和解决矛盾》）

755

任何重点工程，总是同国计民生、四化大局相联系，总有它不同于一般的重大的政治、经济意义。引滦工程之所以成为天津第一号重点工程，正因为它关系着天津的生存和发展，关系着国家四化的全局，也关系着天津所有人的切身利益。

（摘自1983年9月主持起草的《引滦入津工程总结报告》）

756

现在提出的三种方案——“还乡河方案”、“横河方案”、“穿将军山方案”，哪个更好？这需要分析比较。我认为，前两种方案，一是流径长，水损耗大；二是客区时间多，很难防止截流；三是给今后明渠变涵洞增加了难度。第三种方案，打洞过将军山，进大沙河。这个方案，出洞后只有几十公里就进入天津界内，水耗少，管理也方便。人们反对这个方案，主要是因为山高洞长，施工难度大。其实打洞不怕山高，而怕山矮，山矮容易塌方。洞长确是问题，是否可以分段？如果多打几个斜井，多搞几个工作面，多上几支队伍，就可以大大缩短工期。我看用不了三年，更用不了五年，一年最多不过两年就可以把水引到天津。

（摘自1981年11月在引滦方案论证会上的讲话）

757

主要矛盾之所以成为主要矛盾，是因为它决定着全局，带动着其他。抓主要矛盾并不是说其他矛盾就可以不抓，就自然而然地解决了。实践证明，次要矛盾解决不好，也会妨碍主要矛盾的解决，甚至转化为前进的障碍。整个工程是一盘棋，车马炮和小卒哪一个也不应少，哪一个都有自己的岗位和作用。

（摘自1987年5月29日察看天津铁路枢纽改造工程后在工程指挥部的讲话）

758

主要矛盾是客观存在，是事物相互联系、相互制约规律的反映。重点是相对的，每个部位、每个环节、每个班组都有自己的重点和主要矛盾。重点工程是相对于一般工程而言；就重点工程本身来讲也并非所有的项目和部位都是重点，而非重点工程也不是没有重点。什么是重点？一般来说，就是那些制约和决定全局、影响发展的主要矛盾，具体到工程施工来说，就是制约工期的阶段、部位和项目。

（摘自 1987 年 5 月 29 日察看天津铁路枢纽改造工程后在工程指挥部的讲话）

759

我们抓主要矛盾，第一要抓得准，第二要抓得狠，第三要顾得全，第四要跟得上。

（摘自发表于《哲学研究》1978 年第 1、2 期合刊的文章《要精心再精心地分析和解决矛盾》）

760

任何工作都要抓紧、抓实，特别是抓工程重点，一定要抓狠。心不狠，容易动摇；手不狠，容易落空。

（摘自 1986 年 1 月 9 日同全国第四期市长研究班学员座谈时的发言）

761

对于看准了的主要矛盾，一定要集中人力物力，狠得了心，下得了本，在一定时期内可以不惜代价地拿下。从局部和暂时看，这样做似乎不合算，但从全局和长远看，是很合算的，很必要的。

（摘自 1987 年 5 月 29 日察看天津铁路枢纽改造工程后在工程指挥部的讲话）

762

抓不住主要矛盾，工作就没有秩序，必然是乱乱哄哄，没头没脑；抓不住主要矛盾，就不能抓住全局，必然是辛辛苦苦，稀里糊涂；抓不住主要矛盾，就不会有正确的部署，必然是不能合理地使用兵力，眉毛胡子一把抓。纪念堂是一个综合性的复杂工程，车水人龙，昼夜不停，复杂多变，如果抓不住主要的问题和关键的环节，那就不可避免地要打乱仗。

（摘自发表于《哲学研究》1978年第1、2期合刊的文章《要精心再精心地分析和解决矛盾》）

763

主要矛盾是在一定的条件下形成的。条件变了，主要矛盾也要发生变化。有时，这个变化是很快的，今天它是大家“保”的对象，明天就可能成为“保”别人的“配角”。如果跟不上这个变化，那就会使我们处于被动地位。

（摘自发表于《哲学研究》1978年第1、2期合刊的文章《要精心再精心地分析和解决矛盾》）

764

任何事物的发展，都是阶段性和连续性的统一。只讲连续性，不讲阶段性，就是否认事物发展的相对稳定性。从工作上讲，也就否认了一定时间内的具体目标，这样做必然是没有波澜，没有起伏，没有必要的集中突击，也没有应有的间歇和休整，平平淡淡，“老和尚帽子平塌塌”。而只讲阶段性，不讲连续性，就是割裂事物的联系和发展。从工作上讲，也就丧失了科学的预见性，只顾眼前任务，看不到长远目标，这样做必然是“干一阵歇一阵，打打停停不接气”，是“发疟子式的工作方法”，“抽风式的指挥”，“蹦一蹦歇三歇的战术”。

（摘自1988年3月7日在天津铁路枢纽改造工程领导小组扩大会议上的讲话）

765

处理好施工组织的阶段性和连续性的关系，必须根据具体工程的施工性质、特点和最终目标，把整个施工过程划分为若干阶段，然后依照不同阶段任务的特点制定出施工计划。

（摘自1988年3月7日在天津铁路枢纽改造工程领导小组扩大会议上的讲话）

766

搞建筑常常对大工程的指挥感到很神秘，我说当大工程的指挥又难又不难，为什么呢？大房子可以变成小房子盖，关键是会变。引滦工程很长，234公里，可以“切灌肠”，一段一段地、一块一块地来搞，那就容易得多。

（摘自1985年12月7日在天津市城区综合治理研讨会上的讲话）

767

在处理发展的问题上，不仅要注意事物的复杂性、多变性，而且要注意发展过程中的阶段性。光强调发展，不讲究阶段，这就是否认了事物的相对稳定性，在实践工作中也就否认了计划性。

（摘自发表于《哲学研究》1978年第1、2期合刊的文章《要精心再精心地分析和解决矛盾》）

768

实践使我们体会到，准备工作不宜迟，动员工作不要早。准备迟了就会造成下一步的被动，不能很好地衔接；动员早了就会分散基层的精力，失去了重心，混淆了阶段性。

（摘自发表于《哲学研究》1978年第1、2期合刊的文章《要精心再精心地分析和解决矛盾》）

769

在工程施工中，一个工序提前，会带来一系列工程的变化；一个工序拖后，会带来一大片的窝工；一个零件的不全，会带来整个计划的变动；材料供应运早了碍事，运晚了误事，运多了挡道，运少了等料。凡此种种，都要求指挥人员灵活反应，随时修改计划并作出恰当的部署。

（摘自1983年9月主持起草的《引滦入津工程总结报告》）

770

有的工程看起来干得很快，主要是因为决策预测成熟。这个该怎样干，那个该怎样干，看起来拍板干脆，其实中间已付出了许多人许多时间的劳动。没有“十月怀胎”，哪能“一朝分娩”？当然，在具体作出决策时，还得注意四个字，即“量情度势”，要掌握好时机，考虑到经济条件和民意条件，少一样都不行，不到火候不能干。

（摘自1986年7月5日与《社会学报》记者的谈话）

771

准备工作的程度决定工程建设的进度，准备工作的水平体现施工组织的水平，准备工作的质量反映指挥者的能力。我们常常说“不打无准备之仗，不打无把握之仗”，而无准备就一定无把握。

（摘自1988年2月18日同天津市建委有关人员的谈话）

772

“充分准备”，就是要准备全，准备细，准备到底，准备万一。要把施工过程中可能发生的事情和问题都考虑到，并准备好应对的措施。常言道“不怕一万，就怕万一”。说得绝对点，充分准备就应该是除了不可抗拒的自然灾害以外，都应该考虑到。

（摘自1988年2月18日同天津市建委有关人员的谈话）

管　理

773

城市规划、城市建设、城市管理是城市工作的三个阶段，是一项既紧密相连又互为因果的不可绝然分割的系统工程。城市规划是龙头，城市建设是实施城市规划的步骤和成果，城市管理是确保城市规划、城市建设成果的措施和手段，也是城市建设的继续和延伸。

（摘自1984年10月10日在天津市规划设计工作会议上的讲话）

774

城市本身是一个复杂的有机体，具有多功能、多层次、高度综合的性质。许多事情既表现为各种矛盾的互相对立、互相制约，又表现为互相联系和多样性的统一。因此，对城市工作必须有综合观点，切忌孤立、静止的观点。

（摘自1987年3月《深化认识，提高自觉》一文）

775

事物都有质的多样性。许多事由这边看是物质文明，由那边看是精神文明；由这个角度看是人民生活，由那个角度看是经济建设；由这方面看是救急的性质，由那方面看是基础性措施。

（摘自 1988 年 3 月 5 日在天津市人民政府第九次全体会议上的讲话）

776

一个城市是一个大具体，大具体里包括着无数的小具体，在整体的发展过程中，由于大具体的变化，小具体也会随之发生变化，从不同的角度、不同的场合看同一事物，其性质就可能不同。

（摘自 1986 年 8 月 30 日在中国城市科学研究会首届年会暨第一届理事会第二次全体会议上的讲话）

777

一个城市的存在总是以其周围的存在作为自己存在的环境的，起码就现状来讲，没有农村就无所谓城市。因此，要研究好城市，不仅要研究城市本身，还必须同时研究该城市与周围地区之间的关系。

（摘自 1984 年 12 月 31 日在天津市城市科学研究会成立大会上的讲话）

778

要研究周围地区的经济、思想、文化、风俗。对于风俗我们过去就不知道它的作用。有的地方喜欢吃这个，有的地方喜欢吃那个，不同地方穿衣服的喜好要求也不同，如果你不知道就会吃亏。比如，我们的“狗不理”包子是名牌，到深圳去开包子铺，挂上天津“狗不理”，自以为名扬四海，结果碰了一鼻子灰。香港人，还有一些广东人什么都讲吉利，你狗都不理，我怎么做买卖，怎么发财?

（摘自 1984 年 12 月 31 日在天津市城市科学研究会成立大会上的讲话）

779

从某种特定角度看，人类社会发展的历史就是人与环境相互作用的历史。一方面，人类的生存、发展离不开环境，环境质量对人类的生活和生产活动具有重大影响；另一方面，人类的生活和生产活动又引起不同程度的环境恶化，这些恶化反过来危及人类自身的生存和发展。

（摘自1984年3月10日在天津市第五次环境保护会议上的讲话）

780

在城市建设中要坚持综合治理、综合开发的方针，做到“五个结合”：把城市建设同经济发展结合起来，把城市建设同解决各种难题结合起来，把单项建设和综合开发利用结合起来，把新建、改造同提高完善城市功能结合起来，把改变城市容貌同建设精神文明结合起来。

（摘自1987年2月在研究起草天津市政府全体会议讲话时的谈话）

781

过去，我们有一个很大的失误，就是对城市缺乏综合的系统的观念。管工业的只着眼于建工厂，扩大再生产，而忽视相关的城市功能的提高；管城建的单纯抓城建，很少考虑与其他方面发展的有机协调。由于头痛医头，脚痛医脚，往往顾此失彼，“按下葫芦起来瓢”。

（摘自1985年12月17日在天津市城区综合治理研讨会上的讲话）

782

对城市工作必须有综合的观点，必须从多方面去观察研究，切忌孤立、静止地看待。比如我们治理城市环境污染，对那些废水、废气、废渣、垃圾、噪音等等，如果孤立地一项一项解决，合起来需要上百亿元，无论如何负担不起。如果从综合的角度研究，采取综合的方法，进行综合的工作，就可以达到综合的效果。

（摘自 1985 年 12 月 17 日在天津市城区综合治理研讨会上的讲话）

783

长期以来，城市的建设、管理工作主要放在条条上，好多事情都由条条决定，按条条下达，块块作用得不到充分发挥。但从城市这个总体来看，块块的地位和作用在某种意义上要比条条重要。

（摘自 1987 年 2 月 18 日在天津市城建工作会议上的讲话）

784

一个区域、一条街，就是一个小社会，单靠条条是无法管全管细的。因此必须强化地区性工作，把更多的管理城市、组织生活的权力放给区街，把大城市变成若干个小城市管理，把每个市区政府变成实实在在的区域性领导机关。

（摘自 1987 年 2 月 18 日在天津市城建工作会议上的讲话）

785

我们设想，逐步地把区变成相对独立的、有相当权力的一级政权，做到思想教育、经济利益、行政干预“三管齐下”，使城市规划、建设、管理工作既有较强的集中统一，又有深厚的区街基础。

（摘自 1986 年 1 月 9 日同全国第四期市长研究班学员座谈时的发言）

786

大城市为什么不好管？就是因为大。我有个笨说法，叫把大城市变成小城市管。横的切块，竖的切段，大变小，长变短，就好管了。

（摘自1986年1月9日同全国第四期市长研究班学员座谈时的发言）

787

“综合治理”最根本的就是把整个城市环境作为一个系统来研究、来对待，也就是对任何整治对象都要有一个综合的目标，进行综合的工作，采取综合的方法，最终达到综合的效果。解决一个问题并不只是一个方法，可以从各个方面、用各种方法来解决，不能“吊死在一棵树上”。

（摘自1985年12月17日在天津市城区综合治理研讨会上的讲话）

788

城市中的稳定协调很重要。治理城市，要注意发现不平衡，发现比例是否失调，然后加以调解，使之不断协调、平衡、发展。要多用中医辨证论治的方法，少用西医打强心针的手段。

（摘自1988年3月8日在听取天津市第五次党代会报告汇报时的讲话）

789

整修难，管理更难。我们对于管理，既不够重视，又缺乏本事，而这个问题不解决，整修下的力量再大，修得再好，也不能维持。

（摘自1985年2月28日在天津市整修40条街道动员大会上的讲话）

790

城市的垃圾必须综合治理。从不同的角度看，同一个事物，这边是包袱，那边可能是财富。钢渣在冶金局是废物，拉去垫外环线就变成了原材料。

（摘自 1988 年 1 月 30 日同天津市优秀环卫职工代表座谈时的讲话）

791

外环线建设是一个综合性工程。它既是城市的基础设施建设，又是农村的致富渠道，也具有环境治理的效果。我们挖了一条环城河，不仅解决了路基土源，而且为城市排洪、农村养鱼、农业用水提供了一条渠道；我们结合调整农业结构，挖鱼塘，种果树，不仅较快地建成一条 500 米宽的环城绿化林带，也为农民致富创造了条件；我们用钢渣、粉煤灰垫路基，不仅节省了大量投资，而且为消灭钢渣堆、粉煤灰堆这样环保上的老大难问题找到了出路。可见，只要遵循事物的客观规律，把单项建设与综合开发利用结合起来，把城市建设同解决各种难题结合起来，许多问题都能迎刃而解，取得意想不到的综合效益。

（摘自 1985 年 12 月 17 日在天津市城区综合治理研讨会上的讲话）

792

市容卫生不能只注意外表的整治，而忽视内部的整治。工厂，商店，学校，医院，工地，机关，楼群，院落，是城市的细胞。这些小环境组成了城市的大环境。只有小环境好了，大环境才能真正好。

（摘自 1982 年 11 月 2 日在天津市整顿厂容店容校容动员大会上的讲话）

793

工业、交通、基建、内贸、外贸、科学、教育等各个部门，相互依存，相互制约，形成一个有机的整体，哪一个部门的工作跟不上，都会影响其他行业以至整个社会经济活动的正常进行。这就决定了城市各个部门的改革要注意与其他部门衔接、配合。

（摘自 1983 年 3 月 6 日同新华社记者的谈话）

794

城市现行的经济管理体制，尽管人们感到有种种弊端，但是因袭已久，形成了一套相应的组织机构、生活习惯和价值观念。改变这种旧的秩序，实行新的经营管理方式，带有更多的开拓的性质，人们不太熟悉，习惯势力对改革的阻力比较大。这就决定了城市在改革的过程中，必须以更大的努力去提高人们的认识，改变人们的习惯。

（摘自 1983 年 3 月 6 日同新华社记者的谈话）

795

城市改革情况复杂，要看准一点改一点，看准一条改一条，看准一块改一块，积小胜为大胜，汇小流为江河。

（摘自 1984 年 8 月 20 日关于城市经济体制改革的谈话）

旧城改造

796

天津作为老的工商业城市和沿海开放城市，要加快国民经济和各项事业的发展，要使人民的生活不断有所改善，要使城市的载体功能不断得到提高，从而更好地发挥中心城市的作用，就必须有计划、有步骤地对老城区、旧城区进行改造。

（摘自 1986 年 9 月 18 日在审查天津市内环线规划时的讲话）

797

我们所从事的许多具体工作，有些本身就是两个文明的统一体。例如，通过改造老城区，整修旧街道，增加市政公用设施，绿化美化市容，治理污染等，既提高了城市功能，改变了城市面貌，净化了生活环境，又可陶冶人们的情操，培养文明卫生的习惯，是物质文明，也是精神文明。

（摘自 1986 年 12 月在天津市外环线道路工程土方义务劳动表彰大会上的讲话）

798

旧城改造，不能是简单地拆旧房、盖新房，也不能是从某一局部着眼，改造几座楼或几条街，而是要依据城市总体规划，根据不同区域的发展方向和功能要求，统筹做出改造的详细规划，包括哪些需要拆除，哪些需要整修，哪些需要新建，采用什么样的建筑风格，以及市政设施如何安排，等等。通过重新规划和改造，纠正原来建设中的某些弊端，使功能更完备，景观更漂亮。

（摘自1989年2月14日会见美籍华裔建筑师及我国著名建筑师时的谈话）

799

如何把旧区内的新建与改造结合起来，使新建筑与原有建筑相协调，而不使人们感到新的越新、旧的越破，新的越高大、旧的越矮小，这是旧城改造中一个很值得下功夫的问题。

（摘自1989年2月14日会见美籍华裔建筑师及我国著名建筑师时的谈话）

800

在老城市改造中，在设计每一幢个体建筑时，都应该特别注意它的周围环境，认真地处理好新建筑和旧有建筑物的关系，使它们协调一致，把个体的艺术和整体的效果统一起来。

（摘自1984年10月10日在天津市规划设计工作会议上的讲话）

801

必须把新的建设和旧房整修统一起来，建一个新的要带起几个旧的，形成一片街景，而不能新的建得越多、越好，旧的显得越破、越旧，要有个先来后到，后建的要兼顾先前的，同时又具有现代水平。

（摘自1984年12月31日在天津市城市科学研究会成立大会上的讲话）

802

同新建筑的设计相比，整修房屋的设计有容易的地方，也有不容易的地方。所谓容易，是它有现成的东西放在那里，没有什么大的文章可以做；所谓不容易，是眼前的一堆建筑，破烂不堪，参差不齐，如何整修好，做到多样统一，很难。

（摘自 1985 年 2 月 28 日在天津市整修 40 条街道动员大会上的讲话）

803

整修设计既不能不顾现实，又不能完全迁就现实。不顾现实，都拆了重建弄不起；迁就现实，该改的毛病不改，就失去了整修的意义。

（摘自 1985 年 2 月 28 日在天津市整修 40 条街道动员大会上的讲话）

804

据有关资料，一部汽车的零部件参数是 10 的 5 次方；喷气式飞机零部件参数是 10 的 7 次方；而一个城市，规划和建设的单元参数是 10 的 8 次方，如果改造一个老城市，参数就要多达 10 的 9 次方，上亿个。这样一个复杂的有机体，不讲关系协调是很难想象的。

（摘自 1990 年 5 月 25 日听取珠海市领导班子汇报时的讲话）

805

按照一般情况，老区改造要拓宽道路，要增加绿化面积，因而出房率很低，叫做“拆一，建三，还二，余一”，改来改去，也改不出多少房子，改变不了面貌。在当前急需用房的情况下，光靠这种方法显然是不行的。因此，必须集中力量有计划地开辟若干新的住宅区，把老城区的居民逐步迁移出去，把“肚子”腾出来，为老城区改造创造条件，使其重新规划、建设、改造有回旋的余地。

（摘自1989年2月14日会见美籍华裔建筑师及我国著名建筑师时的谈话）

806

要加快新城区建设，使新城区一块一块地形成气候，有了新城区，老城区就可以“泻肚子”——把人口搬迁出来。泻肚子是中医的一种方法，肚子里东西太多了，就想办法让它泻出来，泻完之后再慢慢调理。

（摘自1998年11月10日在厦门市考察工作时的讲话）

807

大城市的改造是一个大的难题。考虑新建的时候，老市区里只能少量地“填平补齐”，不能“见缝插针”。“见缝插针”本身就是不要规划。

（摘自1984年10月10日在天津市规划设计工作会议上的讲话）

808

在老城区改造中，一个最不好的做法是“见缝插针”，把城市的格局搞乱了。城市建设是关系子孙后代的百年大计，不能急功近利，只顾眼前，不顾长远，更不能为了某个部门和单位的利益，给以后的建设设障碍、安钉子。

（摘自1989年2月14日会见美籍华裔建筑师及我国著名建筑师时的谈话）

809

改造老城区，一个重要内容是搞好街道的整修。对整修街道，四句话，即：花钱省、扰民少、速度快、效果好。

（摘自 1985 年 2 月 28 日在天津市整修 40 条街道动员大会上的讲话）

810

精神文明建设不仅包括人们的思想道德、意识形态，而且也包括有形的、外在的生活习俗。而整修街道、美化市容，治理脏、乱、差就属于这个内容之一。改变人们工作和生活的习俗、环境，是精神文明建设的内容，也是城市文化的体现。

（摘自 1985 年 2 月 28 日在天津市整修 40 条街道动员大会上的讲话）

811

旧有街道建筑存在的问题，简单地讲可以归结为两条：一叫零乱破旧，二叫缺乏整体上的协调统一。要把不同时期、不同条件的建筑物有机联系起来，协调统一起来，这是一个很大的难题。平房和楼房如何协调，“瘦子”和“胖子”如何协调，老的和新的如何协调，等等。

（摘自 1985 年 2 月 28 日在天津市整修 40 条街道动员大会上的讲话）

812

我们要使纯属安全、不讲究外型的围墙，经过整修，变成新颖别致、千姿百态、别具一格的景观，使其与街头绿地、庭院春色相互映衬，与建筑交映生辉，使城市充满活力。

（摘自 1985 年 2 月 28 日在天津市整修 40 条街道动员大会上的讲话）

813

对旧房子的改造，门不行换门，窗户不行换窗户。有本事不在花钱多，而在于花钱不多，弄出来叫人一看有深度。

（摘自 1984 年 9 月 29 日关于城建工作的谈话）

814

古文化街的修建，应该是淡雅的、清宁的，又是历史的。“室雅何须大，花香不在多”。要在“古味”、“文化味”、“中国味”、“天津味”上作文章。要整齐、淡雅、朴素，适合中国文人特定的气息。

（摘自 1985 年 1 月 10 日有关讲话）

815

有人说，小洋楼是过去洋人出钱盖的，现在修缮是给洋人树碑立传；还有人说，小洋楼是帝国主义侵略中国的罪证，修缮洋楼就成了“给帝国主义涂脂抹粉”。这种理解有片面性。就建筑本身讲，它是当时劳动人民血汗和智慧的结晶，是科学技术发展的标志。如果只是从建筑当时的所有权角度去看，不仅小洋楼不能保存，连故宫都得拆。

（摘自 1985 年 1 月 10 日关于城建工作的讲话）

第五编

求　是

实　践

创　新

务　实

经　验

群　众

求　是

816

实事求是、群众路线是我们事业胜利前进的基本保证，是我们党活跃于中国和世界政治舞台上的鲜明特征，也是我们始终不渝、不懈追求的奋斗目标。只有时刻牢记并努力实现这一目标，才谈得上在各种艰苦复杂的斗争中立于不败之地，才谈得上在各种消极影响和腐蚀面前保持共产党的政治本色。从这个意义上完全可以说，实事求是、群众路线是我们的命根子。

（摘自1999年9月9日听取陕西省委、省政府工作汇报时的讲话）

817

任何个人、任何政党、任何国家，要想赢得主动、有所作为，都必须放眼世界、放眼未来，都必须提倡思考、提倡探索，做到与时俱进。要具体地思考、深入地思考、连贯系统地思考，思考现在、过去和未来，思考自己、他人和整个世界，思考实践、理论和理论与实践相结合。

（摘自2002年5月23日会见乌克兰总统库奇马时的谈话）

818

人们的成功或胜利，原因是多方面的，但从哲学上讲就是一条，即主观思想自觉不自觉地符合于客观规律。人们犯错误的原因也是多方面的，但从思想路线上看，根本原因也是一条，就是主观思想不符合客观实际，违背了实事求是的原则。

（摘自1989年10月13日同出席全国马克思主义哲学研究与干部哲学教育研讨会全体代表座谈时的讲话）

819

按照我们的理论来解释"客观"这个概念，除了自己的思想外，其他都称为客观。因此，别人的想法也是客观事实。比如，我研究基辛格博士的客观，包括博士的思想；你研究我的客观，也包括我的思想。对方的敏感情绪，包括某些冲动，都是客观现实。

（摘自1989年11月8日会见美国前国务卿基辛格时的谈话）

820

我们想问题、办事情都必须坚持一切从实际出发，居安思危，埋头苦干，一点一滴地积累，一步一个脚印地前进。

（摘自2001年3月12日在中国人民政治协商会议第九届全国委员会第四次会议闭幕会上的讲话）

821

研究当前的问题，必须服从于长远的发展目标；而研究长远的问题，又必须从现实出发。

（摘自1985年5月22日在天津市1985年社会科学课题调研工作会议上的讲话）

822

矛盾的分析，形势的估计，计划的确定，方法的采用，都是根据客观条件来的。时间和条件变化了，主观上的认识也应随之而变化。这种客观发展引起主观变化的事情，在我们工作中随时都有发生，顺利的时候有，困难的时候也有。

（摘自发表于《哲学研究》1978 年第 1、2 期合刊的文章《要精心再精心地分析和解决矛盾》）

823

讲真话报实情，既是做人干事的基本原则，也是党性修养的起码要求。我们常讲集中起来、坚持下去，如果集中起来的情况是假的，那么坚持下去的东西就是错的。

（摘自 1999 年 4 月 16 日听取河北省委、省政府工作汇报时的讲话）

824

我们之所以强调注重实际，是因为现在脱离实际的东西太多，弄虚作假的东西太多。假情况、假数字、假政绩到处都有，假典型、假干部、假关系时有发生。……假商品可恨，骗取钱财，坑人害命；假关系可恶，招摇撞骗，损公肥私；假情况可怕，干扰决策，误国误民。

（摘自 2000 年 9 月 11 日听取山东省委、省政府工作汇报时的讲话）

825

一切都要以时间、地点和条件为转移。在不同的关系里会表现出多方面的属性。不懂这些，研究问题、处理问题、理解和执行上级的指示精神，要么就墨守成规，缺乏创造性，要么一创造就离谱儿。创造离开了原则，离开了基本原理，只能是瞎折腾。

（摘自 1988 年 1 月 26 日在全国马克思主义哲学体系改革研讨会上的讲话）

826

我们必须使自己的认识适应变化了的形势。早认识，早适应，早主动；谁认识，谁适应，谁主动；不认识，不适应，难免被动。

（摘自1982年12月29日在天津市工交干部会议上的讲话）

827

经济发展不能脱离实际、盲目求快。快要讲条件，安贫乐道、该快不快不是实事求是，好高骛远、竞相攀比也不是实事求是；快要讲方式，重视效益和质量，不能热衷于铺摊子，追数量，重复建设；快要讲实效，搞建设、求发展，最终要体现到人民生活水平的提高上，绝不能干那些看似繁荣，实际上群众得不到实惠、甚至是劳民伤财的事。

（摘自1996年3月9日在八届全国人大四次会议天津代表团会议上的发言）

828

无视自然规律，片面夸大人的力量，是唯意志论；听任自然摆布，否定人的能动作用，是宿命论。人不能违背规律、改造规律，但人可以认识规律、运用规律。

（摘自1998年10月23日在政协第九届全国委员会常务委员会第三次会议上的讲话）

829

我们反对“唯条件论”，因为它否认了人的能动作用；我们也反对不讲条件的唯意志论，因为它否认了客观必然性。我们提倡积极创造条件，因为只讲要求，不讲条件，只压任务，不给条件，最后还是干不成事。

（摘自1985年2月2日在天津市农村工作会议上的报告）

830

调查研究的方法，看起来很笨，实际上是最实际、最快、最好的方法。

（摘自1992年12月7日在全国统战部研究室主任会议座谈会上的谈话）

831

事情多，本来就是一难；新事多，就难上加难。对一些事情不敢拍板，往往是因为心里底气不足，底气不足又是因为底细不清。没有材料，没有数据，没有经过充分的调查研究，就叫你拍板，你心里就含糊，“不决定，就要误事；决定错了，就会坏事”。

（摘自1984年9月21日在天津市政府咨询委员会成立会上的讲话）

832

了解情况必须是丰富而合于实际，了解得全，了解得准，“周到而必要”。要做到这样，必须按照唯物辩证法的范畴，深入调查研究，有目的地、有计划地了解，了解事物的内部，了解事物的外部，了解事物的各个方面；了解今天，了解昨天，了解事物的运动发展。只有这样，才能做到既不丢三落四，也不事无巨细，避免劳工费时、贻误时机。

（摘自2004年6月3日同哲学书稿编辑人员的谈话）

833

客观现实总是发展的，群众的思想是不断变化的，即使一时了解了真实情况，也不能一劳永逸。这就要求各级干部眼睛向下，放下架子，甘当小学生，经常到群众中去，到基层去，做艰苦的调查研究工作。

（摘自1991年3月16日在重庆市考察工作时的谈话）

834

有些同志学习时喜欢查书，从这本书查到那本书，从这个词典查到那个词典。一有争论，都引经据典，谁是这样说的，谁是那样说的。你说他引的不对，是断章取义，他说你引的不准，是歪曲原意，来回争，来回查。查书无可非议，是学习理论不可缺少的重要方法。但还有一种方法，就是到实际生活中去查一查。实际生活这本大“词典”最丰富、最准确、最生动、最易懂。

（摘自 1997 年 6 月 29 日在政协第八届全国委员会常务委员会第二十一次会议闭幕会上的讲话）

835

任何一个郑重的问题，应该研究部门先研究，根据研究的结果提出建议，然后提交决策机构考虑；而不是领导先作决定，然后由研究工作者来阐述、注解、圆场。

（摘自 1990 年 12 月 13 日在社会主义理论问题研究座谈会上的讲话）

836

我们在贯彻执行上级文件的过程中，要本着对领导负责和对人民负责的一致性，既要严格按照文件的精神办事，又要把文件中不符合实际的政策规定及时向上级机关反映。

（摘自 1987 年 6 月 11 日在天津市调查研究工作会议上的讲话）

837

中央的精神、市委的要点，都是从整个情况讲的，从一般意义上讲的，对各个方面、各个单位的工作都有着重要的指导作用。但各个单位的情况实际上是存在着差别的，既有共同的东西，又有许多不同的特点。把握特点是认识事物、搞好工作的基础。领导者的任务就在善于把握一般与特殊的结合，结合得好就具有创造性的意义。

（摘自1987年1月7日在天津市委四届六次全会上的讲话）

838

对于上级的指示，要从总体上把握其精神实质，结合本地实际情况创造性地贯彻执行，而不能简单地照抄照传，也不能各取所需；对下级指导工作时，要看到各地情况千差万别，要区别对待，分类指导，而不能搞一刀切；对于左邻右舍的新办法新经验和各种信息，要根据中央总的精神和自己的具体情况决定取舍，而不能听见风就是雨，赶时髦，随大流。

（摘自1993年6月10日听取安徽省委、省政府工作汇报时的讲话）

839

省市一级领导，和基层干部比更了解中央精神，和中央领导比更了解实际情况，你们应当实事求是地向中央反映情况。我们常讲要坚持原则，实事求是就是原则，而且是一个大的原则。把对中央负责和对基层负责统一起来很难，但这是省委的责任。

（摘自1991年5月21日和浙江省委主要负责同志的谈话）

840

特点和优势是相联的，当然特点并不等于优势，但一般说来优势必定反映特点。我们国家幅员辽阔，经济文化发展很不平衡，重视特点，研究特点，把握特点，发挥优势，这是正确认识事物的基础，也是做好各项工作的关键。

（摘自1990年8月17日听取黑龙江省委工作汇报时的讲话）

841

透过现象看本质，通过偶然发现必然。人类历史上许多重大发明，许多具有深远影响的真理、定律，都是从偶然中发现的。

（摘自 2001 年 12 月 6 日在全国地方政协工作经验座谈会结束时的讲话）

842

解放思想，实事求是，放开手脚，大胆改革。凡是有利于生产力发展和人民生活改善的，都应该承认，都应该坚持，都应该鼓励试验和探索。

（摘自 1988 年 4 月 22 日在中共天津市第五次代表大会上的报告）

843

世界上不存在永恒不变的事物，解放思想也不能一劳永逸。客观世界的运动永无休止，解放思想也永无止境。

（摘自 2000 年 5 月 15 日会见委内瑞拉总统查韦斯时的谈话）

844

解放思想既包括我们自己大胆地放开手脚去研究和探索，也包括让别人放开手脚去研究和探索。

（摘自 1984 年 7 月 28 日在天津市区体制改革会议上的讲话）

845

坚持解放思想必须坚持实事求是，解放思想的目的是为了实事求是，只有致力于追求实事求是才能真正做到解放思想。离开实事求是谈解放思想，很可能成为胡思乱想；离开解放思想谈实事求是，只能是假话空谈。

（摘自2000年2月24日听取浙江省委、省政府工作汇报时的讲话）

846

我们脑子里往往有许多框子，一碰到文件顶着就不敢动了。在研究问题时，要把思想放开，不要被框子束缚住，要从实际出发，实事求是地对待下边的问题。

（摘自1986年8月8日在听取天津市机关服务队汇报时的讲话）

847

在重大问题上心里没有“底”，工作起来就会老有顾虑。有句老话：“傻子过年看街坊”。心里没“底”就只能当傻子。

（摘自1984年1月1日关于经济体制改革中统一思想的必要性的谈话）

848

研究的过程是一个探索的过程，坚持实事求是的过程。如果不允许人们发表一些不正确的意见、看法，也就没有真正的科学研究。

（摘自1990年12月13日在社会主义理论问题研究座谈会上的讲话）

849

不要因为反对自由化，使大家不敢讲话，变得鸦雀无声，一片沉寂，更不能使大家谨小慎微，失去了改革、开放的勇气。资产阶级自由化和僵化，两个都不像话，都不利于现代化。

（摘自1987年6月16日在天津市科协会议上的讲话）

850

我向来不赞成随便划分“左”“右”的做法。一般的是非问题不能说左和右，是什么就是什么，何况现在许多问题到底怎么看还在实践、研究过程中。

（摘自1998年7月9日、13日同部分政协委员就经济问题座谈时的谈话）

851

全面科学地分析和认识我们所处时代的社会历史条件，准确地把握对社会发展趋势起主导作用的重大问题，是我们党制定路线、方针、政策的依据，也是做好一切工作的前提。

（摘自1993年11月5日在全国统战工作会议上的讲话）

852

社会主义是一个相当长的发展过程，在这个过程中有若干阶段，各个阶段有其固有的特点。认识过程、研究阶段、把握特点，并据此制定政策、规范行为，这是社会主义健康发展的根本课题。

（摘自1997年12月8日会见越共中央总书记杜梅时的谈话）

853

我们过去没有认识到社会主义是有阶段的，没有讲社会主义的初级阶段，因而在许多问题上急于求成，搞了一套超越阶段的“左”的东西。这套东西在过去很长的时间内，使我们的国家、人民蒙受了很大的痛苦。现在，在改革和开放过程中，这套“左”的东西仍然是我们的主要障碍。当然，这套“左”的东西不是指谁有，谁没有，不是指具体的人，是指“左”的思想、“左”的体制、“左”的做法、“左”的习惯。

（摘自1987年11月9日在天津市传达贯彻党的十三大精神大会上的讲话）

854

必须清醒看到，我国还处于社会主义初级阶段，底子薄、起点低、经济体制尚未完全理顺，我们发展别人也在发展；在经济全球化的进程中，我们面对着发达国家的经济优势和不平等竞争，不可避免要受到包括国际经济风险在内的诸多压力；我国科学技术的总体水平还比较低，与西方国家科技发展的差距还有拉大的可能，在高技术领域存在着受制于人的危险；我们承受着人口膨胀、资源短缺、环境恶化的沉重压力，担负着满足人民不断增长的物质和文化需求的繁重任务，在前进的道路上还有许多尚待研究、解决的难题。

（摘自 1998 年 3 月 14 日在中国人民政治协商会议第九届全国委员会第一次会议闭幕会上的讲话）

855

“初级阶段”是不可逾越的，必然存在许多特有的情况，既不能把现阶段必然出现、应该允许存在的东西简单加以排斥，也不能超越阶段，把将来才有可能办到的事情放到现在来办。

（摘自 1992 年 1 月 22 日同黑龙江省委负责同志和宣传、文化部门代表座谈时的讲话）

856

中国特色必须有，社会主义不能丢。

（摘自 2002 年 3 月 5 日看望政协中共界委员时的讲话）

857

最关心一个国家命运和前途的是这个国家的人民，最了解一个国家情况的也是这个国家的人民。一个国家究竟走什么样的道路，只能由这个国家的人民自己决定。

（摘自 1998 年 5 月 15 日会见罗马尼亚总统康斯坦丁内斯库时的谈话）

858

中国有12亿人口，经济不发达，还有几千万人未解决温饱问题，文化教育相对落后，至今尚有两亿几千万文盲。中国领导人考虑一切事情，都必须从这个国情出发，特别是时刻不能忘记12亿人的吃饭问题。我们重视并认真听取别人的意见、建议乃至批评，但是这12亿人的生活问题，毕竟最终还得靠我们自己解决。我们重视外国的经验，但管理12亿人衣食住行的经验别人没有，懂得其中酸甜苦辣的只有我们自己。

（摘自1997年6月11日会见德国联邦议院议长聚斯穆特时的谈话）

859

历史经验证明，在取得重大成就和发展比较顺利的时候，尤其要保持清醒头脑，看到在前进道路上存在的矛盾和问题。

（摘自1997年12月12日会见新西兰总督博伊斯时的谈话）

860

我们不能因为成绩大而忽视问题，也不能因为存在问题而否认好的形势。

（摘自1999年3月6日参加全国政协九届二次会议致公、台盟政协委员联组讨论时的谈话）

861

我们自己必须保持清醒的头脑：决不能因为别人的低估就妄自菲薄，悲观失望；也不能因为别人的高估就妄自尊大，忘乎所以。

（摘自2001年3月12日在中国人民政治协商会议第九届全国委员会第四次会议闭幕会上的讲话）

862

常想缺点不足处，少犯错误多进步。

（为一位青年同志的题词）

863

批评时想到优点成绩，不能全面否定；表扬时注意缺点问题，不可把话说满。

（摘自 1983 年 7 月同天津市政府秘书长、办公厅主任的谈话）

864

如果把一个人的缺点或优点片面地渲染扩大，优点多的人可以变为毛病多的人，毛病多的人可以变为优点多的人，可用的人就变成了不能用的人，不能用的人反倒变成了可用的人。

（摘自 1988 年 1 月 5 日同天津市各民主党派座谈时的讲话）

865

我们这么大的国家，这么多的人口，从事这样前所未有的、艰巨复杂的事业，必然有成功的一面，也有失误的一面；有令人振奋的一面，也有令人忧虑的一面；有积极的一面，也有消极的一面；有美好的一面，也有丑恶的一面。对于社会生活中这种客观的现象，我们必须有清醒的认识，全面的分析，准确的判断。

（摘自 1994 年 3 月 5 日在政协第八届全国委员会常务委员会第五次会议上的讲话）

866

不能因为顶住了少数人的攻击而掩盖我们的毛病，也不能因为讲大好形势而否认我们存在的问题。

（摘自 1987 年 1 月 3 日在天津市委四届六次全会第一次全体会议上的讲话）

867

对中国的成就不宜估计过高和过满，对中国的困难不可小视和大意。

（摘自 1998 年 10 月 14 日会见美国基督教会联合会访华团时的谈话）

868

我国的现代化建设确实取得很大的进展，但不能估计过高；我国的经济建设形势确实很好，但也存在不少问题。在整个现代化建设过程中，我们必须保持清醒的头脑，采取慎重的态度，妥善地处理好各种重要问题，特别是重视并处理好改革、发展和稳定的关系。

（摘自 1994 年 5 月 18 日在比利时皇家国际关系研究所的讲演）

869

改革开放以来我们确实取得了很大的成就，举世公认，但对我们的成绩不宜估计过高，我们的绝对水平比人家差得很多；我们确实发展比较迅速，但即使以这样的速度发展，赶上中等发达国家水平还要五十年乃至更多的时间；我们确实发展比较顺利，但我们绝不可忽视存在着的许许多多的难题。

（摘自 1999 年 4 月 16 日听取河北省委、省政府工作汇报时的讲话）

870

要敢于承认差距。只要承认不行，就是行的开始；只要承认低了，就要开始高了。

（摘自 1982 年 9 月 18 日在天津市胜利路一条街规划汇报会上的讲话）

871

只讲顺比不讲横比，越比越得意，越比越觉得了不起。横着比比，谁家孩子不长高？

（摘自1987年3月在天津市委会上的讲话）

872

要特别强调把问题搞准，搞过了不好，当然不及也不好。二者相权，宁可一时不及也不要过，一时不及，我们还有时间继续往下搞。

（摘自1990年2月20日同全国故事片创作会议代表座谈时的讲话）

873

讲好的，讲坏的，讲成绩，讲问题，讲进步，讲差距，面面都讲到，但不讲比例，不讲主次，不讲缓急，这不是完全的辩证法。

（摘自1988年2月同天津市政府文件起草组的谈话）

874

有些事情在新形势下是必需的，不能用旧观念把它看成是问题；有些事情在任何时候都是不好的，不能以新形势为借口不把它看成是问题。

（摘自2001年9月29日在政协第九届全国委员会常务委员会第十五次会议上的讲话）

875

如此之大的国家，如此波澜壮阔的亿万群众创造历史的活动，如此一个搞了多少年计划经济的体制向新的社会主义市场经济体制转变，出现一些问题是必然的，不出问题才是奇怪的。

（摘自1993年7月2日—5日在承德市考察工作时的谈话）

876

问题当然要正视而不能回避，缺点当然要改正而不可掩饰，情绪当然要理顺而不容大意。但是，一切困难和问题，都不应成为悲观失望、无所作为的理由，而应成为团结一致、艰苦奋斗的根据；不应成为心烦气躁、怨天尤人的借口，而应成为磨炼意志、施展才干的机会。

（摘自 1995 年 3 月 14 日在中国人民政治协商会议第八届全国委员会第三次会议闭幕会上的讲话）

877

我常讲历史的人要办历史的事，这包含两个意思，既不要超越历史，去干那些办不到的事情；也不要推卸历史的责任，该干的事情也不去办。

（摘自 1986 年 12 月 30 日在京剧“梅花奖”评委座谈会上的谈话）

878

我们这么个大国，960 万平方公里的地方，11 亿人口，经济上不平衡，情况千差万别，企图用一句话把全部问题概括出来，很难不出娄子。

（摘自 1989 年 8 月 26 日接见全国整顿清理文化市场工作会议代表时的谈话）

879

人多是中国的基本国情，中国许许多多问题是人多造成的，许许多多问题的解决也必须在人多上打主意。

（摘自 1999 年 6 月 25 日在政协第九届全国委员会常务委员会第六次会议上的讲话）

880

在中国这块土地上当领导人，想问题、办事情，时刻也不能忘记人多这个基本国情，善于在人多上想办法、做文章，使众多的人都能从不同的角度、用不同的方式参加建设，发挥作用。只要我们做到了这一点，许多难题都可以迎刃而解，许多人间奇迹都可以创造出来。

（摘自1988年3月5日在天津市人民政府全体会议上的讲话）

881

讲超编，整个国家都超编！中国很多人没活干，也有很多活没人干。只要方法得当，人多可以变成优势，“包袱”也可以变为财富。

（摘自1996年12月2日听取天津海防路工程建设情况汇报时的讲话）

882

富余劳动力今后究竟怎么安置？大方向是要研究“横向容纳，纵向消化”，就是在横向上开拓更多的就业门路，把劳动力容纳下去；在纵向上集中使用一个人一生的最好年华，比如别的国家一个人一生工作时间为三十年，那么我们国家可以规定为二十八年、二十五年，少干几年。

（摘自1993年6月10日听取安徽省委、省政府工作汇报时的讲话）

883

我们绝不能因人废言。垮了那么多人，他们说了那么多话，如果他们说过的话都不能说了，我们该怎么说话呢？

（摘自1990年4月28日在《人民日报》国内记者工作会议上的谈话）

884

陈独秀在五四运动前后的地位和作用，学过党史的人都是知道的。如果因为他后来出了问题，就改变历史事实，说他过去也坏，这是不能服人的。

（摘自 1992 年 1 月 23 日与重大革命历史题材影视创作会议代表座谈时的讲话）

885

真正做到实事求是并不容易。要有坚定的党性，勇于坚持真理，不为各种非议所动摇，也不为个人得失所左右。要有理论修养，认真读书，掌握马克思主义基本原理，加强工作的原则性、系统性、预见性和创造性。要有务实作风，肯于吃苦，舍得下功夫做周密细致的调查研究，占有丰富的实际材料。要有科学方法，善于在唯物辩证法指导下，去粗取精、去伪存真、由此及彼、由表及里，把握事物的内在联系及其本质。

（摘自 1996 年 3 月 9 日在八届全国人大四次会议天津代表团会议上的发言）

886

坚持实事求是并不容易。这里有认识问题、作风问题、水平问题，还有一个勇气问题。而所谓勇气问题，就是敢不敢面对现实、反映现实，做到一切从实际出发，根据事情的本来面目说话、办事。

（摘自 1999 年 9 月 9 日听取陕西省委、省政府工作汇报时的讲话）

887

勇气问题，既是一个解放思想问题，也是一个品质问题；既是一个理论问题，也是一个政治问题，我们必须予以重视并切实解决。

（摘自 1999 年 9 月 9 日听取陕西省委、省政府工作汇报时的讲话）

实　践

888

实践的观点是马克思主义辩证唯物论的认识论之第一的和基本的观点。认识的来源是实践，认识的标准是实践，认识的动力是实践，认识的目的也是实践。只有在实践范畴的基础上，马克思主义哲学才超越了以往的全部哲学，才构成了唯物论与辩证法的统一。

（摘自 1987 年 6 月 11 日在天津市调查研究工作会议上的讲话）

889

最聪明、最有知识的是那些有实践经验的人。改革开放以来我们许多管用的路子和办法，都不是哪个领导人拍脑袋想出来的，而是群众在实践中摸索、创造出来的。

（摘自 2000 年 2 月 24 日听取浙江省委、省政府工作汇报时的讲话）

890

讲理论，比如讲辩证法、唯物论，可以讲一本书，而讲实践，可以随便拿一个对象，里面就包括了全部的辩证法和唯物论，这就是理论所不具有的直接现实意义。

（摘自2000年2月24日听取浙江省委、省政府工作汇报时的讲话）

891

从真理观的角度讲，判断一种认识是不是真理，决不能以多数或少数为依据，而应该以实践为依据。自然科学和社会科学的发展史上常常有这种现象，真理往往是少数人发现的。

（摘自1987年6月11日在天津市调查研究工作会议上的讲话）

892

真理的标准，一不是公认，大多数人都承认未必是真理；二不是神意，不能说真理是老天爷定的；三不是权力，不是官大就有理。真理的标准只能是实践。

（摘自1984年1月7日在天津市文艺创作会议上的讲话）

893

当理论和实践不一致时，修改的应当是理论。实践是理论产生的基础，如果不承认依据实践可以修改理论，那就否定了实践的基础作用；实践是检验真理的标准，如果不承认依据实践可以修改理论，那么实践就失去了检验的意义；实践是发展理论的动力，如果不承认依据实践可以修改理论，那么实践也就不成其为动力。

（摘自1986年10月《认真学习贯彻党的十二届六中全会决议，把天津市两个文明建设推向新阶段》一文）

894

理论只有根据实践，不断地进行纠正、补充和概括，才能正确地反映实践并指导实践。如果把理论当作包医百病的灵丹妙药，万古不变的僵死教条，据此去剪裁、判定生活，只能是束缚实践，把生活拉向后退，把理论搞死。

（摘自1986年10月《认真学习贯彻党的十二届六中全会决议，把天津市两个文明建设推向新阶段》一文）

895

人类社会是一个永无休止的发展过程，各方面条件复杂多变，新生事物层出不穷。先贤导师不可能把所有的事情都讲到，尤其不能把他们根本没见过的事情也讲到，后人根本无法对号入座。

（摘自2004年6月3日同哲学书稿编辑人员的谈话）

896

长期以来，马克思主义被附加了一些东西，有些理论已经不是本来的、地道的马克思主义，而是“化了装的马克思主义”。我们必须坚持实践第一的观点，提高识别能力，分清是非，辨别真伪。

（摘自1987年6月11日在天津市调查研究工作会议上的讲话）

897

马克思主义是发展的学说，它从来没有认为自己穷尽了真理，它只是在大的方面、在总体方面指出认识真理的方向。在马克思主义看来，人们对真理的认识只能是接近，不可能穷尽。这是反对僵化的一个最有力的理论。

（摘自1989年10月14日会见中华教育艺术研究会刘吉、曲啸、李燕杰、李永田四同志时的谈话要点）

898

坚持马克思主义必须坚持理论与实际相结合，结合是运用，结合是目的，结合是坚持，结合也是发展。离开结合谈坚持、谈坚决、谈坚定，只能是空话、大话、假话，只能给马克思主义抹黑乃至窒息或断送马克思主义。

（摘自 1997 年 12 月 7 日同越共中央政治局常委黎可漂会谈时的谈话）

899

我们坚持马克思主义，必须要有科学的、实事求是的态度，必须要与实践相结合，在结合上下功夫，在实践中求发展。

（摘自 1999 年 10 月 9 日会见越共中央政治局常委范世阅时的谈话）

900

我们讲马克思主义是活生生的，因为它的特点之一就是实践性，它最容易与实际相结合。实际是丰富的，不断发展、变化的，马克思主义同它一结合，就变成活生生的。僵化教条最主要的毛病是脱离实际，书本很熟，条条很多，不联系实际，有什么用处？

（摘自 1997 年 6 月 29 日在政协第八届全国委员会常务委员会第二十一次会议闭幕会上的讲话）

901

怀疑马克思主义的科学性、摇摆不定是危险的；把马克思主义与实践相割裂、教条式理解、贴标签式应用是会误事的；拘泥于马克思主义的个别论断、墨守成规、停滞僵化是有害的。

（摘自 1999 年 10 月 9 日会见越共中央政治局常委范世阅时的谈话）

902

坚持马克思主义就要坚持马克思主义的基本原理，而不能教条式地拘泥于某些个别论断，也不能固守某些确已过时的词句和结论，更不能被某些附加于马克思主义名下的错误论点所迷惑。

（摘自1997年12月7日同越共中央政治局常委黎可漂会谈时的谈话）

903

“本本”是要认真研究的，因为不弄通弄懂“本本”就难以指导实践，但本本主义是错误的，因为本本主义食古不化、照抄照搬，有些已经完全脱离实际。

（摘自2001年9月29日在政协第九届全国委员会常务委员会第十五次会议上的讲话）

904

实践先于文件，文件来源于实践。好的文件可以指导实践，但好的文件形成，首先要来源于实践。

（摘自1997年1月11日在听取藏传佛教工作座谈会汇报时的谈话）

905

在现实生活中，当实践和文件发生矛盾时，咱们常常不是修改文件，而是修改实践；实践跟领导人讲话发生矛盾时，常常不修改领导人讲话，而是修改实践；实践和书本发生矛盾时，不说书本脱离现实，修改的还是实践。如果不改变这种思维方式，我们的事业就没有希望。

（摘自1992年8月10日听取内蒙古自治区负责同志汇报时的讲话）

906

政策出台后，从工作出发，必须维护其权威性、稳定性，强调坚决贯彻，不能朝令夕改；从认识论出发，政策的出台并不是认识的完结，而是新的认识过程的开始，一切政策都必须接受实践的检验，在实践中不断完善。

（摘自2000年12月6日在全国统战工作会议上的讲话）

907

理论联系实际，有一个由浅入深、循环往复的过程。一方面，马克思主义哲学是严密的、科学的世界观和方法论，要完整、准确地掌握它，不可能一朝一夕就做到；另一方面，客观事物本身是错综复杂、千变万化的，丰富地占有、精确地选择材料，系统地了解周围的环境、历史和现状，也不是轻而易举就能做到的。

（摘自1989年10月13日同出席全国马克思主义哲学研究与干部哲学教育研讨会全体代表座谈时的讲话）

908

联系实际，有各种各样的实际。经验是以往的实际，是被实践检验过的实际，是人们亲自经历、印象深刻的实际。把理论与这种实际相联系、相结合，可以更容易、更准确、更深刻地理解理论。

（摘自1997年6月29日在政协第八届全国委员会常务委员会第二十一次会议闭幕会上的讲话）

909

在工作中结合实践读书，好处很多。一是容易懂，二是容易记，三是容易活，四是老师多，五是时间好挤，六是在实践中学，也容易坚持。

（摘自1987年6月11日在天津市调查研究工作会议上的讲话）

创　新

910

一个国家、一个民族要想跟上时代，有所作为，就必须不断解放思想，勇于、善于创新。一个国家、一个民族如果思想僵化，迷信盛行，一切从本本出发，凡是“老祖宗”说过的都不能变，凡是“老祖宗”没说的都不能做，那么就一定没有生气，就一定停滞不前，就一定没落乃至衰亡。

（摘自 1998 年 5 月 18 日会见意大利总统卡尔法罗时的谈话）

911

社会实践是不断发展的，人的认识是不断深化的，创新活动是永无止境的。

（摘自 2002 年 3 月 13 日在中国人民政治协商会议第九届全国委员会第五次会议闭幕会上的讲话）

912

创新是一个相对的概念。创新既有质的飞跃，也有量的变化；既有大的突破，也有小的改进；既有内容的更新，也有形式的改变。

（摘自 2002 年 3 月 13 日在中国人民政治协商会议第九届全国委员会第五次会议闭幕会上的讲话）

913

现在科学技术日新月异，社会生活变化迅猛，我们不能几十年如一日，总是抱着那些老词、老话、老套套。

（摘自 2002 年 2 月 1 日听取中央统战部汇报时的谈话）

914

世界形势复杂多变，科学技术日新月异。一切因循守旧，墨守成规，只能导致失败。

（摘自 1991 年 1 月 19 日在全国宣传部长会议上的讲话）

915

新陈代谢是自然界和人类社会的客观规律。任何组织、任何事业，只有不断地吐故纳新，才能生生不已，保持旺盛的活力。

（摘自 1998 年 1 月 22 日在政协第八届全国委员会常务委员会第二十三次会议上的讲话）

916

一个时期对发展起积极作用而被肯定的东西，在另一个时期就可能成为制约发展而被否定的东西。我们要敢于自以为非，善于超越自我。

（摘自 2000 年 5 月 15 日会见委内瑞拉总统查韦斯时的谈话）

917

当前，智力资源越来越成为经济发展的重要依托，创新能力越来越成为经济发展的关键因素，更加需要有一个畅所欲言、心情舒畅、能够激发人们创造精神的社会环境。我们要通过发扬社会主义民主，把 12 亿人民的智慧和潜能最大限度地挖掘出来，形成振兴中华的伟大力量，推动各项事业蓬勃发展。

（摘自 2000 年 3 月 11 日在中国人民政治协商会议第九届全国委员会第三次会议闭幕会上的讲话）

918

马克思主义告诉我们，世界上的一切事物都是在永恒的变化之中。对现存事物肯定的理解中，就包含着否定的理解。承认变，是辩证法；否认变，是形而上学。

（摘自1985年2月2日在天津市农村工作会议上的报告）

919

人的认识总是受到历史、社会和自然等条件的限制，都有一定的局限性。世界上的一切事物又都处在永不停顿的发展变化之中，不存在任何最终的、绝对的和永恒的东西。人们对客观事物的认识，只能是正确反映客观世界一定过程中的一定部分。因此，主张凡是“老祖宗”说过的不能动，凡是“老祖宗”没说的不能做，固守那些过了时的观点和论断，就从根本上违背了辩证唯物主义原理。

（摘自1986年10月《认真学习贯彻党的十二届六中全会决议，把天津市两个文明建设推向新阶段》一文）

920

我们所说的马克思主义是发展的马克思主义。发展是它的一个基本观点，这个观点同样适合于它自身。它开辟了认识真理的道路，而没有也不可能穷尽真理；它不断地吸收、借鉴，而不是排斥、抗拒人类文明出现的一切成果。

（摘自1999年10月9日会见越共中央政治局常委范世阅时的谈话）

921

一切以时间、地点、条件为转移，这是马克思主义认识和研究问题的基本观点之一。我们强调基本理论要坚持、优良传统要继承；同时我们也强调，要随着时间、地点、条件的变化而变化，要着眼于发展，着眼于特色。

（摘自1990年2月20日同全国故事片创作会议代表座谈时的讲话）

922

客观事物本身是活生生的，是运动的、变化的、发展的。把马克思主义的基本原理、原则与不断运动、变化、发展的现实情况相联系、相结合，求得矛盾的解决，推动历史的前进，这本身就有发展的意义。

（摘自1990年8月16日同黑龙江省职工群众学哲学经验交流会代表座谈时的讲话）

923

理论同实践相结合，既是马克思主义自身的要求，又是马克思主义的生命力之所在。从一定意义上讲，结合就是应用，结合就是坚持，结合也就是发展。

（摘自1990年8月6日在专题片《中流砥柱》中答记者问）

924

当今世界科技日新月异，经济快速发展，人们对自然界的认识不断深化，已远远超过了马克思、恩格斯所处的时代。马克思、恩格斯没有见过飞机，更没有见过电脑、人造卫星、互联网、生命克隆。我们不能苛求马克思、恩格斯在一百多年前就对我们今天发生的事情提供现成的答案。

（摘自2000年9月11日听取山东省委、省政府工作汇报时的讲话）

925

一部马克思主义发展史，就是一代又一代共产党人不断弥补前人的局限，提出新的观点的历史。不讲发展，教条式地对待某些过了时的结论，这不是真正的坚持马克思主义，只能误国误党。

（摘自 1997 年 9 月 30 日会见印度共产党（马克思主义者）总书记苏吉特时的谈话）

926

不讲发展，抱住某些过了时的结论不放，这不是真正的马克思主义。列宁如果不根据当时俄国革命实践纠正和发展马克思的某些结论，就出不来列宁主义。毛泽东如果不根据当时中国革命实践纠正和发展马列的某些结论，就出不来毛泽东思想。邓小平同志如果不是根据当代中国建设实际来创造性地纠正和发展毛泽东的某些结论，也出不来建设有中国特色社会主义的理论。

（摘自 1989 年 10 月 30 日会见美国前总统尼克松时的谈话）

927

邓小平的伟大，就在于他坚持了毛泽东正确的东西，补充了毛泽东没有的东西，纠正了毛泽东某些错误的东西。

（摘自 2000 年 9 月 11 日听取山东省委、省政府工作汇报时的讲话）

928

马克思主义怎么能讲“凡是”呢？马克思主义理论很重要的一条，就是一切事物随着时间、地点、条件的变化而变化，不存在什么“凡是”。

（摘自 1998 年 12 月 11 日在统一战线各界人士纪念党的十一届三中全会召开二十周年座谈会上的讲话）

929

我们有个老毛病，喜欢抱着一个东西不放，所谓“天不变，道亦不变”。祖宗说过的不能改，祖宗没说过的不能做，一切以祖宗的是非为是非。这种毛病，禁锢了人们的思想，窒息了民主与科学，助长了愚昧与落后，是中国社会前进的巨大障碍。

（摘自1986年6月《齐心合力，繁荣文艺》一文）

930

中国人重传统，这是优点，但也有一个毛病，就是抱着一个东西不放。一个孔夫子的教义，抱了两千多年，而且里面什么都有，诸如上学怎么办，写字怎么办，串亲戚怎么办，婆婆和公公怎么办，妯娌俩怎么办，吃饭穿衣怎么办，等等，只叫你循规蹈矩，不叫你开拓创新。

（摘自1985年1月10日在天津市建筑设计院科技干部会上的讲话）

931

如果“本本”上有的必须全部照办，“本本”上没有的一律不许去干，那么，就仍然是“以阶级斗争为纲”，七斗八斗，天天折腾；仍然吃“大锅饭”，发票排队，继续受穷。很显然，这是全国人民所坚决反对的。

（摘自1986年10月《认真学习贯彻党的十二届六中全会决议，把天津市两个文明建设推向新阶段》一文）

932

人类的知识有两个特点：从纵向讲是知识的延续性；从横向讲是知识的借鉴性。人类社会知识的发展，纵向靠继承，横向靠借鉴。

（摘自1989年10月30日会见美国前总统尼克松时的谈话）

933

现代文明无一不是在已有的物质和文化基础上建立起来的。

历史发展的这种客观规律，决定了要了解现实、把握现实，预见未来、开拓未来，就必须深入地研究历史。

（摘自 1989 年 6 月为《中国历代文献精粹大典》撰写的序言）

934

我们不能忘记历史，历史会给我们许多教益；我们更要看到未来，相信人类社会总会不断地向着更加文明、更加进步的方向发展。

（摘自 1999 年 12 月 9 日在日中友好团体举行的欢迎宴会上的讲话）

935

创新是继承与发展的辩证统一。创新作为对已有成果的丰富、扩展或扬弃，离不开对前人成就的扎实研究和深刻了解，离不开一点一滴的积累和长期不懈的努力，离不开坚韧不拔的意志和百折不挠的精神。

（摘自 2002 年 3 月 13 日在中国人民政治协商会议第九届全国委员会第五次会议闭幕会上的讲话）

936

世界总是向前发展的，人类总会不断地总结经验，继承、发扬好的方面，摒弃、克服不好的方面，不断地向着更加文明、更加进步的方向发展。这是时代潮流，是不以人们意志为转移的客观规律。

（摘自 1999 年 12 月 11 日会见日本首相小渊惠三时的谈话）

937

坚持不是简单照搬，而是要有所区别，有所侧重，在坚持中前进；继承不是墨守成规，而是要结合新情况，创造新经验，在继承中发展。

（摘自1998年3月16日在政协第九届全国委员会常务委员会第一次会议上的讲话）

938

我们讲开拓前进，就是说既要按照事物发展的客观规律，按照事物发展本来的过程逐步往前走，又要有一点开拓的劲头，不能说过去这么办的，现在也还要照常这么办。

（摘自1985年1月10日在天津市建筑设计院科技干部会上的讲话）

939

开拓创新常常是离开了原来的规矩和世俗习惯。如果不加分析地用原来的规矩、习惯去套，就很容易套住，也就谈不上开拓创新。

（摘自1986年3月28日关于改革中辩证法的谈话）

940

变，必须勇于向“原来如此”、习以为常挑战。许多事情是可以改、可以变的。人们有意见的事情可以改、可以变；习以为常的事情有的也可以改、可以变。

（摘自1985年2月2日在天津市农村工作会议上的报告）

941

新的里面，许多是有生命力的、积极向上的，这是好的，但也有一些虽然是新的，却并不怎么好。笼统地说，老的都不好，新的都好，就不确切。

（摘自1996年1月25日同全国统战部长会议代表座谈时的讲话）

942

不能老用老办法，或者说，老的东西不能丢，这都不完全对。老办法里面有优良传统，今天仍然是适用的，要很好继承；老办法里面也的确有过时的，不能抱住不放。

（摘自 1996 年 1 月 25 日同全国统战部长会议代表座谈时的讲话）

943

在估价成绩和失误时，不因成绩巨大而忌言失误，也不因揭露失误而抹煞成绩；在对待具有顽强生命力的新生事物幼芽时，既肯定、保护、扶植，又不忘去掉附着在它身上的旧事物残片；在处理两难选择的问题时，既要果断又要瞻前顾后，使之对全局产生有利影响，并为今后的发展作一些铺垫。

（摘自 1989 年 10 月 13 日同出席全国马克思主义哲学研究与干部哲学教育研讨会全体代表座谈时的讲话）

944

调查研究要塌下心来，深入实际，深入群众，不能浅尝辄止。要解放思想，实事求是，大胆创新，不能囿于固有的思维方式。要集中时间，集中精力，力争在重点、难点问题上有新突破。

（摘自 1993 年 11 月 5 日在全国统战工作会议上的讲话）

945

坚持正确的，改正错误的，抛弃过时的，创造新鲜的。

（摘自 1998 年 3 月 16 日在政协第九届全国委员会常务委员会第一次会议上的讲话）

946

坚持好的东西，修正错的东西，创造新的东西。

（摘自 2003 年 3 月 2 日在中国人民政治协商会议第十届全国委员会第一次会议预备会上的致辞）

务 实

947

空谈误国，实干兴邦。

（摘自1985年5月为《天津日报》撰写的特约评论员文章）

948

江山是打出来的，成就是干出来的。

（摘自2000年9月11日听取山东省委、省政府工作汇报时的讲话）

949

提倡节俭，崇尚实干，崇尚务实，在当前有很重要的意义。

（摘自1993年3月18日在八届全国人大一次会议天津代表团会议上的发言）

950

我们必须提倡务实，在执行中央精神时要务实，学习别人经验时要务实，坚持自己经验时也要务实。务实要形成一种风气。

（摘自1984年4月2日在天津市第十届人民代表大会第二次会议上的《政府工作报告》）

951

要深刻阐明清谈误事、清谈误国，实干兴业、实干兴邦的道理。要使少讲空话、多干实事，知实情、想实招、说实话、求实效作为识别干部的重要标准。

（摘自 1991 年 1 月 19 日在全国宣传部长会议上的讲话）

952

一个人的工作受不受尊重，一个人受不受尊重，不取决于干什么，而取决于你怎么干、干得怎么样。

（摘自 1988 年 1 月 30 日与天津市优秀环卫职工代表座谈时的讲话）

953

我们必须认清自己在当今世界所处的位置，坚定信心，居安思危，埋头实干，把我们自己的事情做好。

（摘自 1998 年 3 月 14 日在中国人民政治协商会议第九届全国委员会第一次会议闭幕会上的讲话）

954

在理论上、文章上、条条上、言词上、概括什么说法上下功夫，这是我们的优点。但是在一个字、一个词、一个说法上，来回地捣鼓，来回争论，浪费时间，结果丧失了机遇，这也是我们的教训。

（摘自 1992 年 4 月 22 日听取潍坊市委负责同志工作汇报时的讲话）

955

有些事情来回地争论，争论 10 年、20 年，到头来一事无成，把时间也丢了。应先干起来再说，在干的过程中研究比较，在干的过程中总结提高。

（摘自1999年6月25日在政协第九届全国委员会常务委员会第六次会议上的讲话）

956

有些事情，现在我们没份儿就听着点。当然大原则不让步，小事情装糊涂，不争论，少折腾，争取时间，赶快干活。

（摘自1992年8月10日听取内蒙古自治区党委负责同志汇报时的讲话）

957

邓小平说，不争论，是他的发明。人们说，不争论，是邓小平的高明。

（摘自1999年12月2日会见斯里兰卡总统库马拉通加时的谈话）

958

时间与空间一起，构成物质存在的基本形式。时间对于整个物质世界来讲是无限的，而对于每一具体事物来讲则是有限的。马克思说，时间的节约与分配是首要的经济规律，一切节约归根到底都是时间的节约。古圣先贤都无比看重时间，把时间视为速度，看成力量，比作金钱，等同生命，认为浪费别人的时间是谋财害命，浪费自己的时间则是慢性自杀。

（摘自2000年3月11日在中国人民政治协商会议第九届全国委员会第三次会议闭幕会上的讲话）

959

正确认识时间，有效利用时间，对于我们的国家、我们的民族、我们的事业、我们的同志，具有特殊的重要意义。

（摘自2000年3月11日在中国人民政治协商会议第九届全国委员会第三次会议闭幕会上的讲话）

960

时间的最大特点是一维性，时不我与、时不我待、时不再来。

（摘自2000年3月11日在中国人民政治协商会议第九届全国委员会第三次会议闭幕会上的讲话）

961

我们曾经失去许多宝贵时间，错过不少发展良机，今后不能再有丝毫的耽误。我们要始终保持清醒的头脑，充分认识所担负的历史重任，解放思想，大胆实践，抓紧时间，埋头苦干，一年一年地苦干，一代一代地苦干，一刻也不放松地苦干。

（摘自1997年3月12日在中国人民政治协商会议第八届全国委员会第五次会议闭幕会上的讲话）

962

充分利用时间，合理运用空间，空间上占满，时间上不断。

（摘自1985年7月1日在天津市中环线通车典礼大会上的讲话）

963

必须抓重点，排先后，讲究科学时序，有效利用空间。

（摘自1984年6月30日在中共天津市委常委第二次扩大会议上的讲话）

964

现实生活中确实存在着浮躁虚华的风气，存在着不扎实、不艰苦、不谨慎、不负责任、不讲实效、不思进取的现象。这些尽管是局部的，但影响甚坏，危害很大。人民群众希望我们少讲空话，多办实事；希望我们塌下心来，研究问题；希望我们抓紧时间，埋头苦干。

（摘自1997年3月12日在中国人民政治协商会议第八届全国委员会第五次会议闭幕会上的讲话）

965

我们许多事情没有干好，不是失之于道理不明，也不是招法不对，而是缺乏实干苦干。

（摘自1995年10月31日在《中国京剧音配像精粹》首发式上的讲话）

966

苦干可以出思路出办法，苦干可以出成绩出经验，苦干可以战胜困难，开拓前进。没有埋头苦干，一切无从谈起。

（摘自1997年3月12日在中国人民政治协商会议第八届全国委员会第五次会议闭幕会上的讲话）

967

我们提倡实事要办实，这个实是扎实的实，实在的实，离开这一点就叫虚假漂浮，事情就办不好。但这个实也不是否认精神、理论的实，离开理论、思想、精神的指导，这个实就变成了事务主义。

（摘自1987年3月《深化认识，提高自觉》一文）

968

干好实事，要在务实。执行中央精神时要务实，运用书本知识时要务实，学习别人经验时要务实，坚持自己经验时也要务实。

（摘自1985年5月为《天津日报》撰写的特约评论员文章）

969

我们反复强调要抓具体、抓落实，不是不要原则，而是因为离开具体，原则必然流于空泛；不是不强调设想、方针、规划的重要，而是因为离开了落实，一切设想都会落空。

（摘自1984年4月13日在天津市市委常委扩大会议上的讲话）

970

要把事情办好，单凭满腔的热情，良好的愿望，冲天的干劲，响亮的口号还不行，还必须有解决具体问题的真实本领和切实招法。

（摘自1988年3月《一切为了人民，一切依靠人民》一文）

971

当前，大事多，新事多，难事多，需要下很大功夫，花整桩时间，塌下心来，一件一件去办。如果领导干部过多地参加剪彩、奠基、首发式、首映式、表彰颁奖等礼仪性活动，时间被严重肢解，就不可能系统研究、解决一些重大问题。

（摘自1992年1月25日在全国宣传部长会议上的讲话）

972

我们不反对必要的议论，但议论是为了干；如果只是停留在一般议论上，就失去了议论的目的。议论和行动要相辅相成，在议的基础上干，在干的过程中议，知行统一，开拓前进。

（摘自1985年5月为《天津日报》撰写的特约评论员文章）

973

少讲空话，多干实事，关键在干实事。实事干得多，空话就会少。

（摘自1985年7月25日在天津市区县局领导干部会议总结大会上的讲话）

974

讲空话、大话、套话，既不了解实际，也不联系实际，既不从实际出发，也不解决实际问题，是“文革”的流毒。它看起来热热闹闹，实际上毫无用处，耽误了许多时间和精力。不改变这种风气，不清除这个弊端，马克思主义的唯物论和辩证法就不可能在我们的干部中扎根。

（摘自1985年5月25日在落实邓小平同志“少讲空话，多干实事”指示座谈会上的发言）

975

我们有些同志工作漂浮，大而化之。他们满足于一知半解，谈问题似是而非，讲道理肤浅表面；工作只做一般布置，很少亲自动手，抓住不放，一抓到底。

（摘自1987年12月26日在中共天津市委全体会议上的讲话）

976

有一些官僚主义的领导者，不深入实际，不接触群众，情况不明决心大，方法不对“点子”多，胡拍板，乱指挥，使下边作难，使工作受损失。

（摘自1987年6月11日在天津市调查研究工作会议上的讲话）

977

要切实改变那种“情况不明决心大，方法不对点子多”和“单靠层层听汇报，只在屋里编套套”的坏毛病，以务实的作风办好为民的实事。

（摘自1985年3月5日在天津市人民政府全体会议上的讲话）

978

有一些人官不小，但干的事不多。有的人手抓两把泥，脚踩西瓜皮，能抹则抹，能溜则溜。

（摘自1987年1月3日在天津市委四届六次全会第一次全体会议上的讲话）

979

各级领导都应该旗帜鲜明地支持、鼓励干事的人，当他们受到非难时，要敢于为这些同志撑腰、作劲，坚决改变那种功过不分、赏罚不明的做法，更不允许出现“干的不如看的，看的不如捣乱的”的怪现象。

（摘自1986年6月28日在天津市文艺创作座谈会上的讲话）

980

贯彻上级的指示要结合实际，既不能借口特殊，自行其是，干扰统一部署；也不能不顾实际情况，等因奉此，生搬硬套，只起录音机、传话筒的作用。那种单纯的照抄照转，看起来似乎是执行得很坚决，实则是最大的怠工，必定坏事。

（摘自1985年5月为《天津日报》撰写的特约评论员文章）

981

郑重的、系统的研究工作，一是要找一帮合适的人，这些人应是了解情况和从事这方面工作的人，而不能只是编词作文的人。二是要有必要的材料，现在浮夸造假现象十分严重，要真正把情况搞得实在、明白，很不容易，但这是基础。三是要有正反两方面的经验，经验是人民群众实践的总结，重视经验、解剖典型是研究工作的重要方式，也是唯物主义认识论的基本要求。四是要在理论指导下深入地思索，要不间断地思索，方方面面地思索，连贯起来思索。在这个过程中，理论、材料、经验分分合合，难解难分，各种设想、方案、景象不断闪现，浮想联翩，肯定、否定、修正对照比较，反复选择。

（摘自1997年6月29日在政协第八届全国委员会常务委员会第二十一次会议闭幕会上的讲话）

982

不重视研究，满足于堆砌材料；不面向实际，习惯于图解已有结论；不集思广益，沉湎于少数人编词作文，这些都是当前研究工作的突出弊端。这样的研究，或者没有用处、徒劳无功，或者谬传误导、害人坏事。

（摘自1999年3月11日在中国人民政治协商会议第九届全国委员会第二次会议闭幕会上的讲话）

983

现实生活里仍然存在不少令人忧虑的问题。在我们的一些干部中，有的不深入实际，惯于讲空话套话，做表面文章；有的不联系群众，不关心群众疾苦，当官做老爷；有的作风霸道，压制民主，独断专行；有的弄虚作假，欺上瞒下，沽名钓誉；有的讲排场摆阔气，贪图享乐，挥霍浪费；有的目无法纪，专横跋扈，欺压群众；有的以权谋私，贪污受贿，腐化堕落；等等。这些问题尽管是局部的，但已引起广大群众的强烈不满。

（摘自1996年3月13日在中国人民政治协商会议第八届全国委员会第四次会议闭幕会上的讲话）

984

会议是统一认识、推动工作的必要形式，可是现在有些会议质量不高、效果不好，比如，有的会议行礼如仪，表面上热热闹闹，实际上缺少内容，没有研究解决问题。有的会议本应大家讨论，集思广益，但只有领导讲话，而讲话又多是空话套话、似是而非的话、没有错也没有用的话。这样的会议，挫伤了群众热情，浪费了宝贵时间，贻误了实际工作。

（摘自1993年5月21日在政协第八届全国委员会常务委员会第二次会议上的讲话）

985

不断有新口号并不表明高明，只表明自己没拿准，没有走向正轨。口号太多，今天一个，明天一个，不断地变化，还都是新名词，听不懂、记不住，无实际的意义，有唬人的味道。

（摘自2000年2月24日听取浙江省委、省政府工作汇报时的讲话）

986

如果天天都有新精神，这是没有走上正轨的表现。

（摘自1990年5月25日听取珠海市领导班子汇报时的讲话）

经　验

987

一个民族要不断进步，就必须及时经常地检讨自己、总结经验，既要看到已取得的成绩，又要正视出现的失误，更要记取付出沉痛代价换来的刻骨铭心的教训，切实改正错误，改善工作，改革一切阻碍发展的不合理的体制。

（摘自 1999 年 10 月 12 日会见委内瑞拉总统查韦斯时的谈话）

988

我们干了许多事情，其中有些是完全成功的，有些是部分成功的，有些是部分失败的，有些是完全失败的。实践证明，成功有其内在的因素，失败存在必然的根据，总结经验就是找出这些内在和必然的东西，使其上升到理论，用以指导实践。

（摘自 1988 年 4 月同天津部分青年干部的谈话）

989

我们有许多成功的工作，凡成功的就一定有许多正确的东西，只有通过认真总结，不占糊涂便宜，才能从中找出规律性的东西，即事物的本质，打一仗、进一步，用以指导实践，使之成为宝贵的财富；我们也有许多失败和挫折，有些甚至付出了巨大的代价，只有通过认真总结，不吃糊涂亏，才能找出它的内在原因，吃一堑、长一智，避免重犯过去的错误，使之成为成功的先导。

（摘自 1984 年 4 月 2 日在天津市第十届人民代表大会第二次会议上的《政府工作报告》）

990

我们有些事情干得很漂亮，里边有很多的宝贵东西，但我们不重视思想收获，不习惯总结经验，说干就干，干完就算，工作上辛辛苦苦，道理上稀里糊涂，不能做到打一仗、进一步。

（摘自 1987 年 3 月《深化认识，提高自觉》一文）

991

成功的经验符合客观规律，具有直接的指导意义，能够鼓舞士气、坚定信心；失败的经验因为吃过苦头，有着刻骨铭心的教训，有益于保持冷静和清醒。以史为鉴，可以知兴替，可以使思想更加主动自觉，可以使工作避免重犯老毛病。

（摘自 1999 年 3 月 11 日在中国人民政治协商会议第九届全国委员会第二次会议闭幕会上的讲话）

992

不占糊涂便宜，不吃糊涂亏。

（摘自 1988 年 4 月同天津部分青年干部的谈话）

993

成功的经验，要从理论高度进行概括，使其具有普遍意义，借以指导其他，不能占糊涂便宜；对于错误的东西，更要以辩证唯物主义的态度，找出内在的原因，使之成为成功的先导，不能吃糊涂亏。

（摘自 1988 年 12 月 1 日《改革十年探索与思考》一文）

994

我们有许多同志，年龄差不多，经历差不多，天赋差不多，实干精神也差不多，进步快慢却差得很多。原因可以找很多，其中一条就是善不善于总结经验。有的同志每干完一件事，都要琢磨琢磨，找出对的在哪，错的在哪，这叫做吃一堑、长一智，打一仗、进一步。而有的同志叫干就干，干完就算，稀里糊涂，马马虎虎，知其然，不知其所以然，因而进步就慢。

（摘自1996年12月25日同全国统战部长会议代表座谈时的讲话）

995

不仅要善于从自己的实践中总结经验，还要善于吸收别人的实践经验。吸收别人的经验并不容易，既要本事，又要气度。

（摘自1985年1月10日在天津市建筑设计院科技干部会上的讲话）

996

进步和提高是相对过去的水平而言的。我们的进步是在不断地寻找和克服过去不足的过程中来进步，我们的提高是在不断地寻找和克服过去的那些毛病中来提高。一个人老认为过去的一切都好，这个人是注定不能进步的。

（摘自1985年1月10日在天津市建筑设计院科技干部会上的讲话）

997

在实践中探索，在实践中总结，靠实践解决问题，用经验推动工作。

（摘自2000年3月11日在中国人民政治协商会议第九届全国委员会第三次会议闭幕会上的讲话）

998

由于时间、地域、条件的不同和变化，经验具有一定的局限性，它是不是适用、起不起作用，都要根据实践中的具体情况来决定。我们既要重视经验，但是又不能用教条主义的态度来对待经验，不能让经验束缚住自己的手脚。要通过不断地实践，使已有的经验更丰富、更完善，努力把感性认识上升到理性认识，把经验上升到理论，反过来再指导实践。

（摘自 1987 年 7 月 4 日关于坚持实践第一观点的谈话）

999

人类知识有两大特性，一个是纵向的继承性，一个是横向的借鉴性。纵向讲继承，就是毛主席讲的从孔夫子到孙中山都要研究，好的都要继承；横向讲借鉴，就是别人的经验，包括现在资本主义国家好的东西，都要借鉴。简单地否定别人的包括资本主义在内的一切先进成果，或者绝对地肯定我们过去所奉行的一切东西，都是不正确的。

（摘自 1992 年 4 月 22 日听取潍坊市委负责同志工作汇报时的讲话）

1000

在新世纪即将来临之际，我们应当对过去作一番冷静深入思考，汲取历史教训，继承、发扬好的方面，抛弃、克服不好的方面，不断地向上、向前，向着更加文明、更加进步的方向发展。但是，历史在前进的过程中，总会有曲折、反复甚至倒退，一些反动势力总想依仗武力，以大欺小，以强凌弱，给前进造成障碍，给人类带来痛苦，因此，人类社会必须保持清醒的头脑，必须团结起来，反对战争，维护和平。

（摘自 1999 年 5 月 11 日会见韩国总统金大中时的谈话）

1001

历史上的事无论是对还是错，后人是喜欢还是不喜欢，都是客观存在的。重要的是善于从历史中汲取对当前和今后有益的东西。

（摘自1997年5月28日会见葡萄牙总统桑帕约时的谈话）

1002

我们应该认真地、全面地总结和汲取历史经验，乐亦鉴之，哀亦鉴之，前事不忘，后事之师。

（摘自1999年3月11日在中国人民政治协商会议第九届全国委员会第二次会议闭幕会上的讲话）

1003

当前，确有不重视经验的问题。不重视历史经验，包括一些付出惨痛代价才得到的基本经验；不重视总结新鲜经验，叫干就干，干完就算，知其然不知其所以然。特别是在如何总结经验上存在着一些问题。有的总结只是感性材料的堆积，表面现象的罗列，甲乙丙丁、一二三四，没有分析，没有观点；有的总结缺乏充分的材料，大概念套小概念，大观点加小观点，空话连篇，牵强附会；有的总结纯属胡编乱造，“文件中抄的、报纸上套的、屋子里憋的”，说得天花乱坠，毫无事实根据。有的在总结经验的方法上有毛病，起承转合，千篇一律，编顺口溜，凑四六句，念起来合辙押韵，实则八股习气。

（摘自2000年9月11日听取山东省委、省政府工作汇报时的讲话）

1004

总结经验必须有老老实实的态度，规规矩矩的方法。起码有三条：一是要有材料，材料要搞全了、弄准了，不能有虚假差错；二是要有加工材料的工具，即正确的理论，掌握马克思主义的立场、观点、方法；三是要有加工的本领，将丰富的材料加以去粗取精、去伪存真、由此及彼、由表及里的改造制作，进行艰苦细致的分析、综合、概括、抽象工作。

（摘自 2000 年 9 月 11 日听取山东省委、省政府工作汇报时的讲话）

1005

我们总结经验，就是要将繁杂、零散的材料掰开了、揉碎了、摆正了、捋顺了。要分好类、排好队、归好堆、论好辈，不断地分，来回地分，边分边合，分分合合。这是一个寻找事物内在联系、探求客观规律的过程，是一个由简单到复杂、由复杂到简单、循环往复、螺旋式上升的过程，是最难的一步，也是最苦的一关。这要用相当的功夫，“谁怕用功夫，谁就找不到真理”。

（摘自 2001 年 12 月 6 日在全国地方政协工作经验座谈会结束时的讲话）

1006

总结经验的出发点不同，其过程、方法、结果都会不同。如果是出于公心，为了搞好工作、推进事业，为了实事求是、探索真理，这样的总结就会是可靠的，运用的材料就会是真实的，由此形成的经验对自己有用，对别人管用，以后长时间内都会起作用。如果是出于私心，为了应付上级、邀功买好，为了登报扬名、哗众取宠，这样的总结就是靠不住的，再活灵活现的故事都可能是虚构的，由此形成的结论毫无用处，甚至骗人骗己，误事误国。

（摘自 2001 年 12 月 6 日在全国地方政协工作经验座谈会结束时的讲话）

1007

实践可以产生经验但不等于经验，如同木头可以做桌子而不等于桌子一样。有了材料，有了工具，还得有加工的本事。同样的材料，同样的工具，加工出来的成品水平相差很多。

（摘自1988年4月与天津市部分青年干部的谈话）

1008

材料缺东少西、虚假差错，工具再好，加工的本领再大，也不会制作出好的成品。我这里讲一个笑话，从前有一个秀才的老婆生孩子在炕上叫唤，秀才写文章没词在地下叫唤。老婆生气地问："我是因为孩子生不出来难受叫唤，你瞎叫唤什么?"秀才煞有介事地回答说："你是肚子里有东西生不下来，我是肚子里没东西硬要生，我比你更难受呀!"我不相信这件事是真的，但我相信确有这种没有材料、硬憋文章的人。

（摘自2001年12月6日在全国地方政协工作经验座谈会结束时的讲话）

1009

由于时间、地点、条件的不同和变化，有些经验在过去是成功的，在现在就可能变得不适用了，在那个地方是成功的，在这个地方就可能行不通。经验具有一定的局限性，它是不是适用、起不起作用，都要根据实践中的具体情况来决定。

（摘自1987年6月11日在天津市调查研究工作会议上的讲话）

1010

一般来说，尚未变成现实的东西，特别是没有经过反复实践的东西，都带有成功与失败两种可能性，因而不可避免地有风险。改革是一个探索的过程，一个试验的过程，从这个意义上讲也是一个担风险的过程，但只要我们的出发点是好的，并注意经常总结经验，我们就能排除艰难险阻，取得最后胜利。

（摘自1987年6月8日在天津市政府举行的中外记者招待会上的谈话）

1011

总结经验主要不应是文字上搬来搬去，而应是脑子里想来想去。

（摘自2001年12月6日在全国地方政协工作经验座谈会结束时的讲话）

1012

总结不是一件简单的事，不是编顺口溜，凑四六句，而是在马克思主义理论指导下，将丰富的材料加以去粗取精、去伪存真、由此及彼、由表及里的改造制作，经过艰苦思考，分析、综合、概括、抽象。科学的抽象不是主观臆造，而是更深刻、更正确、更完全地反映着自然。

（摘自1997年6月29日在政协第八届全国委员会常务委员会第二十一次会议闭幕会上的讲话）

1013

总结经验的整个过程都是理论与实际相结合的过程。总结经验要应用理论，学习理论要结合总结经验。

（摘自1997年6月29日在政协第八届全国委员会常务委员会第二十一次会议闭幕会上的讲话）

1014

什么是文章？文章是客观事物的反映，文章的目的是反映客观实际，反映事物的本质和规律。为什么总结经验？总结经验的目的是研究分析客观实际，找出事物的本质和规律。就这个意义上讲，写文章和总结经验要求是一致的，道理是相通的。领导干部、领导部门的文章，都是围绕现实生活和实际工作提出问题、分析问题和解决问题而展开的，离开总结经验，离开研究问题，就无法写出有实际意义的文章。

（摘自 2001 年 12 月 6 日在全国地方政协工作经验座谈会结束时的讲话）

1015

先分析、后综合，在分析过程中综合，这是认识事物也是总结经验的基本方法。分析就是分析矛盾，把统一整体分解为各个部分、方面和要素来考察。综合是综合分析的结果，就是在分别考察的基础上把各个部分、方面和要素联结为一个整体来认识。分析不是简简单单地分，而是依据事物的性质和特点来分；综合也不是随随便便地合，而是按照事物的内在逻辑来合。分要分得开，合要合得整。在人们的实际思维活动中，往往是分析中有综合，综合中有分析，分析的过程同时就是综合的过程。

（摘自 2001 年 12 月 6 日在全国地方政协工作经验座谈会结束时的讲话）

1016

分析和综合是统一的。先分析后综合，边分析边综合，分析是综合的基础，综合是分析的归宿。分析事物的内部，分析事物的外部，分析事物之间的联结，分析事物的发展，经过加工改造，概括抽象，找出事物的本质、本质和本质的关系，找出主要和次要方面等等。

（摘自 2004 年 6 月 3 日同哲学书稿编辑人员的谈话）

1017

改革开放以来近 20 年，我们所以取得重大成就，最重要的是因为在新的历史条件下准确地理解马克思主义，科学地坚持马克思主义，始终把马克思主义作为自己指导思想的理论基础。我们坚持唯物的观点，批判了主观主义、唯意志论，重新确立了实事求是的思想路线，明确了我国现在处于并将长期处于社会主义的初级阶段。我们坚持发展的观点，反对僵化保守，大胆解放思想，吸收和借鉴人类社会创造的一切文明成果，开创了改革开放的新局面。我们坚持实践的观点，冲破"两个凡是"的禁锢，用实践作为检验理论和政策的标准，靠实践回答和解决问题。我们坚持生产力论的观点，纠正长期"以阶级斗争为纲"的错误路线，明确社会主义的根本任务是发展社会生产力，把经济建设作为全党全国各项工作的中心。我们坚持生产关系和生产力相适应的观点，克服了超越阶段的错误观念和政策，确立公有制为主体、多种所有制经济共同发展的制度，以及按劳分配为主体、多种分配形式并存、把按劳分配和按生产要素分配结合起来的制度。我们坚持群众的观点，消除"天才论"和英雄史观的影响，强调群众是历史发展的动力，把不断提高人民生活水平作为改革开放和发展经济的根本目的，给群众创造充分施展聪明才智的机会，依靠和调动广大群众的积极性来推进我们的事业。

（摘自 1997 年 12 月 7 日同越共中央政治局常委黎可漂会谈时的谈话）

群　众

1018

群众观点是马克思主义的基本观点。人民群众是历史的创造者。人民群众是物质财富的创造者，也是精神财富的创造者，是推动社会发展的决定性力量。

（摘自 1990 年 2 月 27 日同津冀鲁三省市党委负责同志座谈时的讲话）

1019

人民群众是实践和认识的主体。人的认识都是从实践中来的。而这里所讲的实践，是社会的实践，群众的实践。一切智慧的源泉在群众的实践之中。只有到群众中去，总结和汲取群众在实践中创造的经验，集中起来，坚持下去，才能正确指导群众的活动。

（摘自 1990 年 2 月 27 日同津冀鲁三省市党委负责同志座谈时的讲话）

1020

人民在国家中占什么地位，这是衡量一个国家坚持什么制度的根本标准。我们实行的是社会主义制度，人民群众是国家的主人，这是区别于资本主义国家的最根本的标志。

（摘自1990年2月27日同津冀鲁三省市党委负责同志座谈时的讲话）

1021

群众最可敬，他们有无穷无尽的力量，社会的财富靠他们来创造；群众最可爱，只要你真心实意地为他们服务，他们就真心实意地支持你；群众最可怜，他们确有许多实际困难，而对我们的要求并不高；群众最可畏，不管什么人，惹怒了他们就可以使你垮台。

（摘自1987年2月在研究起草天津市政府全体会议讲话时的讲话）

1022

我们党的根本的工作路线就是群众路线，即相信群众，依靠群众，从群众中来，到群众中去。

（摘自1990年2月27日同津冀鲁三省市党委负责同志座谈时的讲话）

1023

要想靠人民，首先为人民。

（摘自1986年11月《两个文明结硕果，共同理想放光辉》一文）

1024

讲政治人民至上，求真理实践第一。

（2005年5月给山东省领导同志的题词）

1025

靠实践与靠群众是一致的，离开群众，就无所谓社会实践；没有实践，依靠群众就成为空谈。

（摘自1999年2月26日会见越共中央总书记黎可漂时的谈话）

1026

离开了群众，我们寸步难行；依靠了群众，我们无往不胜。

（摘自1987年2月9日在天津市增产节约、增收节支动员大会上的报告）

1027

要依靠群众，必须相信群众。离开相信谈依靠，就是对群众的利用和愚弄。

（摘自1983年7月13日在中共天津市委工作会议上的讲话）

1028

我们的目标在哪里？动力在哪里？智慧的源泉，是非的标准，克服困难、坚持原则的勇气在哪里？统统在这里，在为人民靠人民之中。

（摘自1990年1月6日在河北省六大班子成员座谈会上的讲话）

1029

在我们这样一个社会主义国家里，不论做什么工作，如果不善于宣传群众、动员群众、组织群众，不能同群众保持密切联系，不掌握从群众中来、到群众中去的工作方法，就很难把工作搞好，也叫做缺乏领导工作的基本功。

（摘自1989年3月6日在天津市人民政府全体会议上的讲话）

1030

按照马克思主义的观点，群众的解放，群众的利益，群众的进步，从根本上讲，都是群众自己努力的结果。我们所做的一切归结为一点，就是“使群众认识自己的利益，并且团结起来，为自己的利益而奋斗”。

（摘自1989年第9期天津《支部生活》杂志）

1031

群众需要领导，但这个领导必须是根据多数人的意志去领导；群众也需要教育，但这个教育必须根据群众的觉悟程度，超出群众的觉悟程度，提出多数群众一时尚不能接受的要求，最终是不能实现的。

（摘自1987年1月7日在中共天津市委四届六次全会结束时的讲话）

1032

根据群众的觉悟程度去教育群众、引导群众是马克思主义的一条重要原则。超越群众的觉悟程度、群众不愿干的事硬要他们去干，是错误的；落后于群众的觉悟程度、群众要求前进而我们不前进，也是错误的。如果不重视民情民意，不体察群众的情绪，不知道群众在想什么、希望什么，怎么能教育群众、引导群众？

（摘自2001年6月29日在政协第九届全国委员会常务委员会第十四次会议闭幕会上的讲话）

1033

共同的利益，共同的理想，共同的目标，是形成共同行动的基础。有了这个基础，才会有群众的活动，在这个基础上的群众活动，才能叫群众的自觉与自动；只要有了这种群众的自觉与自动，我们的事业就能无往而不胜。

（摘自1988年10月《天津铁路枢纽改造工程给我们的启示》一文）

1034

必须把群众的自觉与自动、呼声与要求、智慧与力量作为我们决策的基本依据，把符合最广大群众的利益作为制定各项政策措施的第一准则，把有利于调动广大群众的积极性作为一切改革的出发点、归宿及其检验标准。

（摘自1989年3月5日《充分发挥政治优势，坚持为人民办实事》一文）

1035

群众精神不振，一切无从谈起；领导威信不高，不能号令三军。

（摘自1993年6月10日听取安徽省委、省政府工作汇报时的讲话）

1036

只要有了群众的支持、参与，许多问题就能够迎刃而解；只要有了群众的理解、谅解，有些问题就不成其为问题。

（摘自1988年12月25日在中共天津市委全体会议上的讲话）

1037

很多事靠少数人坐在屋子里冥思苦想，往往一筹莫展；而迈开双脚到群众中去求教问计，就会豁然开朗。

（摘自1988年3月15日在天津市人民政府第十届第九次全体会议上的讲话）

1038

要经常想想群众在我们心目中占什么位置，我们在群众心目中是什么形象。要多花一点时间研究群众在想什么，希望什么，反对什么，我们应该为群众做点什么。

（摘自2000年9月11日听取山东省委、省政府工作汇报时的讲话）

1039

多想些群众的冷暖，少想点个人的“政绩”；多搞些“雪中送炭”，少搞点“锦上添花”；多办些具体的必要的事，少讲点空话、废话。

（摘自2001年3月7日在九届全国人大四次会议天津代表团会议上的发言）

1040

要把群众的利益看得重些、重些、再重些，把个人的得失看得轻些、轻些、再轻些。

（摘自1989年第9期天津《支部生活》杂志）

1041

我们总是应该提倡这样的风气：使那些处在艰苦工作岗位上的同志，使那些以自己的辛勤劳动为国家、为人民做出贡献的同志受到尊敬，得到应有的社会地位。我们总是应该提倡这样的风气：关心群众生活，特别是关心群众中最困难的那一部分同志，解决他们最为难、最着急的那一部分事情，多做一些雪中送炭的工作。

（摘自1988年11月16日在大港油田大龄青年集体婚礼上的祝辞）

1042

一般说来，如果多数群众赞成拥护我们的方针政策，我们就有理由坚持下去而不要随意变更；如果多数群众对我们的方针政策有意见，那么需要纠正的就不是群众的意愿，而是我们自己的工作。

（摘自1999年9月9日听取陕西省委、省政府工作汇报时的讲话）

1043

历史的经验反复证明，每当我们把国家利益和人民利益对立起来，把长远利益和当前利益对立起来，以致长时期不注意改善人民的生活，甚至使人民的某些困苦越来越大的时候，这个时候的响亮口号往往掩盖了决策的失误。

（摘自1984年2月18日在天津市人民政府全体会议上的讲话）

1044

我们必须把维护人民群众的切身利益作为根本出发点，虚心听取群众的意见，悉心体察群众的情绪，把握好总体受益原则和总体承受能力原则，努力使我们的各项决策和措施符合广大人民群众的意愿，赢得广大人民群众的拥护和支持。

（摘自1993年12月28日在政协第八届全国委员会常务委员会第四次会议上的讲话）

1045

解决经济问题，不能只是就经济谈经济，见物不见人，而必须从政治上看问题，从人的积极性上看问题。就是说，要始终想着群众，紧紧依靠群众，尊重群众的主人翁地位，从这里入手来解决问题。研究形势，就要把群众情绪当作第一信号；确定任务，就要倾听群众的意见和要求；采取措施，就要把依靠群众作为主要措施。

（摘自1990年4月11日在新华社国内工作会议上的讲话）

1046

我们必须充分尊重群众的主人翁地位和群众的民主权利，而不能单纯用物质利益和经济手段淡化群众的主人翁地位，更不能因为强调行政领导负责制而否定群众的民主权利。

（摘自1989年3月5日《充分发挥政治优势，坚持为人民办实事》一文）

1047

做群众工作要在群众之中，不要在群众之上，不能压服而要说服，要使外因通过内因起作用。

（摘自 1989 年 10 月 14 日会见中华教育艺术研究会刘吉、曲啸、李燕杰、李永田四同志时的谈话要点）

1048

动员和组织群众参加义务劳动，必须符合群众的意愿。历史上，我们曾搞过不少群众性的义务劳动，有些取得了很好的效果，但也有教训的一面。有些义务劳动违背了群众的意愿，伤害了群众的利益，滥用了群众的积极性，这是群众对某些所谓义务劳动缺乏热情、以至厌恶的重要原因。

（摘自 1986 年 11 月《两个文明结硕果，共同理想放光辉》一文）

1049

群众情绪不高，甚至气呼呼，事情就不可能办好。应当把群众情绪作为第一信号，及时把握群众情绪。

（摘自 1989 年 2 月《把群众情绪作为第一信号》一文）

1050

理顺经济关系，理顺各方面的比例关系等等，这些都是重要的。而捋一捋群众情绪，捋一捋干群关系、党群关系更为重要。只有捋顺了这个关系，才能比较好地解决其他关系。

（摘自 1987 年 3 月 25 日在全国职工思想政治工作研讨会上的讲话）

1051

群众情绪是广大群众对现实的一种直观反映，往往不那么规范、雅致，不那么有条理、有分寸，有时甚至以尖锐的、粗糙的、使你感到不那么舒服的形式和方式表现出来。作为领导者，就要善于体察，从中获得教益。

（摘自 1989 年 2 月《把群众情绪作为第一信号》一文）

1052

从根本上理顺广大人民群众的情绪，重要的一条是认真纠正我们自己工作中的失误。

（摘自 1989 年 10 月 13 日同出席全国马克思主义哲学研究与干部哲学教育研讨会全体代表座谈时的讲话）

1053

敢于让群众讲真话、讲批评的话，这不是坏事，而是自信与力量的表现。

（摘自 1989 年 2 月《把群众情绪作为第一信号》一文）

1054

群众是满意与不满意同时并存，我们的工作就是在这种满意与不满意的矛盾中前进的，旧的不满意解决了，还会出现新的不满意，促进我们不断地研究新矛盾，解决新问题。

（摘自 1988 年 5 月《为加速天津经济和社会发展而奋斗》一文）

1055

群众的事我们不上心，或说了不办，失信于民，有那么几次，威信就会扫地。

（摘自 1987 年 2 月《发扬艰苦奋斗优良传统　深入开展增产节约运动》一文）

1056

劳动创造一切。手要不劳动就会僵直，脚要不走动就会萎缩。看不起劳动人民是一种最没知识、最不懂道理的人。

（摘自1988年1月30日同天津市优秀环卫职工代表座谈时的讲话）

1057

政法工作要继承和发扬依靠群众的优良传统。必须明确，任何现代化的方法、措施、手段的运用，都必须立足于依靠人民群众这个基点之上，离开了人民群众的支持和配合，不管多么现代化的手段也会失去效用。

（摘自1988年7月30日在天津市政法工作会议上的讲话）

1058

正确处理内部与外部的关系，既要重视外部条件，更要着重挖掘内部潜力。要看到存在的问题，解决问题就是潜力；要找出与别人的差距，缩小差距就是潜力；要正视各种浪费现象，反对浪费就是潜力；要分析有利条件，充分利用起来就是潜力；要看到群众中蕴藏的智慧和力量，把积极性调动起来就是潜力。

（摘自1987年4月22日在天津市十届人大六次会议上所作的《政府工作报告》）

第六编

领　导

方　法

作　风

修　养

办实事

和为贵

领　导

1059

我们是社会主义国家，人民群众是国家的主人，干部是人民的公仆。我们的干部要经常重温马克思主义的群众观点，永远牢记自己无论职位高低都是人民的公仆，并自觉地研究学习如何做好一个好公仆。

（摘自1989年2月3日在天津市和平区“十佳公仆”表彰大会上的讲话）

1060

所谓领导，是相对群众而言的。“领”就是带领群众，“导”就是引导群众，离开群众，就无所谓领导。

（摘自2000年3月6日在九届全国人大三次会议天津代表团会议上的发言）

1061

群众需要领导，没有领导，群众的积极性既不能提高也不能持久；领导要有威信，没有威信，就不能实行真正的领导。

（摘自1990年1月6日在河北省六大班子成员座谈会上的讲话）

1062

我们各级干部必须经常倾听群众的呼声，真正搞清楚群众赞成什么、反对什么、希望什么。必须实实在在地为群众办实事，及时为群众排忧解难，使群众得到实惠，感受到我们所做的一切都是为了他们。必须真心实意地接受群众监督，选拔干部要以群众公认为基础，工作如何要靠群众来评判，形成有效的群众监督机制。必须切实摆正干群关系，群众是主人，干部是公仆，任何时候、任何情况下都不能颠倒主仆位置。

（摘自 2002 年 11 月 9 日在中共十六大天津代表团讨论会上的发言）

1063

领导干部了解、关心人民群众，人民群众才能理解、支持领导干部。

（摘自 1989 年 2 月《把群众情绪作为第一信号》一文）

1064

只有心中有人民，人民心中才有你。

（摘自 1989 年 10 月 14 日会见中华教育艺术研究会刘吉、曲啸、李燕杰、李永田四同志时的谈话要点）

1065

权力和真理是两回事，权力大，未必真理一定多。

（摘自 1987 年 6 月 11 日在天津市调查研究工作会议上的讲话）

1066

官大了不等于本事大，地位高了不等于水平也高。

（摘自 1988 年 5 月 23 日在天津市新的一届政府第一次常务会议上的讲话）

1067

地位既不代表水平，也不代表贡献。但是地位越高，如果不负责任、不干实事，给人民造成的损失越大。

（摘自1985年1月9日同《中国城市经济社会年鉴》记者的谈话）

1068

有人讲人多是优势，这话不全面、不准确。对领导者来讲，那里的人多，还不能就看成优势，只有得到那里大多数人的拥护，才能算是优势。

（摘自1990年1月6日在河北省六大班子成员座谈会上的讲话）

1069

对领导来讲，什么是政治，政治就是把拥护我们的人搞得多多的。什么叫本事，本事就是把群众的积极性充分调动起来并合理地发挥出去。群众积极性调动不起来，什么也搞不成，调动起来，发挥得不好，比如我们过去搞“大跃进”、“文化大革命”，就严重挫伤了群众的积极性。什么是威信，就是让群众满意、高兴和拥护。

（摘自2000年2月24日听取浙江省委、省政府工作汇报时的讲话）

1070

领导者的作用，就在于把多数人的积极性充分调动起来并合理发挥出去。领导者的积极，归根结底是为了使更多的人积极，如果领导者的积极带来周围的人都不积极，这个积极就值得怀疑，这个积极就不如不积极。

（摘自1999年1月20日同全国统战部长会议代表座谈时的讲话）

1071

领导的责任，不仅在于自己想主意，而更重要的是把群众的正确意见集中起来，坚持下去；不仅在于自己有积极性，而更重要的是动员大家都积极，尤其不应该影响别人的积极性。

（摘自1986年8月28日在天津市献计出力活动先进人物座谈会上的讲话）

1072

没有多数人的积极性，一切都无从谈起。我们的干部，时刻不要忘记多数人的利益、多数人的情绪、多数人的力量、多数人的觉悟。

（摘自1998年12月21日在《邓小平新时期统一战线理论学习纲要》出版座谈会上的讲话）

1073

判断工作好坏的标准是什么？就是看他的出发点是不是为了大多数人，在工作过程中是不是依靠了大多数人。

（摘自1998年12月21日在《邓小平新时期统一战线理论学习纲要》出版座谈会上的讲话）

1074

当一项方针政策不能被多数群众所接受的时候，即使它是正确的，也只能等待。如果硬要去做，就不可能获得成功，即使一时成功了，也一定会带来长期的不良后果。

（摘自1999年1月20日同全国统战部长会议代表座谈时的讲话）

1075

一个领导干部和一般干部有什么区别呢？最主要的区别就是领导干部要善于从全局和总体的发展中综合地认识问题和解决问题。

（摘自1987年9月7日在天津市区县局党员领导干部会议上的讲话）

1076

一般来讲，群众往往对当前的切身利益注意得多一些，领导者的责任，就在于能够从全局出发，代表群众的根本利益，高瞻远瞩，既考虑当前又想到长远，远近结合。

（摘自1986年3月17日在天津市人民政府第五次全体会议上的讲话）

1077

从一定意义上说，领导工作是个综合工作，不懂得综合或者不善于综合，就当不好领导。综合不是现象的罗列，也不是材料的凑合，而是客观事物在发展过程中有机联系的再现。

（摘自1987年12月26日在中共天津市四届八次全委扩大会议上的讲话）

1078

领导水平的标志在于工作中的原则性、系统性、预见性和创造性。领导干部的这种素质固然是长期实践锻炼的结果，但很重要的要靠认真学习和掌握马克思主义理论。

（摘自1987年12月26日在中共天津市四届八次全委扩大会议上的讲话）

1079

现在绝大多数干部重视学习和研究自然科学，具有专业知识，这是一大进步，应该继续鼓励和提倡。但是，对于我们的干部特别是领导干部来说，如果缺少马克思主义理论素养，缺少社会科学知识，就难以形成正确的思想方法，就不能从总体上观察和把握事物的发展，就不能正确地制定方针政策和各种措施。

（摘自1998年7月15日与部分全国政协委员座谈时的谈话）

1080

领导班子的配备要讲究结构合理。一个班子就像混凝土结构，有钢筋、水泥、沙子、骨料。光是钢筋就没法受压，没有钢筋，混凝土一拉就裂了，所以要讲合理地配比。

（摘自2000年2月20日在余杭市部分离退休老同志和有关单位负责人“三讲”教育座谈会上的谈话）

1081

一个好的班子必须是你擅长这方面，他精通那方面，各有长短，组合在一起就成了面面都行的好班子。当然也要有比较全面一点的、知识多一点的人负责全面工作，如同乐队的指挥。但这种人也不能多，有的班子所以一个个数不软，加在一起不强，毛病就在这里。满盘象棋都是车，见面就“兑”没法走。

（摘自1988年3月5日为《天津日报》“您心目中的领导者形象”专题讨论做的总结）

1082

一个班子总有强一点的弱一点的，总是有文的有武的。一个乐队有吹管的、有拉弦的，但指挥就是一个人，如果一班人都来指挥，肯定乱套。

（摘自1999年9月9日听取陕西省委、省政府工作汇报时的讲话）

1083

组织路线中最根本的问题，就是用人不能失去群众，群众不接受、不拥护的人，你咕噜半天好话也不行。

（摘自1990年2月27日同津冀鲁三省市党委负责同志座谈时的讲话）

1084

有那么一小部分人，在领导面前是奴才，干起工作来是庸才，一切活动为了升官发财，一旦掌权就搞独裁。我们必须防止这种人投机上来。

（摘自 1984 年 4 月 5 日同天津市部分人民代表座谈时的谈话）

1085

我们领导者，在工作中常常碰到两种人：一种是顺着捧的，一种是顶着干的。一般来说，对顶着干的，我们比较注意；对顺着捧的，我们则常常上当吃亏。不信可以回头想想看。

（摘自 1990 年 12 月 13 日在社会主义理论问题研究座谈会上的讲话）

1086

对于真干事而有缺点、错误的同志，要善意地帮助。那种小节貌似周到而不干事的人，反而什么毛病也逮不着他，因为他用不着说话，说话也净说门面的话、圆滑的话，专门买好。如果用了这样一批人，能谈得上兴旺发达吗？

（摘自 1990 年 2 月 27 日同津冀鲁三省市党委负责同志座谈时的讲话）

1087

不能用选儿媳妇的标准去选女干部。在我们这样一个古老的东方大国，人们常常把温良贤淑、容工慧丽作为东方女性的最佳标准，而对直率、勇敢、泼辣的女同志常常是不加分析地指责为“疯疯癫癫”、“咋咋呼呼”。

（摘自 1988 年 10 月 23 日在天津市妇代会闭幕时的讲话）

1088

火箭式上来不一定好，磕磕碰碰上来不一定不好。坐飞机不感到山高，登山运动员才感到山高。

（摘自 1983 年 7 月 28 日同天津市政府秘书长、办公厅主任的谈话要点）

1089

一个干部上来下去是很正常的。有上就有下，好比登山，光是上不行，还要下得来才行。

（摘自 2002 年 11 月 25 日与中央统战部领导及部分老同志座谈时的讲话）

1090

我们常讲不要占着茅坑不拉屎，不称职的干部要比占茅坑不拉屎严重得多。领导干部没有功就是过，没有成绩就是问题。

（摘自 1988 年 3 月 5 日为《天津日报》“您心目中的领导者形象”专题讨论做的总结）

1091

政绩是一个人各方面的综合反映。工作不肯干，政绩出不来；群众不拥护，政绩出不来；没有真本事，办事缺实招，政绩也出不来。必须把政绩作为考察干部的主要标准。

（摘自 1988 年 1 月 5 日同天津市各民主党派座谈时的讲话）

1092

要为人民谋利益，要给子孙留基业。

（摘自 1989 年 9 月 9 日—14 日考察广东工作期间的谈话要点）

1093

遇事商量比不商量好，多商量比少商量好，早商量比晚商量好。要平时多商量，遇事先商量。

（摘自2000年3月7日在全国政协九届三次会议中共组联组讨论会上的讲话）

1094

我们确实取得了很大成绩，但也确实犯过不少的错误。我们应该听点意见，改点毛病，长点出息。

（摘自1990年5月25日听取珠海市领导班子汇报时的讲话）

1095

领导干部要听得进逆耳忠言，善于采纳各种有益的意见并切实付诸实施，而绝不能叶公好龙，讳疾忌医，采取表面客气而实际敷衍的官僚主义态度。

（摘自1993年3月27日在中国人民政治协商会议第八届全国委员会第一次会议闭幕会上的讲话）

1096

领导身边必须有几个有见解、敢直言的人。当然这种人很难找，但这种人很重要。

（摘自1988年3月同天津市政府新提拔领导干部的谈话）

1097

要善于吸纳意见，多听意见，听各种意见特别是听和自己不同的意见，择善而从之。

（摘自2001年12月6日在全国地方政协工作经验座谈会结束时的讲话）

1098

作为领导者一定要有自知之明，多深入实际，多倾听下面的意见，不能“金口玉言”、“唯我是从”。作为一般同志要坚持从实际出发，敢于向领导者提出意见和建议。

（摘自1987年6月11日在天津市调查研究工作会议上的讲话）

1099

经常在领导面前说别人坏话的人，有的出于好心，有的则是别有用心，对此可要小心。

（摘自1985年2月在天津市政府办公会上的插话）

1100

一个干部在台上的时候，是满台锣鼓响，一片赞扬声；一旦下台，意见就全来了。为什么？就是在台上的时候不让人家提意见或人家不敢真提。

（摘自1990年2月27日与津冀鲁三省市党委负责同志座谈时的讲话）

1101

我们许多在位的领导干部包括高级干部，听到的是“满台锣鼓响，一片赞扬声”，对问题方面往往看得不够，长此以往，非出大问题不可。

（摘自2002年3月5日看望政协中共界委员时的讲话）

1102

有些领导干部，口头上讲要听取群众的意见，而要真提意见就不高兴；口头上说要尊重多数人的意见，而在自己孤立的时候又大讲“真理”在少数人手里。

（摘自1990年2月27日同津冀鲁三省市党委负责同志座谈时的讲话）

1103

领导干部要把出主意的权利给别人，不去争发明权。

（摘自 1998 年 11 月 8 日听取福建省委、省政府工作汇报时的讲话）

1104

高明的领导之所以高明，主要不在于他的脑袋比别人聪明，而在于他善于综合，善于概括，善于汲取更多人的实践经验和聪明才智。

（摘自 2000 年 3 月 7 日在全国政协九届三次会议中共组联组讨论会上的讲话）

1105

如果离开人民群众这个实践的主体，只凭个人的苦思冥想、个别体验，甚至自以为是、闭目塞听，不愿意听取别人的意见，就不能获得正确的认识。

（摘自 2000 年 3 月 7 日在全国政协九届三次会议中共组联组讨论会上的讲话）

1106

一个领导者高明不高明，不仅在于自己就某个问题提出的意见正确不正确，而且在于是否善于吸收别人的意见，在于是否能够综合各种意见中的有价值部分，集中大家的智慧，从而形成正确决策。

（摘自 1995 年 1 月 3 日听取中央统战部工作汇报时的谈话）

1107

领导者重要的不在于他什么都懂，事实上也不可能什么都懂。领导者的高明，就在于使懂行的人都能够各尽所能，把各种成果都运用到决策之中。

（摘自 1984 年 11 月 23 日同《中国信息报》记者的谈话）

1108

本事不仅仅在于调动下面人的积极性，而且在于能调动平级、甚至上级的积极性。

（摘自 1984 年 9 月 20 日听取天津经济技术开发区管委会负责人汇报时的谈话）

1109

我们有一部分人有见解、有精力没处去使，而不少领导同志又搞得精疲力竭，这埋怨谁？只能埋怨领导者自己。

（摘自 1983 年 11 月 10 日在天津市青少年犯罪问题讨论会上的讲话）

1110

我们必须按照毛主席的教导，到实践中去，到群众中去：满腔热忱，眼睛向下，先当学生，后当先生；集中分散意见，形成正确思想，再到群众中去贯彻，在实践中检验和完善；解剖麻雀，总结典型，以点带面，推动全局。靠实践、靠群众，这是做好一切工作最基本的方法，也是发现人才、造就人才最根本的途径。

（摘自 2000 年 3 月 11 日在中国人民政治协商会议第九届全国委员会第三次会议闭幕会上的讲话）

1111

我们有些同志只看到人家决策时的果断，而看不到人家事前所下的功夫；只看到人家处置问题的自如，而看不到人家平日长期的积累。世界上哪有这样的人，张口就说，说了就对；拿来就拍板，拍板就正确。

（摘自1997年6月29日在政协第八届全国委员会常务委员会第二十一次会议闭幕会上的讲话）

1112

随便开一个会，临时拉来个领导讲话，讲了话就说是指示、就要贯彻，这怎么行？

（摘自1983年11月10日在天津市青少年犯罪问题讨论会上的讲话）

1113

领导干部的讲话、文章不单纯是文字问题，而是对事物的看法，对客观规律的认识，对改造世界的意见，不是说着顺嘴就行了。

（摘自1985年1月9日同《中国城市经济社会年鉴》记者的谈话）

1114

领导干部到工厂去，或者到哪个单位去，不要只听送你上车时说："您做了很重要的指示，给我们很大的教育与鼓舞。"要自问一下，你这次来，究竟给人家干了啥，出了什么好主意，解决点啥问题。如果啥也没办，那你就是给人家添了麻烦。你要说对不起，占了你们的时间。

（摘自1986年1月9日同全国第四期市长研究班学员座谈时的发言）

1115

一般地说，领导干部下基层应该到最困难的地方去排忧解难；到群众意见多的地方去理顺情绪；到出现新情况、新变化的地方去总结经验；到工作推不开的地方去打开局面。

（摘自1990年4月11日在新华社国内工作会议上的讲话）

1116

果断与鲁莽，有着本质的区别。既要决断，又要善断。没有充足的信息来源，也就不能对现象进行比较全面的分析，作出的决定只能是武断，而不可能是善断。

（摘自1984年11月23日同《中国信息报》记者的谈话）

1117

领导者必须要有主见和自信。作为领导者，自己没信心，怎么叫别人对你有信心？自己没主见，遇事拿不出办法，或有办法而不敢决断，别人怎么能遵循和贯彻？

（摘自1988年3月5日为《天津日报》“您心目中的领导者形象”专题讨论做的总结）

1118

自满和自信、主观和主见有时很难辨别和分开，它们有很多相似之处，但我们在思想上必须明确，不能以反自满和主观为名，搞一些没有主见、没有信心的窝窝囊囊、随风倒的人上来。

（摘自1988年1月5日在天津市各民主党派联席会上的讲话）

1119

领导的表率作用最主要的有两点：一是在困难面前能身先士卒，勇挑重担，特别是能不怕吃苦。二是在物质利益方面，要先公后私，先人后己，不与民争利，不占群众便宜。

（摘自1986年5月《加强和改善基层企业领导》一文）

1120

与民同乐者，民亦乐其乐；与民同忧者，民亦忧其忧。只有真正关心群众的人，才能得到群众的真正拥护。

（摘自 1988 年 11 月 16 日在大港油田大龄青年集体婚礼上的祝辞）

1121

把握群众的情绪，就要同群众同甘共苦。“勾践栖山中，国人能致死”，“上能同甘苦，下能共安危”。有了与群众同甘共苦的精神，就能永远和群众保持密切的联系，与群众心心相连，休戚与共。

（摘自 1989 年 2 月《把群众情绪作为第一信号》一文）

1122

以往我们一直习惯于领导给群众发奖，总觉得受到领导表扬光荣，其实最光荣的是受到群众的表扬。我们应该形成这样一种风气，努力争取得到广大群众的表扬和赞赏，并把它看成是最高的奖赏、最大的荣誉。

（摘自 1989 年 2 月 3 日在天津市和平区“十佳公仆”表彰大会上的讲话）

1123

看形势发展，看政策得失，看干部形象，重要的一点是看群众满意不满意，高兴不高兴，带劲不带劲。

（摘自 1995 年 3 月 10 日在八届全国人大三次会议天津代表团会议上的发言）

1124

作为领导，要研究如何把兵带出士气，成为英雄。如果士气不振，到处都说自己不行，这样就没法把工作搞上去。一个地区的民心、民气，自尊、自爱、自豪的精神，是十分可贵的。

（摘自 1986 年 1 月 9 日同全国第四期市长研究班学员座谈时的发言）

1125

什么叫领导？简单地说，“领”就是带领，就是走在前边，干在前边，身先士卒，“导”就是引导、教导。只有“领”好了，“导”才能起作用。自己满脸脏东西，怎么号召人家讲卫生？你在台上讲人、人在台下讲你，你讲的还管什么用？

（摘自 2001 年 9 月 29 日在政协第九届全国委员会常务委员会第十五次会议上的讲话）

1126

假如你对群众讲的是“吃苦在先，享受在后”，而群众看到你的行为却是“好处全占，吃亏不干”；你对群众讲的是艰苦朴素、勤俭节约，而群众看到你的行为却是挥霍浪费、铺张排场，群众怎么能信服你，你讲的还有什么用？

（摘自 1990 年 5 月 18 日在中国职工思想政治工作研究会第六次年会上的讲话）

1127

作为一个领导者首先的是要做好吃苦的准备。不肯吃苦就不能说称职，因为离开吃苦就没法搞好工作，离开吃苦也谈不上提高水平。

（摘自 1988 年 4 月 28 日同天津市新一届市委委员的谈话）

1128

当干部，最基本的一条就得不怕吃苦。不吃苦不行，不得罪人不行。“三不”：不吃苦，不得罪人，就不称职。

（摘自 1986 年 1 月 9 日同全国第四期市长研究班学员座谈时的发言）

1129

各级领导干部思想要艰苦，工作要艰苦，生活要艰苦。

（摘自 1993 年 12 月 28 日在政协第八届全国委员会常务委员会第四次会议上的讲话）

1130

付出辛苦，不仅仅是胳膊腿勤，很重要的一条是思想必须艰苦。事实上，思想的艰苦对一个领导干部来讲，才是最重要、最困难的。

（摘自1985年1月9日同《中国城市经济社会年鉴》记者的谈话）

1131

住世一日，则做一日好人；居官一日，则做一日好事。

（摘自1988年11月16日在大港油田大龄青年集体婚礼上的祝辞）

1132

历史给领导者提供了充分施展才智的机会，而领导者的所作所为又影响着历史的发展，或给人类带来福音，或给人类造成灾难。历史最终都将无情地对每个领导人作出评判。

（摘自1997年6月10日会见德国总理科尔时的谈话）

1133

人生有限，政治家当权的时间也有限，要利用条件，抓住时机，为国家、为人民、为人类多做好事。中国人常说："但行好事，莫问前程"，这句话的意思是，做好事并不是为了回报。事实上只要做了好事，人们就会不忘记他，永远怀念他。

（摘自1999年12月3日探望斯里兰卡总理班达拉奈克夫人时的谈话）

1134

我们是历史中的人，我们也是历史中的一段，我们现在评价历史，将来历史也会评价我们。

（摘自1997年3月3日在全国政协八届五次会议文艺、教育、特邀联组会上的讲话）

1135

一任一任的领导干得如何，老百姓心中都有数。在位时说你好不完全算数，不在位时怎么说你才能算数。

（摘自 1998 年 11 月 10 日在厦门考察工作时的讲话）

1136

人民是杆秤，历史是杆秤，政治家的分量最终都是由他们来衡量的。

（摘自 1998 年 7 月 14 日会见巴勒斯坦总统阿拉法特时的谈话）

1137

人生共几何，肉骨皆粪土。汗水滴柱石，大厦存千古。功过谁评说，后生定先祖。劝君莫论一时遇，九泉之下看荣辱。

（摘自 2001 年 4 月 19 日参观南非罗本岛博物馆时的谈话）

方　法

1138

世界观和方法论是统一的，有些哲学观点本身就是方法。如实事求是是哲学的基本观点，同时也是最常用最重要的方法；群众路线是哲学的基本观点，被称为党的根本思想路线和工作路线，同时又是党的根本的工作方法。

（摘自 2004 年 6 月 3 日同哲学书稿编辑人员的谈话）

1139

必须在研究管用的方法上下功夫。我们许多事情之所以没有办好，不少问题之所以长期得不到解决，不是因为思路不对，也不是因为原则不好，就是因为缺乏管用的方法。

（摘自 1999 年 6 月 25 日在政协第九届全国委员会常务委员会第六次会议上的讲话）

1140

一种好的方法、一个对路的实招，可以下活一盘棋，可以开辟一条道，可以影响一大片。

（摘自 1999 年 6 月 25 日在政协第九届全国委员会常务委员会第六次会议上的讲话）

1141

一般地说，落实总比开会难。会议所确定的方针、政策、部署属于主观的东西，落实是主观见诸客观的东西，主观认识部分地不符合客观实际是难免的；落实有一个过程，在这个过程中必然会碰到新情况、新问题；落实总要牵扯到上上下下、左左右右、方方面面诸多工作和利益关系，处理不好往往会影响全局。

（摘自 2001 年 6 月 27 日在第四次西藏工作座谈会上的讲话）

1142

现在很多事情没办好，成效不显著，不是方向不明，政策不对，主要是干得不行，没有落到实处。有一传手，没有二传手，尤其是缺乏扣球手，总不得分。

（摘自 1992 年 1 月 22 日同黑龙江省委负责同志和宣传、文化部门代表座谈时的讲话）

1143

要善于把大思路变成规划，把规划变成几档子事，看准了的先干起来，从最好干的事起步，先易后难，一件一件地办。

（摘自 1993 年 2 月 24 日在听取中央统战部关于民族、宗教工作汇报时的谈话）

1144

干什么事都要一步一个脚印，搞革新也有个由不会到会、由小到大的过程。“找个小窍门，解决点问题，越找门越多，小门变大门。”这就是由浅入深，也可以叫由量变到质变。

（摘自 1960 年在技术革新经验交流会上的讲话）

1145

该干的事要使劲干，不该干的事不要抢着干，既要到位，也不要越位。

（摘自1989年1月22日在农村工作会议上的讲话）

1146

比较是认识自己、了解别人的重要方法。有比较才能知长短、见优劣、辨方向。比较，不仅要纵比，而且要横比；不仅要经常比、反复比，而且要多方面比、多角度比。

（摘自2001年3月12日在中国人民政治协商会议第九届全国委员会第四次会议闭幕会上的讲话）

1147

凡属重大政策措施，都应该在全面认真地调查研究、审慎周密地分析测算的基础上，提出若干具体方案，经过比较、选择、论证和典型试验，再最后敲定下来，颁布实行。

（摘自1988年3月《谈城市协调发展》一文）

1148

头疼要吃头疼片，脚气要抹脚气灵，老抹脚气灵是治不了头疼病的。

（摘自1988年9月在中央召开的省市负责人会上的发言）

1149

多搞几个方案，多想几种可能，多做几手准备，多有几分把握。

（摘自1982年5月在引滦工程施工现场的讲话）

1150

考虑问题，不但要里里外外、方方面面，而且要颠来倒去、反反复复。这看起来是麻烦，但实际上可以减少麻烦。

（摘自1989年2月在天津市委扩大会议起草组的讲话）

1151

出台前，方方面面、反反复复听意见，力争搞准；出台后，认认真真、仔仔细细看问题，修改完善。出台前人为地搞得神神秘秘，出台后又简单地强调保持一致，这不符合认识论。

（摘自 1986 年 8 月向中央领导同志汇报工作时的讲话）

1152

对于任何一项重大决策，只要条件允许，就把酝酿的时间放长些，而决断的时间要短些，干起来要快些。

（摘自 1986 年 7 月 5 日与《社会学报》记者的谈话）

1153

有此必有彼。彼是什么？有时明，有时暗，有时若明若暗，要下功夫找准。研究彼，研究此，研究彼此关系。这是最简单、最常用的方法。

（摘自 1987 年 1 月同天津市青年干部谈学习辩证法）

1154

分析的方法、比较的方法，是生活和工作中最常用、最管用的方法，也是从事写作的人员必须熟练掌握的方法。所谓分析就是分析问题、分析矛盾，所谓比较就是不同事物、不同设想的比较，“分析分析，比较比较，是非长短，可见分晓”。

（摘自 1985 年 3 月同天津市政府人代会报告起草人员的谈话）

1155

凡属大事，都要慎重。第一要分析，方方面面的分析，把材料掰开了，揉碎了，分分类，排排队；第二要比较，逐类逐项比较，不同角度比较，多种方法比较；第三要综合，在分析比较基础上综合，从总体和发展上权衡，得出结论，产生方案；第四要反复，任何方案只要时间允许都要反复几次，反复听取意见，反复修改完善。但这一切的前提是把情况搞全弄准。

（摘自 1985 年 10 月同天津市政府研究人员的谈话）

1156

不要就事论事，什么事情到时候再说。要下河先看出水处。

（摘自 1986 年 9 月 24 日在政治体制改革课题研讨汇报会上的谈话）

1157

普遍存在的问题要在方针政策上找原因，反复出现的问题要从发展规律上找原因。

（摘自 1996 年 5 月 10 日听取辽宁省委、省政府工作汇报时的谈话要点）

1158

现象的特点是丰富而易逝的，本质的特点是稳定而再现的，只要我们留心、细察、敏感，善于研究大量现象和现象之间的内在联系，就会透过现象抓住本质，通过偶然找到必然。

（摘自 2001 年 12 月 6 日在全国地方政协工作经验座谈会结束时的讲话）

1159

分析矛盾，首先要对材料进行筛选，去粗取精、去伪存真，分分类、排排队、归归堆、论论辈；然后把材料掰开了、揉碎了，由此及彼、由表及里加工改造。

（摘自 2004 年 6 月 3 日同哲学书稿编辑人员的谈话）

1160

分析矛盾，其目的是为了解决矛盾，只有分析好，才能解决好。

（摘自发表于《哲学研究》1978 年第 1、2 期合刊的文章《要精心再精心地分析和解决矛盾》）

1161

就一般情况来讲，分析矛盾的过程，也是研究解决矛盾方法的过程，但这并不是说，分析了矛盾就等于解决了矛盾。常常有这样的情形，分析得并不错，但由于解决的方法不当，或抓得不力，最后，矛盾解决得并不理想。

（摘自发表于《哲学研究》1978 年第 1、2 期合刊的文章《要精心再精心地分析和解决矛盾》）

1162

不同质的矛盾用不同方法去解决，并不是说一个问题只有一个方法才能解决。常常有这样的情况，对问题的分析是一致的，对问题的解决方法却有分歧，这就要具体地比较，看究竟哪个方法更好一些。

（摘自发表于《哲学研究》1978 年第 1、2 期合刊的文章《要精心再精心地分析和解决矛盾》）

1163

在矛盾的转化过程中，既存在着双方同归于尽或新事物取代旧事物的方式，也存在着对立面之间互相制约而取得平衡的方式。那种将矛盾简单化为你死我活的僵化思维，不但在理论上违背马克思主义辩证法的精髓，而且在实践中危害甚大。

（摘自 1996 年 1 月同全国政协八届四次大会文稿起草人员的谈话）

1164

一个大的事物里面有许多矛盾；一个矛盾里面又有许多方面。矛盾和矛盾之间，方面和方面之间，互相联系，互相制约，它们的关系不是一眼就能看穿，各自的特点也不是一把就能抓住，必须精心地进行具体分析。要尽量地分，大分之后再小分。在分析过程中，分类、排队、研究、比较。这样既找出了各种矛盾的特殊性，又认识了同类事物的矛盾普遍性。这就是分析与综合的过程。先分析，后综合，分析中有综合，在综合中就可以找出解决矛盾的方法来。

（摘自发表于《哲学研究》1978 年第 1、2 期合刊的文章《要精心再精心地分析和解决矛盾》）

1165

研究和掌握事物矛盾的特殊性，是认识事物的基础。不在这个问题上下功夫，就像是螃蟹吃豆腐，吃的不多，抓得挺乱，不可避免地要犯片面性的错误。

（摘自发表于《哲学研究》1978 年第 1、2 期合刊的文章《要精心再精心地分析和解决矛盾》）

1166

认识事物，首先的主要的就是认识事物的个性或特点，认识“不一样”。陕西省，省是共性，陕西是个性，认识陕西省主要不是认识省，而是认识陕西，看它同甘肃、河南、辽宁等省有什么区别和不同。找准区别点，认识特殊点，就是毛主席说的认识事物的基础。

（摘自 1999 年 9 月 9 日听取陕西省委、省政府工作汇报时的讲话）

1167

我们讲研究问题，最主要的是研究特点；讲认识事物，最主要的是认识特点；讲结合实际，最主要的也是讲结合特点。

（摘自 1993 年 9 月 19 日听取江西省委、省政府工作汇报时的讲话）

1168

任何地区都有自己的特点，决不能简单地模仿别人，生搬硬套，否则就会误事坏事。要认真研究本地的特点，找出本地的优势，扬长避短，取长补短。

（摘自1996年3月9日在八届全国人大四次会议天津代表团会议上的发言）

1169

我们的毛病往往出在用一般的规律来代替个别的、特殊的规律，用一般的规律到处去套，忽视了个别的、特殊的问题。因此，就产生了“一刀切”的做法。

（摘自1984年11月23日同《中国信息报》记者的谈话）

1170

任何事物都有个性，也都有共性，共性寓于个性之中，没有绝对一样的东西。两张桌子、两个凳子是按一个图纸做的，看着像是一样，其实不一样。一个牌子、一样大小的灯泡，看起来完全一样，严格检查还是不一样。双胞胎外人怎么看都是一样，其实不一样，他父母他爱人就能区别出来。

（摘自1999年9月9日听取陕西省委、省政府工作汇报时的讲话）

1171

特殊性和共同性是相对的，在这个领域看是特殊的，从另一个领域看又可能是共同的。

（摘自2001年12月6日在全国地方政协工作经验座谈会结束时的讲话）

1172

许许多多的事情，从这个方面看是一个道理，从另外一个方面看又是一个道理；局部的是一个性质，整体的又是一个性质。所以要具体事物具体分析。

（摘自1987年9月7日在天津市区县局党员领导干部会议上的讲话）

1173

一块木头是什么？就是一块木头，这个回答并没有错，但它还是什么？这就要看具体情况。拿它来做家具就是原料，拿它来烧火就是燃料，拿它来挑水就是工具，拿它来和坏人斗争就是武器，拿它来行凶打劫就是凶器，拿到法庭就是证据，但还是那块木头。这就是质的多样性。

（摘自1997年6月29日在政协第八届全国委员会常务委员会第二十一次会议闭幕会上的讲话）

1174

必须有综合的观点，切忌孤立、静止的观点，要从多方面观察研究问题。有一些事物在这个范围里是一个性质，在另一个范围里又是一个性质；在这里是包袱，在那里就是财富；在这方面是废料，在那方面就是原料。

（摘自1987年2月在研究起草市政府全体会议讲话时的几次谈话）

1175

要有全面的观点，既要看到各个方面，又要分清主流和支流。一分为二是马克思主义的观点，但不能把一分为二理解为一半对一半。必须要弄清哪个是主要面，哪个是次要面，不分不对，颠倒和不分主次也不对。

（摘自1985年10月23日在天津大学部分学生座谈会上的谈话）

1176

任何时候，研究任何问题，我们都应该从对立统一中把握事物及其发展过程，坚持辩证法的全面性，避免形而上学的片面性。

（摘自1989年10月13日同出席全国马克思主义哲学研究与干部哲学教育研讨会全体代表座谈时的讲话）

1177

我们经常讲要坚持唯物辩证的观点，反对孤立的、静止的、片面的观点，可是我们一次又一次地犯绝对化、片面性的错误。

（摘自1990年8月16日在同黑龙江省职工群众学哲学经验交流会代表座谈时的讲话）

1178

要讲两点论，在任何一件事情中，抓这点的同时，要相应地注意另外一点，否则必然片面性。

（摘自1983年12月6日在天津市区、县武装部第一政委座谈会上的讲话）

1179

许多事情都是一个互相联系、互相制约的有机整体，如果离开相互协调、相互支持，只顾局部不顾全局，只管眼前不管长远，只讲索取不讲奉献，就很难办成。

（摘自1995年10月31日在《中国京剧音配像精粹》首发式上的讲话）

1180

许多解决办法往往既有“利”的一面，又有“弊”的一面，我们只能以十分慎重的态度，具体问题具体对待，兴其利而去其弊，不搞“一刀切”、“一阵风”和走极端，不搞形而上学的肯定或否定。

（摘自1989年10月13日同出席全国马克思主义哲学研究与干部哲学教育研讨会全体代表座谈时的讲话）

1181

世界上的事都是利害相随、得失相伴，有利必有害，有得必有失。问题在于权衡利害得失，看哪个是主要的。

（摘自1998年3月7日同港澳地区全国政协委员座谈时的讲话）

1182

强调一项工作重要，就只讲一点，不及其余；要统则统得过多过死，要放则放得无约无束。其结果，往往是一哄而起，一哄而散，纵向不衔接，横向不协调。

（摘自1988年3月《谈城市协调发展》一文）

1183

在工作中注意坚持统筹兼顾，区别轻重缓急，讲求先行后续，实行配套推进。

（摘自1993年12月28日在政协第八届全国委员会常务委员会第四次会议上的讲话）

1184

具体的分析并不是孤立地看问题，是为了找出这个问题与周围事物的关系。把事物各个方面掰开揉碎地来分析，也不是单纯看这个事物的片面和局部。离开了相互关系，就谈不上全面的分析，也无法确定事物。

（摘自发表于《哲学研究》1978年第1、2期合刊的文章《要精心再精心地分析和解决矛盾》）

1185

所谓具体，既有特殊性又有多样性，还有多变性。因此，必须具体抓，抓具体，抓住不放，一抓到底。目标要具体，要求要具体，责任要具体，措施要具体，一切都要讲具体。这样就会出速度，出效益，出水平。

（摘自 1987 年 3 月《深化认识，提高自觉》一文）

1186

具体之所以具体，它表现于过程，表现于质的多样性的统一和过程中的不断具体。由于过程中的变化，具体性质的变化，今天抓是这个性质，明天抓可能就另外一个性质，在这个地方这么个性质，在另外一个地方就那么个性质。

（摘自 1983 年 9 月 27 日在天津市一轻局现场办公会上的讲话）

1187

抓具体、具体抓既是工作方法问题，也是作风问题。既是个笨方法，又是最先进的法儿。说它笨，是因为必须一件一件地研究和实干；说它先进，是因为只有这样才能把事干成干好。

（摘自 1982 年 10 月 27 日在隧洞施工部队团以上领导干部会上的讲话）

1188

讲原则而不空泛，讲具体而不琐碎。

（摘自 1985 年 5 月为《天津日报》撰写的特约评论员文章）

1189

原则是在具体之中，是由具体里边抽出来而又到具体里边去的带普遍性的东西。离开了抓具体，讲原则就叫空话。相反，离开了原则，光谈具体就叫琐碎。

（摘自 1983 年 9 月 27 日在天津市一轻局现场办公会上的讲话）

1190

我们有些同志在工作中，只讲书本怎么说，不谈自己怎么看；只有原则怎么样，没有具体怎么办。这些人似乎是很重视原理、原则，实则违背了“具体问题具体分析”这个最根本的原理和原则。

（摘自 1985 年 5 月为《天津日报》撰写的特约评论员文章）

1191

任何一件事都得有具体的人、具体的法儿、具体的时间，达到具体的结果才行。

（摘自 1982 年 12 月 24 日在两支隧洞施工部队团以上领导干部会议上的讲话）

1192

有些问题看来似曾相识，是过去问题的重复，但实际上由于社会主义市场经济的发展，由于大背景的变化，由于时间、地点、条件的变化，其性质也发生了变化，而具有某些新的意义和特点。

（摘自 1996 年 5 月 18 日在湖北省委汇报会及企业家座谈会上的讲话）

1193

事物千变万化，形势日新月异。在具体运用基本原理时，不仅要因事而异，随着客观情况的变化而有所发展，而且要因人而异，因主观条件的差异而有所不同。

（摘自 1989 年 10 月 4 日在天津市委常委扩大会议上的讲话要点）

1194

现代社会瞬息万变，决策慢了容易误事，决策错了容易坏事。

（摘自2000年3月29日会见马里经济、社会和文化理事会主席库里巴利时的谈话）

1195

历史在不断地前进，社会在不停地发展，即使是完全相同的形式，随着时间的推移，也会有不同的内容。

（摘自1990年4月29日答《经济日报》记者问）

1196

研究和决定问题，既要看到当前又要看到长远，既要看到总体又要看到局部，既要看到需要又要看到可能，既要充分听取多数人的意见又要重视少数人的意见。

（摘自1994年3月5日在政协第八届全国委员会常务委员会第五次会议上的讲话）

1197

存在什么问题，就要有针对性地解决什么问题。否则，一般性地传达，一般性地表态，一般性地学习，难以收到实效。

（摘自1994年10月19日听取贵州省委、省政府工作汇报时的讲话）

1198

抓重点、抓难点的一个根本问题，还是抓具体。我们现在许多工作和问题有的是失之于议论不透，但更多的是失之于具体抓得不够。

（摘自1982年10月27日在隧洞施工部队团以上领导干部会上的讲话）

1199

现在是百业待兴，百事待举，要把所有的事都找出来，分分类，排排队。不加选择，眉毛胡子一把抓，核桃栗子一齐数，其结果必然是螃蟹吃豆腐，吃的不多，抓得挺乱。

（摘自 1985 年 5 月为《天津日报》撰写的特约评论员文章）

1200

根据抓主要矛盾的思想，每个单位、每项工作、每个阶段有重点，处处、时时、事事有重点。工作抓重点，问题找重点，汇报讲重点。

（摘自 1983 年 9 月主持起草的《引滦入津工程总结报告》）

1201

任何一项工作，抓不住重点，就抓不住全局；抓不住重点，就没有秩序；抓不住重点，就不会有合理的部署；抓不住重点，也就没有科学的方法。我们现在工作多，问题多，千头万绪，日理万机，如果没有一个轻重缓急，先后主次，必然如坠云海，工作没有条理，没有波澜，变为辛辛苦苦的事务主义者。

（摘自 1983 年 7 月 13 日在天津市委工作会议上的讲话）

1202

一个事物的主要矛盾之所以成为主要矛盾，它总有个原因，或者是因为它决定着全局，或者是规定着其他事物的发展，所以就要看影响全局的因素还存在不存在，规定其他发展的作用还起不起。如果这些都没有了，它作为主要矛盾的地位也就丧失了。

（摘自发表于《哲学研究》1978 年第 1、2 期合刊的文章《要精心再精心地分析和解决矛盾》）

1203

抓重点必须下决心、下力量，锲而不舍，狠抓到底。在舆论上，要造成声势，引起全党和全社会的关注；在力量上，要调集精兵强将，集中力量打歼灭战；在部署上，要注意科学组织力量，选好突破口，有秩序地开展工作；在实施上，要雷厉风行，敢于碰硬，不达目的，绝不罢休。

（摘自 1989 年 9 月 11 日在南方四省“扫黄”工作座谈会上的讲话）

1204

必须根据对实际情况的分析，抓住那些制约和决定着全局、影响着发展的主要矛盾，作为真正的重点。抓重点，还要兼顾好一般，并且随着工作的进展，及时组织重点的转移和调整。

（摘自 1983 年 9 月主持起草的《引滦入津工程总结报告》）

1205

又想要成绩，又怕卖力气，这种事世界上不存在。我们应当知难而进，知难而上，对大事抓住不放，对新事勇于开拓，对急事当机立断。

（摘自 1985 年 5 月为《天津日报》撰写的特约评论员文章）

1206

提出全局性工作的口号，一定要慎重，要提得准，提出后就抓住不放，抓死叫响，使群众知道以此来衡量干部，使干部朝着这个方向去努力。

（摘自 1991 年 8 月 19 日听取河南省委工作汇报时的讲话）

1207

重点对一般有制约和决定作用，反过来，一般对重点也有影响和制约作用，只是程度不同。所以，在集中力量解决主要工作的同时，必须照顾好其他矛盾，以推动主要矛盾的顺利解决。否则，欲速则不达，回头来还得照顾全一般。

（摘自发表于《哲学研究》1978年第1、2期合刊的文章《要精心再精心地分析和解决矛盾》）

1208

我们既不能样样都强调重要，眉毛胡子一把抓，样样都没有成效；也不能片面强调某一项重要，不讲全局，顾此失彼。要“学会弹钢琴”，分清轻重缓急，讲究先行后续，抓住重点，兼顾其他，使各方面工作互相促进，形成统一协调的整体。

（摘自2000年12月6日在全国统战工作会议上的讲话）

1209

看人必须抓住主要方面，看主要方面是缺点还是优点，既要看缺点对工作有多大害处，更要看优点对事业有多大用处。就一般讲，要先看长处后看短处，发挥长处避其短处，在发挥长处的过程中补其短处；要先看优点后看缺点，在发扬优点的过程中克服缺点。

（摘自1988年3月5日为《天津日报》“您心目中的领导者形象”专题讨论做的总结）

1210

有些优点和缺点是伴生的，敢想敢干的人，很可能就毛躁一点；稳重、周全的人，常常就显得保守一点。

（摘自2000年2月20日在余杭市部分离退休老同志和有关单位负责人“三讲”教育座谈会上的谈话）

1211

要正确看待优点、缺点、特点、弱点。一个人常常是这头长那头短，那头长这头短，有时长是短的原因，短是长的结果。同时有些优点和缺点是伴生的，如果不注意保护优点，一味死抠缺点，缺点是没有了，可是优点也就没有了。

（摘自 1988 年 3 月 5 日为《天津日报》“您心目中的领导者形象”专题讨论做的总结）

1212

每个人都有长处和短处、优点和缺点，即使先进人物也不例外。我们要用其所长，避其所短，发挥优点，克服缺点，在发挥优点的过程中克服缺点，而不是专抠短处和缺点，把人制住。

（摘自 1984 年 4 月 2 日在天津市第十届人民代表大会第二次会议上的《政府工作报告》）

1213

要把特点、优点和缺点、弱点区别开来，特点不是缺点，不要把特点当作缺点。要尊重特点，保护优点。不能要求人人变成一个模样。

（摘自 2000 年 2 月 20 日在余杭市部分离退休老同志和有关单位负责人“三讲”教育座谈会上的谈话）

1214

不应该把别人的缺点拿来和自己的优点比。乌鸦和凤凰比屁股，都是那么脏，为什么不比翅膀，看谁好看？

（摘自 1985 年 1 月 10 日在天津市建筑设计院科技干部会上的讲话）

1215

我们讲自觉性，这话包括了对自己的不足和缺点的认识，也包括对自己的成绩和优点的认识。对优点不认识也叫盲目。你要知道你值钱的可贵的东西在什么地方。

（摘自1985年11月13日视察天津经济技术开发区时的谈话）

1216

我们以往的毛病多在于把问题看得过于简单。由于看得简单，结果反而使问题复杂化。

（摘自1997年11月27日在全国地方政协主席座谈会闭幕会上的讲话）

1217

凡是把问题看复杂的常常能成功，凡是把问题看简单的往往会吃亏。

（摘自1985年10月13日在天津市政府全体会议上的讲话）

1218

任何东西讲到了极端，正确的也会变成错误的，其结果是使自己出丑。

（摘自1990年4月28日在《人民日报》国内记者工作会议上的谈话）

1219

什么事情都不要过。形式过了叫形式主义，本本过了叫本本主义，地方过了叫地方主义，个人过了叫个人主义。当然形式还得有，本本还得讲，地方还要想，个人也不可能完全不顾。

（摘自1987年1月同天津市青年干部谈学习辩证法）

1220

说什么事情不行、不对容易，而说怎么行、怎么对很难。

（摘自1992年8月10日听取内蒙古自治区党委负责同志汇报时的讲话）

1221

认为自己什么都行的人，这个人可能不行，因为他不懂得实践出真知的道理。一个人的时间有限、实践有限，认识来源总是有限。

（摘自1990年8月同黑龙江省学哲学积极分子的谈话）

1222

我们过去吃亏，往往在于结论下得太早太死，没有给大家留下实践的余地。

（摘自1996年5月11日—14日在四川考察时的谈话要点）

1223

满意不等于满足，事情都在变，人们的要求也在变，过去和现在的满意，不等于将来也满意。

（摘自1985年2月2日在天津市农村工作会议上的报告）

1224

世界上的事往往具有多重意义，人们在办事的过程中重视直接的目的是完全正确的，但不能忽视直接目的外的其他方面的意义。中国有句俗话叫“借机成事”，就是说借办某件事的机会也成就其他的事情。

（摘自1997年5月28日会见葡萄牙总统桑帕约时的谈话）

1225

“立竿见影”就主观愿望来讲，是号召你学以致用，尽快地联系实际。但如果真的把理论看作个“竿”，把实际中见效看作个“影”，认为学了马上见效，我看没那么简单，因为不符合认识论。

（摘自1988年1月26日在全国马克思主义哲学体系改革研讨会上的讲话）

1226

世界上的事情是复杂的，有些事情要多做多说，有些事情要多做少说乃至不说，有些事情必须做、经常做但未必经常说，尤其不能不分场合地说。比如，人人都要吃饭，都要拉屎，而人们常常只说吃饭，却很少说拉屎。

（摘自2001年2月12日在中央工作会议上的讲话）

1227

在重大原则问题上，要立场坚定、旗帜鲜明，但是无关紧要的小事太清楚了反而不好。大夫容易看见到处都是病菌，就来回地洗手，搞得神经高度紧张。

（摘自1990年4月28日在《人民日报》国内记者工作会议上的谈话）

1228

一要小心谨慎，不要因为我们工作方法的不当或简单而无事生非、惹是生非；二要敢于负责，有事必须敢于面对、敢于担当。这就叫没事不找事，有事不怕事。

（摘自1986年12月22日关于做好高等院校学生工作的谈话）

1229

不怕牺牲的精神和确保安全的口号应该一致起来，不能在不怕牺牲的口号下把伤亡合法化、合理化。

（摘自1982年7月15日在中共天津市引滦工程指挥部委员会第一次全委会上的讲话）

1230

困难是一种压力，也可以变成动力。许多事情如果不是在困难的情况下还很难办到。

（摘自1990年5月6日听取天津市委汇报工作时的谈话要点）

1231

所谓压力，就是我们认识世界、改造世界的能力与外界客观要求的矛盾。加压的目的是为了使我们的主观能力进一步地提高，以适应外界客观要求。

（摘自1987年3月12日在天津第二手表厂现场办公会上的讲话）

1232

藐视是重视的前提，重视是藐视的基础，没有重视，藐视就是吹牛皮。

（摘自1982年11月20日关于"引滦入厂"和对发展公用事业的指示）

1233

困难有两重性。一方面，困难可以给工作带来不利因素，阻碍我们前进，有时压得人喘不过气来；另一方面，困难也可以激励斗志，磨炼意志，提高本领，增长才干。

（摘自1988年3月5日在天津市人民政府全体会议上的讲话）

1234

任务越艰苦，队伍越好带。成绩、光荣都和艰苦困难的任务相联系。没有一个鼓舞人心的目标，没有一个比较艰巨的任务，队伍就不好组织、不好带。“无事生非”这句话，有它一定的道理。

（摘自1982年7月15日在中共天津市引滦工程指挥部委员会第一次全委会上的讲话）

1235

困难中包含着胜利，艰苦中孕育着光荣。困难越大，成绩越大；艰苦越多，荣誉越高。

（摘自1988年3月5日在天津市人民政府全体会议上的讲话）

1236

没有困难、没有问题的进步是不存在的，进步不会太舒服。真的进步，都要付出心血，付出劳动，付出相当大的代价。

（摘自1987年3月12日在天津第二手表厂现场办公会上的讲话）

1237

无数事实证明，困难不可怕，克服了困难就是胜利；问题不可怕，解决了问题就是前进；失误也不可怕，总结了经验就变为成功的先导。可怕的是心不齐、气不顺、力不合。

（摘自1989年4月20日在天津市第十一届人民代表大会第二次会议上的《政府工作报告》）

1238

感觉到了的东西不能立刻理解它，理解了的东西才能更深刻地感觉它。不理解就不自觉，不自觉就可能把从总体看、从长远看有益的东西，当成有害的东西而丢掉。有这样一个故事：宜兴有一种紫砂壶，用的时间长了，壶中就会长出茶山，据说长了茶山的壶不放茶叶也有茶味。有位老太太家中有这么一把用了几代上百年的老壶，她拿到市场上去卖，要价五钱银子。一位买主很懂行，一看里边是茶山，知道这是难得的好东西，愿出价三两，并说一会来拿。老太太心想，这么一把旧茶壶给这么多钱，里边这么脏实在不好意思，于是就把茶山给刮净了。一会儿，买主来拿壶，一看茶山没有了，掉头就走，说就是五钱也不要了（全场笑）。这个故事说明一个道理，当你不理解、不自觉的时候，就很难把好的东西坚持下去，也很难保证你丢弃的就一定是坏的东西。

（摘自 1995 年 3 月 13 日同港澳地区全国政协委员座谈时的讲话）

作　风

1239

作风问题是个十分重大的问题。这个问题不解决好，主意再好也白搭，本事再大也没用。

（摘自 1984 年 4 月 2 日在天津市第十届人民代表大会第二次会议上的《政府工作报告》）

1240

作风好，能够深入实际、调查研究，密切联系群众，方针政策的制定就比较周全，贯彻执行就比较顺利；作风不好，高高在上，官僚主义，形式主义，虚华漂浮，不仅政策不能落实，还会产生其他许多问题。

（摘自 2001 年 9 月 29 日在政协第九届全国委员会常务委员会第十五次会议上的讲话）

1241

端官架子不好，自己很累，别人看着也不舒服。

（摘自 1998 年 3 月同天津市委领导同志的谈话）

1242

一个单位、一个地方之所以鸦雀无声，或者普遍存在说假话的现象，固然有社会风气的影响，但根子在领导身上。

（摘自 2000 年 2 月 24 日听取浙江省委、省政府工作汇报时的讲话）

1243

言行一致，则一言九鼎；言行相悖，则一文不值。只有严于律己，才能产生巨大的感召力量。

（摘自 1990 年 5 月 18 日在中国职工思想政治工作研究会第六次年会上的讲话）

1244

必须警惕和反对会上赞成、会下反对，总的赞成、具体反对，对上一句话、对下又是另一句话那种言行不一、表里不一的坏风气。

（摘自 1985 年 7 月 25 日在天津市区县局领导干部会议总结大会上的讲话）

1245

现在停留在表面上的东西比较多。有些提法，或是肤浅，或是猎奇，许多问题处于若明若暗，似乎明白又糊涂的状态。不少事情，好像一、二、三头头是道，一较真就糊涂了。

（摘自 1992 年 12 月 7 日在全国统战部研究室主任会议座谈会上的谈话）

1246

我们有些同志谈问题似是而非，讲道理肤浅表面，习惯于用“大概”、“或者”、“也许是”，“好像”、“恐怕”、“差不多”等模棱两可的词语。

（摘自 1985 年 5 月为《天津日报》撰写的特约评论员文章）

1247

我们有些同志在工作中，只讲书本怎么说，不谈自己怎么看；只有原则怎么样，没有具体怎么办。人们说，“想听的他们没讲”，“所讲的都是听腻了的”，是“文人编的、报上抄的、屋里憋的、应付会的”，是名副其实的“空洞无物，言之乏味”，既没有错处，也没有用处，“不是高棋，不是臭棋，而是废棋”。

（摘自1985年5月为《天津日报》撰写的特约评论员文章）

1248

建立社会主义市场经济，是前无古人的伟大事业，存在着许多新的、复杂的、特殊的矛盾和问题。解决这些矛盾和问题，靠“打电话、听汇报、办公室里编套套”无济于事，靠“找上几个人儿，出上一个题儿，关上窗户门儿，做上一篇文儿”也不解决问题，任何伟大的事业，都是干出来的而不是说出来的。

（摘自1993年6月10日听取安徽省委、省政府工作汇报时的讲话）

1249

我们有些文章写得不好，不是词汇不够多、句子不够美，而是动机上、内容上、方法上有毛病，在鼓捣字儿上花的时间太多，在研究事儿上下的功夫太少。

（摘自2001年12月6日在全国地方政协工作经验座谈会结束时的讲话）

1250

离开实际、离开具体、离开个别而光讲道理，就一定是空话。空话不等于错话，但统统没用。

（摘自1987年3月12日在天津第二手表厂现场办公会上的讲话）

1251

措施一大本，落实没几条。写在纸上，说在嘴上，挂在墙上，落在会上。这种纸上谈兵的不良作风，贻误甚多。

（摘自1985年5月18日在天津市职工技协总结表彰大会上的讲话）

1252

会议太多、应酬太多，是不祥之兆。泡在会议、应酬之中，处于浮躁、喧哗、空谈状态，不能塌下心来，扑下身子，深入地思考问题，这是有很大危险的。

（摘自2000年2月20日在余杭市部分离退休老同志和有关单位负责人“三讲”教育座谈会上的谈话）

1253

少开大会，不开形式主义的会，不开没准备的会，不开没效果的会；能人少的会不准人多，坚决取消“陪会”的现象。

（摘自1983年7月13日在天津市委工作会议上的讲话）

1254

形式是必要的，因为没有形式就不能有效地开展工作，但形式主义是不能要的，因为形式主义不讲实效、劳民伤财，有些已发展到误事误国的地步。

（摘自2001年9月29日在政协第九届全国委员会常务委员会第十五次会议上的讲话）

1255

我们确有许多日常工作要进行，确有许多重要活动要开展，确有许多具体事务要处理，确有许多礼仪应酬要安排，哪个不顾也不行，哪个丢了也不行，哪个得罪了也不行。但必须明确，所有这些都不能冲掉、淹没我们对问题对政策的研究。

（摘自1998年2月13日同全国统战部长会议代表座谈时的讲话）

1256

目前，在有些地方，确实存在着轻视研究、迷恋活动、热衷事务的现象，表面上热热闹闹、轰轰烈烈，实际上日计有余、岁计不足。

（摘自1998年2月13日同全国统战部长会议代表座谈时的讲话）

1257

不可否认仍然存在着许多不珍惜时间的现象：大量宝贵时间或消耗在人浮于事、互相扯皮中，或浪费在文山会海、空话套话中，或耽误在无事生非、无谓争论中，或损失在盲目决策、胡乱指挥中，或荒废在无所用心、无所事事中，甚至消磨在灯红酒绿、纸醉金迷中。凡此种种，实在令人痛心和忧虑。

（摘自2000年3月11日在中国人民政治协商会议第九届全国委员会第三次会议闭幕会上的讲话）

1258

讲排场、图虚名、搞花架子不仅占用了领导的精力，浪费了国家的资财，而且“上有好者，下必有甚焉”，造成了一种浮华的风气。

（摘自1987年12月26日在中共天津市委全体会议上的讲话）

1259

群众历来反对说得多做得少的干部，反对“天桥把式”。我在湖北考察时，听到这样一个故事，说湖北神农架地区野猪糟蹋庄稼厉害，群众叫苦不迭，为此，乡村组织民兵巡逻驱赶，花费很多人力。后来有人想了一个“高招”，用录音机录上狮、虎的吼声和人声、枪声，用高音喇叭播放，开始果然有效。几天后，野猪没见什么行动，就慢慢往喇叭边凑，并用身子靠了靠绑喇叭的杆子，发现只是叫喊而没动作，于是甩开嘴巴，把喇叭杆子给拱倒了。当地人说，说空话、唱高调，连野猪都骗不了！

（摘自1991年10月4日在天津市领导干部座谈会上的谈话）

1260

不能像有些人那样，“天桥的把式”，只说不练，或话说得挺顺溜，找毛病没有，论用处不大，也不能像有些人那样，“药方”开得挺多挺全，就是不对症，不能“治病”。

（摘自1988年3月5日为《天津日报》“您心目中的领导者形象”专题讨论做的总结）

1261

说空话似乎成了一些人主要的工作，天天说，没完没了地说，一个接一个地说，上下传着说，层层往下说，上下一齐说。说起来豪言壮语，气吞山河；海阔天空，不着边际。其实是只有唱功，没有做功；嘴行千里，屁股在屋里。空谈必然误事、误人、误己，最终误国误民，可恶至极。

（摘自1985年5月25日在落实邓小平同志“少讲空话，多干实事”指示座谈会上的发言）

1262

有些同志“茶碗一端，说话无边；香烟一点，专说人短。”他们习惯于说这也不对，那也不对，就是不说怎么样才对；他们总喜欢说这人不行，那人不行，就是不说自己行不行；他们不当运动员，只当裁判员，只吹哨不上场，谁“进球”吹谁“犯规”；你在前边干，他在旁边看，干好了他说“早该如此”，干错了他说“意料之中”。他们涣散了别人的斗志，污染了周围的空气，误事、误国、误人、误己，此患不除，四化难矣。

（摘自1985年5月为《天津日报》撰写的特约评论员文章）

1263

大变革是造就人才的大好时机，有本事的人可以“脱颖而出”，大显身手，大有作为，但在有些人看来，大变革成了大捞一把的良机，他们没有真本事，不想干实事，而是挖空心思，钻改革空子，搞邪门歪道。对此，我们不能不有所警惕。

（摘自1985年2月2日在天津市农村工作会议上的报告）

1264

我们有些同志不够谦虚谨慎，滋长了骄、娇二气。有的不是把主要精力放在工作上，而是倾心于抛头露面；有的稍有成绩便骄傲自满，只能表扬，不能批评，文过饰非，一触即跳；有的争名于朝，争利于市，甚至公开向党伸手要官。

（摘自1987年12月26日在中共天津市委全体会议上的讲话）

1265

哪有这样的共产党人，你说我好就高兴，说我不好就不高兴。只要我们公公道道，正正派派，扎扎实实，卓有成效地改造世界并取得成绩，有不同意见的人是会改变看法的。

（摘自1987年6月11日在天津市调查研究工作会议上的讲话）

1266

如果不是以高度的事业心，强烈的责任感，高质量地做好每一件具体工作，为人民服务喊得再多、再响，也只是一句空话。

（摘自1985年5月18日在天津市职工技协总结表彰大会上的讲话）

1267

在新的历史时期，我们面临着很多矛盾。在对待这些矛盾的态度上，有各种各样的人，有见着矛盾迎难而上的，有见着矛盾就跑的。有的是公开地跑，认输；有的是拐弯抹角地跑，“病了”。

（摘自1984年1月7日在天津市文艺创作会议上的讲话）

1268

我们正处在百事待举的时期，事多事难。多，应该是拼命工作、讲究科学的理由，而不能作为大而化之的托辞；难，应该是兢兢业业、扎扎实实的根据，而不能作为逃避现实的借口。

（摘自1985年5月为《天津日报》撰写的特约评论员文章）

1269

我们在抓典型时有两个毛病：一个是抓的问题，常常按照我们自己的需要，按照既定的模式去选典型，搞成上面要什么，下面就给你什么；一个是用的问题，不注意运用群众创造出来的、大量生动先进的典型来教育和引导人民前进。

（摘自1990年1月31日在广东省新闻宣传战线负责人座谈会上的谈话要点）

1270

自吹不好。越吹越灰，越吹越飞。八分成绩吹成十分，人们最多给你打六分；八分成绩只说六分，人们反而给你打八分乃至十分。如果你不服，继续加大吹的力度，那么群众会只看你的缺点问题。

（摘自 1988 年 4 月同天津市新闻负责人的谈话）

1271

政绩是要讲的，因为政绩是考核干部的一个重要依据，但“政绩工程”是不能搞的，因为“政绩工程”沽名钓誉、华而不实，有些甚至用老百姓的救命钱往自己脸上贴金。

（摘自 2001 年 9 月 29 日在政协第九届全国委员会常务委员会第十五次会议上的讲话）

1272

应酬是难免的，因为应酬是对外交往的一种方式，但大吃大喝是要反对的，因为大吃大喝铺张浪费、奢侈腐败，严重影响干群关系。

（摘自 2001 年 9 月 29 日在政协第九届全国委员会常务委员会第十五次会议上的讲话）

1273

有些做法看起来花花哨哨、热热闹闹，其实没有多大实际意义，扫帚顶门——权多劲小。

（摘自 1988 年 2 月同天津市政府文件起草组的谈话）

1274

要防止两种倾向：一种是葫芦掉在井里——到下边漂着，等于没下去；一种是瘫子进茅房——蹲下起不来，只看到局部，不能站在全局的高度研究问题。

（摘自 1986 年 8 月 8 日在听取关于服务队工作汇报时的讲话）

1275

要勇于自以为非，不要自以为是，一经发现自己的错误就及时果断地进行纠正。人的成长进步就是在不断地自以为非、不断地纠正错误过程中实现的。

（摘自2001年12月6日在全国地方政协工作经验座谈会结束时的讲话）

1276

批评的目的在于促进自我批评。如果批评不能促进自我批评，那个批评就达不到目的。不承认这一条，就是否认马克思主义的内因论。

（摘自1984年1月7日在天津市文艺创作会议上的讲话）

1277

批评首先要出于善意，第二要掌握事实，第三要注意方法。批评的目的是为了促进自我批评。因此，批评人时，要讲究方式，要进行科学的分析，要合情合理。

（摘自1981年11月2日在天津市基建系统政治工作会议上的讲话）

1278

大步向前，有人在后边嚷两句、骂两句，不要紧，不要管他。你越把他当个事，他越觉得自己很了不起。

（摘自1986年1月9日同全国第四期市长研究班学员座谈时的发言）

1279

冷静地想一想，掌声、歌颂未必真帮忙，批评、反对不是都添乱。

（摘自2002年2月1日听取中央统战部汇报时的谈话）

1280

难听的话使你难受，但常常可以治病；好听的话使你受用，但往往让你吃亏。

（摘自1984年5月在天津市政府整党工作会议上的讲话）

1281

我们允许批评揭露一切消极丑恶现象，但是我们也希望在批评揭露时要看到积极的、正确的那一面，要看到主流。

（摘自1994年3月5日在政协第八届全国委员会常务委员会第五次会议上的讲话）

1282

批评和其他事情一样，向来有两重性。批评可以变成动力，变成转机；批评也可以变成包袱，压垮了人。

（摘自1987年12月9日在天津市公用局现场办公会上的讲话）

1283

对一个干部来说，勇于自我批评，才能不断进步，他的威信也决不会因此而降低。否则，他就不能克服毛病，就不能前进。

（摘自1990年11月18日听取湖北省委、省政府工作汇报时的讲话）

1284

只有经常查找自己不足和错误的人，才是进步快的人。总认为自己一切都完好、都正确的人，一定是进步慢的人。

（摘自1986年8月同天津市共青团领导干部谈心时的插话）

1285

现在确有极少数人，不琢磨事，光捉摸人，专门捉摸干事的人。你在前边干，他在后边看。你干好了他说早该如此，你干出点毛病，他就出来算账。

（摘自1984年1月1日关于经济体制改革中统一思想的必要性的谈话）

1286

确实存在那么一批人，干事没能耐，整人有本事，用整干事的人来表现自己存在的价值。如果这种人不能得到应有的批评教育和必要惩罚，正气就树不起来，国家就没有希望。

（摘自1986年8月28日同天津市献计出力活动先进人物座谈时的谈话）

1287

有些人专找干事人的毛病，甚至给人家安个小辫子，揪住不放。凡干实事的人，就要说话，就要办事，就要待人。老说话难免有失，老办事难免有错，老待人难免有怨，哪怕是万分之一。其结果，干事的人变成了毛病最多的人，不干事而整人的人反倒变成专给人“治病”的人。

（摘自1985年5月为《天津日报》撰写的特约评论员文章）

修　养

1288

我们做人的工作一要靠真理的力量，二要靠人格的力量。所谓真理的力量，就是所宣传所提倡的东西合乎客观实际，体现人民利益，代表社会正义，反映时代潮流；所谓人格的力量，就是以身作则，带头实践共同目标和道德标准，具有感召力和亲和力，令人心悦诚服、愿意接近。

（摘自 1999 年 11 月 2 日在邓小平新时期统一战线理论研究班座谈会上的讲话）

1289

常言道，有理走遍天下，无理寸步难行。事事讲理，时时讲理，处处讲理。讲正理不讲歪理，多讲公认的理，少讲自家的理。要让人觉得中国人说话办事通情达理，有理有据，而不是强词夺理。通俗易懂的语言、细致严密的逻辑、生动形象的例证，这些都是讲理、以理服人所必需的，这些都要用心学习。

（摘自 2001 年 5 月 2 日在出访亚非四国结束午餐会上的即兴讲话）

1290

坦诚是立身做人、自我修养的重要内容，是交友联谊、化解矛盾的重要条件，也是我们对外交往中奉行的重要准则。待人、处事都应当坦坦荡荡，实实在在。

（摘自 2000 年 6 月 9 日会见瑞士前联邦委员会主席科蒂时的谈话）

1291

人心换人心，真诚换真诚，只有真诚地尊重别人，才能得到别人的真诚尊重；批评别人对自己不真诚，首先要反省自己对别人是否有虚假。

（摘自 2002 年 5 月 20 日会见斯洛文尼亚国民协商会主席赫罗瓦特时的谈话）

1292

讲话要注意分寸，尖锐的话、伤人的话，尽量少讲，中国传统讲究人缘，讲究合群，不要太“各”；要使人愿意亲近，不要让人看见就躲。

（摘自 2001 年 5 月 2 日在出访亚非四国结束午餐会上的即兴讲话）

1293

和你一样的不一定就对、就好，和你不一样的不一定就错、就差；你对很多人看不惯，其结果常常是很多人对你也看不惯。

（摘自 2001 年 5 月 2 日在出访亚非四国结束午餐会上的即兴讲话）

1294

有些真正可贵的东西，很可能就是你看不惯的东西。

（摘自 1988 年 1 月 5 日在天津市各民主党派联席会上的讲话）

1295

不能简单地以自己为标准评判他人、评判是非。比如，自己长得丑并不希望找个老婆或丈夫也丑；自己没文化总不希望自己孩子也没有文化。

（摘自2001年5月2日在出访亚非四国结束午餐会上的即兴讲话）

1296

国与国之间，关系好了什么都好，闹僵了什么都别扭，这也和人与人的关系一样，情绪可以影响看法。一对男女热恋，女的说：你不嫌我胖吗？男的说：胖好，杨贵妃就胖。后来夫妻失和了，男的说：看你胖得像头猪，真讨厌！

（摘自1989年11月8日会见美国前国务卿基辛格时的谈话）

1297

在现实生活中，强者、富者、大者处于优势地位，弱者、穷者、小者处于不利地位，讲尊重应特别提倡强的尊重弱的，富的尊重穷的，大的尊重小的。这是一种道德、一种品格、一种文明。

（摘自2002年5月20日会见斯洛文尼亚国民协商会主席赫罗瓦特时的谈话）

1298

不忘别人的好处，想着别人的难处，这是中国人的立身做人、处世交友的重要原则。

（摘自2003年2月10日会见坦桑尼亚总统姆卡帕时的谈话）

1299

不要在纠正前任的毛病上动脑筋，而要在使自己少犯错误上下功夫。也就是说，对别人宽一点，对自己严一点。

（摘自2000年12月17日考察三亚城市建设时的谈话）

1300

中国有句俗话：“要想公道，打个颠倒。”说的是为人处世不要只从一面去想，而要注意替对方想想，换个位置想想。只要能设身处地看问题，就容易增进了解，消除误解，加深理解，达到谅解。

（摘自2001年5月1日会见土耳其总理埃杰维特时的谈话）

1301

要平等待人。尊重别人亦自重，不亢不卑要自然；平和平易不平板，可信可亲不可辱；对强国不低三下四，对弱国不盛气凌人；对显贵不阿谀奉承，对平民不小瞧慢待。

（摘自1999年12月15日在出访亚洲三国总结会上的讲话）

1302

要诚恳待人。襟怀坦坦荡荡，讲话实实在在；赞扬人不华丽溢美，听意见要虚心认真；策略灵活不世故圆滑，内外有别不故弄玄虚。

（摘自1999年12月15日在出访亚洲三国总结会上的讲话）

1303

要宽厚待人。求同真心实意，存异体谅包容；一时分歧不争论，无伤大体不计较；大智若愚看似糊涂不真糊涂，善解人意设身处地考虑对方。

（摘自1999年12月15日在出访亚洲三国总结会上的讲话）

1304

要依理待人。坚持原则不简单生硬，以理服人不强加于人；驳谬误不急躁有理有据，讲主张不说教虚实结合；遵守规矩不墨守成规，待之以礼亦动之以情。

（摘自 1999 年 12 月 15 日在出访亚洲三国总结会上的讲话）

1305

听到闲言碎语，不要垂头丧气；听到赞扬颂歌，不要洋洋得意；做到骂街的多了不动摇，喊好的多了不昏然。

（摘自 1985 年 1 月 9 日同《中国城市经济社会年鉴》记者的谈话）

1306

要胸襟开阔，平心静气，听得进不同意见。要懂得真理不是哪个人的专利，别人讲话即使有错也要让人家把话讲完。要求大同存小异，孔子曰，大德不逾闲，小德出入可也。

（摘自 2001 年 5 月 2 日在出访亚非四国结束午餐会上的即兴讲话）

1307

有句俗语讲“天若有情天亦老，水能随遇水常流”。老年人要想健康长寿，就要心平而气和，不能犯肝火、生大气。

（摘自 1987 年 3 月 11 日在天津市尊老敬老报告会上的讲话）

1308

我们的人民一不懒、二不笨，我们的祖国在悠久的历史年代里，经济文化曾处于世界领先的地位。外国人能办到的，祖先能办到的，我们能说办不到吗？我们要有这个志气，不能妄自菲薄。

（摘自 1982 年 9 月 12 日在中共十二大小组会上的发言）

1309

一个人要成长进步，要有所成就、有所建树，离不开上进心、求知欲、责任感。

（摘自2002年11月26日同身边工作人员的谈话）

1310

要叫别人看重自己，首先自己看重自己。

（摘自1985年10月23日在天津大学部分学生座谈会上的谈话）

1311

你不要首先研究别人为什么看不起你，而是要首先研究你为什么叫人看不起。

（摘自1985年10月23日在天津大学部分学生座谈会上的谈话）

1312

现在有些人荒唐的东西他相信，正确的话他听不进。你给他讲理想，他说是空想；你给他讲信仰，他说是迷信；你给他讲长远，他说看不见；你给他讲实际，他说那就是钱。这说明，一些人缺少精神上的依靠与寄托。

（摘自1988年5月为天津市河西区《文化采珍》写的序言）

1313

现在有些党员根本不懂原则，不讲原则，在重大是非面前不坚持原则。他们的处世哲学是，“紧睁眼，慢张口，碰到矛盾绕着走”；“多栽花，少栽刺，运动来了没有事”。他们信奉的是“你好、他好、全都好，归根结底自己好”；“你讲你的马列主义，他讲他的个人主义，我讲我的自由主义”。他们在党的生活中搞

“商品交换”：你给我方便，我给你好处。这种腐朽的观念，不良的风气，给我们党带来极大的损失和危害，是四化建设的大敌，改革的大敌，必须动员起来，加以肃清。

（摘自1985年5月9日在天津市党员领导干部会议上的讲话）

1314

脑袋长在自己肩膀上，不能放在别人的胳膊上。

（摘自1985年5月为《天津日报》撰写的特约评论员文章）

1315

大脑这个东西越用越好用，越用越聪明。有的人之所以本事小、办法少、进步慢，主要原因不是脑子笨，而是脑子懒。

（摘自2001年12月6日在全国地方政协工作经验座谈会结束时的讲话）

1316

所谓“一觉醒来，疑团顿解”，实际上是一夜未眠，冥思苦索。讲艰苦，这种头脑的加工最艰苦。思想上的艰苦，勤于和善于思考问题，是长期训练而形成的。

（摘自1997年6月29日在政协第八届全国委员会常务委员会第二十一次会议闭幕会上的讲话）

1317

要养成思考问题的习惯，认真地了解情况，系统地积累材料，经常地总结工作。在马克思主义一般原理的指导下，进行综合、概括、抽象、提高。这样，才能使我们的工作既有系统性，又有创造性；既不离原则，又生动活泼。

（摘自1987年1月7日在天津市委四届六次全会结束时的讲话）

1318

琢磨事，必须下真功夫，花大心血，熬夜、吃苦。要有“众里寻他千百度”的毅力和“衣带渐宽终不悔”的韧劲。同时还要善于琢磨，学会分析综合，认真把情况搞全了、弄准了，把材料掰开了、揉碎了，把关系理顺了、摆正了，把措施具体了、落实了。

（摘自 1985 年 5 月为《天津日报》撰写的特约评论员文章）

1319

学习理论，光读书不行，必须联系实际。离开联系实际，学习理论就失去了目的；离开联系实际，学习理论就失去了动力；离开联系实际，学习理论也就失去了衡量的标准。学习的成绩如何，不是看背多少书，而是要看实际结果。

（摘自 1997 年 6 月 29 日在政协第八届全国委员会常务委员会第二十一次会议闭幕会上的讲话）

1320

一方面，读书是学习，使用也是学习，而且是更重要的学习；另一方面，由于结合实际，读书的过程就成为研究实际的过程，工作的过程也就成为学习和应用理论的过程。

（摘自 1997 年 6 月 29 日在政协第八届全国委员会常务委员会第二十一次会议闭幕会上的讲话）

1321

有些人把学历文凭看得过于神圣、过于绝对，似乎只要有了文凭就有了一切。其实，学历、文凭并不等于知识，文凭、知识也不等于才能，知识、才能更不等于贡献。

（摘自 1988 年 1 月 5 日在天津市各民主党派联席会上的讲话）

1322

什么叫本事？人家能做到的，我们能做到，叫本事；人家不能做到的，我们也能做到，这才叫真本事，大本事。

（摘自 1982 年 12 月 29 日在天津市工交干部会议上的讲话）

1323

本领、招法不是从天上掉下来的，也不是脑子里固有的，而是从实践中来的。只要处处留心，勤于、善于把实践材料连贯起来思索，进行分析、综合，就一定可以想出新的套套，走出新的路子。

（摘自 1988 年 3 月《一切为了人民，一切依靠人民》一文）

1324

毛主席说过，教条主义不如屎，人屎可以喂狗，狗屎可以肥田，教条主义既不能喂狗，也不能肥田。只有联系实际，学习才有意义，才能长期坚持下去。

（摘自 1997 年 6 月 29 日在政协第八届全国委员会常务委员会第二十一次会议闭幕会上的讲话）

1325

理论上的摇摆性和决策上的主观性，使我们许多工作缺乏客观的、全面的、长远的考虑，使我们许多政策缺乏科学性、连续性。

（摘自 1988 年 3 月《谈城市协调发展》一文）

1326

认为自己凡事都能说明白的人，这个人常常是不明白。若干人就是因为老认为自己什么都明白，最后做了很多糊涂事，这叫做“假明白真糊涂”。

（摘自 1998 年 3 月 7 日同全国政协港澳委员座谈时的讲话）

1327

要处处留心，多问几个为什么。许多事情似乎早就明白，如果问上几个为什么，就会发现自己并不明白而是糊涂；经过认真思索之后，就会变糊涂为明白，这个明白才是真明白。

（摘自 2001 年 12 月 6 日在全国地方政协工作经验座谈会结束时的讲话）

1328

世界上的事物是复杂的，许多事情当你没有深入了解时，你可能认为是简单的。一旦钻进去了，你就发现并不简单。所谓“越学越不懂”，“越学越糊涂”，讲的就是这种情形。

（摘自 1990 年 8 月 16 日在同黑龙江省职工群众学哲学交流会代表座谈时的讲话）

1329

哲学也叫“明白学”，不学哲学，天赋再好也不能算明白人。不懂哲学的领导就不可能是一个清醒的领导。我接触过若干个很不错的同志，工作很努力，天赋也很好，就是在这点上不肯下功夫，工作上常常吃糊涂亏、占糊涂便宜、干糊涂事。

（摘自 1988 年 1 月 26 日在全国马克思主义哲学体系改革研讨会上的讲话）

1330

不要忽视零碎时间，理发、洗澡、散步、坐车等头脑空闲的时候，都可以用于思索；要把零碎的事情捆起来办，切忌东一榔头、西一棒子地肢解时间；要想方设法挤留出大块的整块的时间，使自己静下来，翻点材料、读点书，系统地想点问题。

（摘自 2001 年 12 月 6 日在全国地方政协工作经验座谈会结束时的讲话）

办 实 事

1331

我们的权力是人民给的。人民给我们权力，不是为了别的，就是为了要我们为他们办实事，帮助他们解决实际问题。如果我们又要掌权，又不为人民办实事，那还不如让人民另请高明。

（摘自1990年2月27日同津冀鲁三省市党委负责同志座谈时的讲话）

1332

不管形势和任务有什么变化，不管政策、体制有什么变化，不管工作内容、重心、方法、条件有什么变化，共产党全心全意为人民服务的宗旨不能变，为人民办实事的原则不能变，一切为了人民、一切依靠人民的群众路线不能变。

（摘自1989年11月11日在首都纪念伟大的国际主义战士白求恩大会上的讲话）

1333

“少讲空话，多干实事”，不只是个工作作风问题，而且是个精神状态和革命意志问题，是个对革命事业的责任感问题，说到底是个世界观问题。

（摘自1985年5月为《天津日报》撰写的特约评论员文章）

1334

市政府、市长的职责说来很多，但最根本的就是给群众办事，为人民谋利益。只要把握住这一条，工作就有了方向，有了目的，有了动力，有了智慧。

（摘自1985年1月9日同《中国城市经济社会年鉴》记者的谈话）

1335

领导的威望从哪里来？靠上级封不出来，靠权力压不出来，靠自己吹不出来，靠耍小聪明骗不出来。只有靠真心实意地、尽心竭力地、坚持不懈地为群众办实事，才能逐步树立起来。

（摘自1985年5月为《天津日报》撰写的特约评论员文章）

1336

领导水平的高低、工作作风的好坏，拿什么标准去判断呢？不是看你开了多少会，讲了多少话，发了多少文件，关键是要看你干了多少实事，有了多少政绩。

（摘自1992年1月22日同黑龙江省委负责同志和宣传、文化部门代表座谈时的讲话）

1337

谁为群众办了好事，谁没有办好事，谁办事尽心尽力了，谁办事没有尽心尽力，群众的眼睛是雪亮的，心里最有数，谁也骗不了他们。

（摘自1984年4月5日与天津市部分人民代表座谈时的谈话）

1338

应该把群众的需要作为我们想问题、定方案的主要依据，只要群众需要，我们就应当尽心竭力地去办，理直气壮地去干。人民越是理解我们、支持我们，我们办实事的信心就越强，力量就越大。

（摘自1989年1月为《天津日报》撰写的社论）

1339

衡量一个人有没有群众观点，既要看他为人民办了多少件事情，还要看他对人民尽心竭力的程度。喊困难的劲挺大，解决困难的劲很小，就不能说是全心全意、尽心竭力。

（摘自1984年1月16日在天津市和平区举办家庭托儿所现场会上的讲话）

1340

评判一个人，不能只听他说得如何，在领导面前表现得如何，主要应看他是否为人民干实事，看他干事过程的表现及其结果。

（摘自1985年5月为《天津日报》撰写的特约评论员文章）

1341

选拔干部要看干实事，培养干部也要靠干实事。年轻干部上来，靠捧着、哄着、保着不行，必须把他们放到改造世界的第一线，交任务、压担子，使他们通过办实事的过程受到磨炼，经受考验，增长才干，树立威望。

（摘自1985年5月为《天津日报》撰写的特约评论员文章）

1342

为群众办实事要尽心竭力，马马虎虎不行，敷衍塞责不行，见难而退更不行。只要我们的决策正确可行，就要坚持下去，不为非议动摇，不被困难吓倒。

（摘自1990年4月11日在新华社国内工作会议上的讲话）

1343

为人民办实事必须尽力而为，量力而行。客观条件有限，如果把财力、物力撒了芝麻盐，到头来什么事情也难以办成办好，想办多，反而办少，甚至连少的也办不成。当然，我们也不能以客观条件为借口，不去尽力而为。

（摘自1986年3月17日在天津市人民政府全体会议上的讲话）

1344

我们强调尽心竭力为群众办实事，这个“竭力”不是竭国家的财力，而是要竭尽我们自己的努力。只要你有这种精神，有些事办不了，群众也不会怨你。

（摘自1985年1月9日同《中国城市经济社会年鉴》记者的谈话）

1345

实事都是具体的，要干好实事必须狠抓具体。弄清具体情况，研究具体招法，观察具体变化，解决具体问题，实属干成实事的要领、要旨、要招、要害。

（摘自1985年5月为《天津日报》撰写的特约评论员文章）

1346

实事都是关涉群众切身利益的事，办实事必须心中装着人民，急群众之所急，想群众之所想，不能计较个人利害得失，杜绝任何虚夸漂浮，扎扎实实地想实招、使实劲、讲实效，使群众真正得到实惠。

（摘自 1987 年 2 月在研究起草市政府全体会议讲话时的几次讲话）

1347

要办好实事也不简单，究竟选哪些实事，我在天津曾讲过“五线交一”的办法：第一，要办那些使绝大多数群众受益的事；第二，要办群众急需的事；第三，要办长远起作用的事；第四，要办具有两个文明意义的事；第五，要办力所能及的事。这五条交在一起，这事一定能办成，而且结果也一定会好。当然，这五条一下都具备很难，但起码要具备两三条，你所办的事应是急需的或多数人受益的，力所能及的而不是脱离实际兑不了现的。

（摘自 1990 年 2 月 9 日听取福建省委、省政府工作汇报时的讲话）

1348

有些事，特别是没有把握的事，没办以前是不能公布的，但有些事，先公布也有它的好处。它可以使领导有明确的目标，受到约束；使群众有个盼头，受到鼓舞；方便于群众监督，领导检查；有利于号令各方，协同作战；兑现以后，还可以取信于民，为以后和其他工作创造条件。

（摘自 1987 年 3 月《深化认识，提高自觉》一文）

1349

先公布并兑现，是领导工作计划性、预见性、决心和底气的反映。这和胡乱许愿、说了不办是两回事。是不是先公布，只是个为群众办实事的方法问题，要不要为群众办实事则是个根本问题。

（摘自 1987 年 3 月《深化认识，提高自觉》一文）

1350

我们总是要办多数人满意的事，而不是只研究少数人高兴的事。

（摘自1989年10月7日同天津新闻、文艺、出版工作者座谈时的谈话）

1351

群众的事，说起来许多都是具体小事，但它涉及的人多，就变成了大事。如何时刻了解到更多人的情绪，着眼于大多数人的利益，这是控制大局面很重要的一条。

（摘自1986年1月9日同全国第四期市长研究班学员座谈时的发言）

1352

生活的事有大有小，大事固然要抓紧，小事也要尽心办。“于细微处见精神”。群众的困难，在你则小，在他则大。

（摘自1984年2月18日在天津市人民政府全体会议上的讲话）

1353

群众的某些困难，在你可能不算很大，在他则可能关系重大；在你可能不费太大的劲就能解决，在他则可能费很大的劲也过不去。

（摘自1988年1月12日、18日在听取天津市第五次党代会报告起草组汇报时的谈话）

1354

要帮最有困难的户办事，要给最有意见的人拜年。

（摘自1990年1月6日在河北省六大班子成员座谈会上的讲话）

1355

关心群众疾苦，是我们共产党人和人民政府的天职。一切真正关心群众的领导，都要急人之难，救急当先，把最困难的人的疾苦时刻挂在心头，作为重点问题下力量加以解决。

（摘自1986年3月17日在天津市人民政府第十届第五次全体会议上的讲话）

1356

办事难免惹事，受累难免受委屈。受委屈不要紧，只要你真心实意为人民群众，你就会心安理得。“岂能尽遂人意，但求无愧我心。”

（摘自1983年11月18日同天津市部分人民代表座谈时的发言）

1357

办实事越多，对群众的理解越深刻，与群众的感情越深厚，对自己的要求越严格。

（摘自1988年3月5日在天津市人民政府全体会议上的讲话）

1358

关心群众生活，为群众办实事，解决群众的切身利益问题，是党员和领导干部的宗旨，也是最好的最实际的思想政治工作。丢了这一条，思想政治工作就会软弱无力，甚至成为空话。

（摘自1989年8月11日—18日考察山西时的谈话要点）

1359

我们在讲全心全意为人民服务的时候，就要设身处地地研究一下具体人的具体问题。对想结婚而不能结婚的大男大女来说，他们的具体问题，就是要找一个理想的配偶。这的确是“琐事”，但这是与大事紧密联系的“琐事”，是搞好大事的必要条件，是大事中的组成部分。

（摘自1984年第3期《八小时以外》杂志）

1360

只讲共同利益而不注意研究解决具体人的具体利益，所谓全心全意为人民服务就会成为空话，最终也会妨害共同利益。

（摘自1984年1月20日在帮助大男大女解决婚姻问题的现场会上的讲话）

1361

要办成事，就要找一批想办事、肯办事、敢办事、会办事的人。想办事是愿望，肯办事是热情，敢办事是勇气，会办事是本领。

（摘自1995年10月31日在《中国京剧音配像精粹》首发式上的讲话）

1362

评价一项工作要循名责实，看是不是取得了实际效果；考核一个干部，要听其言而观其行，看他究竟办成了多少实事。要提拔、重用、奖励那些有干劲、有才能、办实事、有成效的人。要查处一些极端不负责任、空谈误事的严重官僚主义者，以明功过，以正视听，树一代之新风，兴中华之大业。

（摘自1985年5月为《天津日报》撰写的特约评论员文章）

1363

注意在为人民办实事中发现人才，放手使用人才，使“智者尽其谋，勇者竭其力，仁者播其惠，信者效其忠”，做到人尽其才；重视在为人民办实事中培养人才，给机会，压担子，创条件，多方帮助干部在实践中经受锻炼，增长才干；认真考察干部，以为人民办实事的实际表现和具体成果作为重要依据。

（摘自1987年2月在研究起草市政府全体会议讲话时的几次谈话）

1364

办事靠大家，荣誉给大家。

（摘自1985年12月26日在天津市领导干部会议上的讲话）

1365

要牢固树立人民至上、群众第一的观点，做到心中装着人民，办事想着人民，一切为了人民。有了这种坚定的立场和炽烈的感情，办实事就会永不自满、永不停步。

（摘自1987年3月《深化认识，提高自觉》一文）

和为贵

1366

“和”的思想，强调世界万事万物都是由不同方面、不同要素构成的统一整体。在这个统一体中，不同方面、不同要素相互依存、相互影响，相异相合、相反相成。由于“和”的思想反映了事物的普遍规律，因而它能够随着时代的变化而不断变化，随着社会的发展而不断丰富其内容。现在，我们所说的“和”，包括了和谐、和睦、和平、和善、祥和、中和等含义，蕴涵着和以处众、和衷共济、政通人和、内和外顺等深刻的处世哲学和人生理念。

（摘自 2002 年 5 月 28 日在英中贸易协会举行的欢迎午宴上的演讲）

1367

“和”的思想表现在人与人的关系上，要求“和睦相处”，待人诚恳、宽厚，互相关心、理解，与人为善、推己及人，建立团结、互助、友爱的人际关系。

（摘自 2002 年 5 月 28 日在英中贸易协会举行的欢迎午宴上的演讲）

1368

“和”的思想表现在人与社会的关系上，崇尚“合群济众”，社会由个人所组成，个人离不开社会，应当尊重个性、鼓励个人的追求和创造，又必须融入集体、把个人的目标同社会的需要结合起来。

（摘自2002年5月28日在英中贸易协会举行的欢迎午宴上的演讲）

1369

中国人有一句口头语，叫“家和万事兴”。一个国家只有团结稳定，上上下下、方方面面充满和气，人们才能一心一意搞建设、谋发展，才能把经济工作搞上去。

（摘自2002年5月21日会见斯洛文尼亚总统库昌时的谈话）

1370

和睦的人际关系是实现大联合的重要条件。我们的祖先历来重视“和”，崇尚“人和”，主张“和为贵”。和谐、和气、祥和、谦和等话语，在城市、农村里，在公众舆论、私人往来中，都能时常听到。和以处众、和衷共济、政通人和、内和外顺等词句，在生活、工作中，在讲话、文章里，仍然经常使用。“和为贵”的观念世代相传，潜移默化，已经渗透到社会生活的许多方面。

（摘自1996年3月13日在中国人民政治协商会议第八届全国委员会第四次会议闭幕会上的讲话）

1371

当前，我国改革开放、现代化建设及祖国和平统一大业都任重道远，十分需要有一个和谐安定的局面、和睦融洽的关系。以各党派、各团体、社会各界为组成单位的政协组织，应该高举

"和"的旗帜，以团结、民主为主题的政协工作，应该弘扬"和为贵"的思想。

（摘自1996年1月同全国政协八届四次大会文稿起草人员的谈话）

1372

反对"和为贵"思想的人，常常以坚持马克思主义自居，实际上他们坚持的是被自己歪曲了的马克思主义。的确，马克思主义的辩证法作为对于资本主义制度的批判的思想武器，凸显了斗争和革命的本性。但这种强调丝毫没有轻视对立面的同一性。正如马克思和恩格斯指出的，我们这个世界面临的两大变革，是人同自然的和解以及人同本身的和解，也就是社会发展最终要实现人的全面发展和人与人、人与自然之间的和谐。

（摘自1996年1月同全国政协八届四次大会文稿起草人员的谈话）

1373

"和"的思想、"和为贵"的思想不是不分是非，不是无原则的苟同，而是和而不同。只有不同的调味品的结合，才能做出美味佳肴，只有不同的音调的交响，才能奏出动听的音乐。和为贵就是一切以和为依归，以和为出发点和落脚点，争论也好，谅解也好，一切都是为了和，为了人与人、人与自然的和睦相处、和谐共存、协调渐进。而这些和马克思主义观点是一致的。

（摘自1996年1月同全国政协八届四次大会文稿起草人员的谈话）

1374

"和"当然是讲原则的，不是否定必要的斗争。但是以往我们所谓的"斗争"，回头看看，有的是有必要的，相当多是自己跟自己瞎折腾，斗完了啥都没得到。

（摘自1996年7月25日听取青海省委工作汇报时的讲话）

1375

当前，弘扬“和为贵”的思想，就是要提倡宽宏大度、体谅包容、和谐共存、协调并进，就是要提倡平等待人、诚恳待人、宽厚待人、以理服人，使我们的同志特别是领导干部，为人处世注意保持博大胸襟，宽容一点，谅解一点，豁达一点，糊涂一点。不要斤斤计较、是是非非、小里小气，而是能够听得进、容得下、想得开。

（摘自1996年1月同全国政协八届四次大会文稿起草人员的谈话）

1376

事物是可分的，但斗争是多样的。不讲斗争的多样性只讲斗争的绝对性，斗来斗去，有几个斗对了？

（摘自1999年9月9日听取陕西省委、省政府工作汇报时的讲话）

1377

我们长期以来对一分为二的观点讲得有毛病。什么事情都讲分，分了之后就讲斗。一个班子要一分为二，有正确的代表，有错误的代表；一个家庭也要一分为二，有正确的代表，有错误的代表。先讲分的普遍性，后讲斗的绝对性，不斗则修，不斗则退，不斗则亡，太简单化。

（摘自1999年9月9日听取陕西省委、省政府工作汇报时的讲话）

1378

过去长时期内我们不讲和，只讲斗，不斗则“修”，不斗则亡。建国以后，我们斗争不断，给我们的国家、我们的民族、我们的事业带来很大危害。我们还是应该坚持团结的原则，多交些朋友。

（摘自 1996 年 12 月 25 日同全国统战部长会议代表座谈时的讲话）

1379

“和”的思想主要针对相互关系，没有关系也就没有和，有了相互关系就要妥善处理，这里最常用也最管用的方法就是协调。

（摘自 1996 年 1 月同全国政协八届四次大会文稿起草人员的谈话）

1380

在我国悠久的历史发展过程中，我们积累了很多的经验和教训，其中最重要的一条就是提倡“和合”，强调团结。人和、祥和、和睦、和谐、和以处众、和衷共济、和气生财、内和外顺等词语经常使用，随处可见。团结就是力量，团结就是胜利，团结就是生命，经常讲，反复讲，到处讲，常讲常新。

（摘自 2000 年 11 月 7 日会见香港各界知名人士时的讲话）

1381

古书中记载了这样一个故事：汉朝时，京城田氏三兄弟田真、田庆和田广，一直和睦相处，庭院中有棵紫荆树，也长得花繁叶茂，但后来他们闹别扭，要分家，紫荆一夜之间就枯萎了。兄弟三人大为震惊、大受感动，于是兄弟不再分家，和好如初，紫荆花又盛开如故。晋代陆机作诗说：“三荆欢同株，四鸟悲异林。”唐代李白感慨道：“田氏仓卒骨肉分，青天白日摧紫荆。”上面讲的紫荆花，和作为香港区旗区徽标志的紫荆花是不是一个品种，我没有考证；上面讲的故事，是体现“天人感应”思想的一个传说，未必真有其事。但这个故事所表达的道理，的确发人深思。

（摘自2000年11月7日会见香港各界知名人士时的讲话）

1382

做生意要讲发财、讲发展。怎么样发财、发展呢？“和”的思想认为“和气生财”，只有通过商量沟通工作，营造出合作共事的良好氛围与环境，才容易把生意做成、做好。

（摘自2002年5月28日在英中贸易协会举行的欢迎午宴上的演讲）

1383

“君子聚财取之有道”，合作是以对方的存在为前提，坑害对方就等于破坏合作，应以互惠互利为目的，谋取双赢。

（摘自2002年5月28日在英中贸易协会举行的欢迎午宴上的演讲）

1384

做生意要着眼整体、看到长远，即使一时达不成协议，也不能伤了和气，“买卖不成仁义在”。

（摘自2002年5月28日在英中贸易协会举行的欢迎午宴上的演讲）

1385

“和”的思想，也是经商之道、发财之道、发展之道。

（摘自2002年5月28日在英中贸易协会举行的欢迎午宴上的演讲）

1386

就国际形势说，和平与发展是时代的主题；就国内工作说，经济建设是中心；就社会主义事业说，目前处于低潮、少数。审时度势，我们应当高举“和合”旗帜，树立和平、合作、合理、和气的形象，以创造良好的国际环境，为国内建设服务。

（摘自2001年5月2日在出访亚非四国结束午餐会上的即兴讲话）

1387

中华民族“和”的思想表现在各个国家的关系上，倡导“协和万邦”，国家间应当亲仁善邻、讲信修睦、礼尚往来，不能以大欺小、以强凌弱、以富压贫，国际争端要通过协商和平解决，各国之间应在平等相待、互相尊重的基础上发展友好合作关系；表现在各种文明的关系上，主张“善解能容”，各种文明都是人类文明的组成部分，都对人类文明做出了贡献，不应当相互排斥，而应当彼此尊重、相互学习、保持特色、共同进步。

（摘自2002年5月28日在英中贸易协会举行的欢迎午宴上的演讲）

1388

在当前的中国能不能搞好团结本身就是个大是非、大原则。至于具体的是是非非，不是完全不讲，而是放在什么前提下讲。

（摘自1993年6月1日与全国政协机关干部座谈时的讲话）

1389

邓小平在十一届三中全会上突出强调要团结一致向前看。不向前看就无法团结，团结起来前面才好看。如果老是回头看，总是计较你整过我，我整过你，你坐过班房，我挨过斗，这就没法团结。

（摘自1998年12月21日在《邓小平新时期统一战线理论学习纲要》出版座谈会上的讲话）

1390

处理历史遗留问题，总的精神是宜粗不宜细，团结起来向前看，不宜过分去纠缠。

（摘自1993年4月18日听取广西壮族自治区党委工作汇报时的讲话）

1391

对错误严重的人，该怎么处理就怎么处理。对大多数人，主要是通过学习，提高认识，不要结下死疙瘩。我在天津说过，要“开窗子、搭梯子”。“开窗子”就是使他呼吸到新鲜空气，“搭梯子”就是给一个台阶叫他下来。

（摘自1989年8月11日—18日考察山西时的谈话要点）

1392

我们处理问题，总是要使大家化解矛盾，消除隔阂，更好地团结起来。动不动就上纲，就戴大帽子，听起来很解气，实际上很坏事。这既不利于团结，也无助于问题的解决。

（摘自1993年2月24日在听取中央统战部关于民族、宗教工作汇报时的谈话）

1393

关系是可以协调的，矛盾是可以调节的，我们不但要讲矛盾的普遍性，而且要讲矛盾的特殊性；不但要懂得斗争的绝对性，还要懂得斗争的多样性。筷子与肉斗，肉到了嘴里；手术刀与人斗，可以去除病灶；扁担与肩斗，可以把水挑到家里。这些都是斗嘛！为什么一说斗，非要你把我整垮、我把你整垮呢？

（摘自1990年4月28日在《人民日报》国内记者工作会议上的讲话）

1394

对于个人利益同党和人民利益的矛盾问题也要作具体分析，其中大量的还是不属于对抗的性质，不要把轻微的错误看成重大错误，不要把一时一事的错误看成不可挽救的错误。

（摘自 1986 年 6 月 11 日在天津市委学习讨论胡耀邦同志《关于党风和党内矛盾问题》会议上的发言）

1395

“文化大革命”是先整、后整、横整、竖整，回头一看是前边我整你，后边你整我，大家都来整，大家都挨整。这个教训太深刻了。

（摘自 1998 年 12 月 11 日在统一战线各界人士纪念党的十一届三中全会召开二十周年座谈会上的讲话）

1396

历史上长期积存下来的恩恩怨怨，各种各样的门户之见，许多都是无原则纠纷，不应该也不可能争出个我高你低和是非曲直来。

（摘自 1990 年 1 月 10 日在全国文化艺术工作情况交流座谈会上的讲话）

1397

历史上整文人最厉害的往往是文人，特别是有威望的和掌了权的文人，反动统治者往往利用这一点使文人自相残杀。

（摘自 1986 年 6 月 28 日在天津市文艺创作座谈会上的讲话）

1398

许多人并不是鬼，是我们自己疑神疑鬼，结果把人变成了鬼。

（摘自 2002 年 2 月 1 日听取中央统战部汇报时的谈话）

1399

有这种情况：两人闹不团结不是因为你做错了，而是因为你做对了；不是因为你太穷了，而是因为你太富了；不是因为你太笨了，而是因为你太能了。

（摘自 1995 年 3 月 13 日同港澳地区全国政协委员座谈时的讲话）

1400

是两个骡子拉车快还是两个毛驴拉车快？一般地说，两个骡子力量大，拉车快，但如果不合着拉，一个往前，一个往后，车都拉散了，肯定比不上两个往前拉的毛驴快。

（摘自 1986 年 10 月 13 日在宝坻县检查工作时的谈话）

1401

为一个字、一句话，在那儿没完没了地争论，看起来似乎很认真，实际上没必要。大家齐心合力，怎么说都行；不齐心合力，怎么说也没用。

（摘自 1990 年 11 月 18 日听取湖北省委工作汇报时的讲话）

1402

加强团结和扎实工作是相辅相成的。只有团结、相互谅解和支持，人们才有扎实工作的环境；只有扎实工作，为实现共同目标而奋斗，才能实现真正的团结。

（摘自 1991 年 1 月 19 日在全国宣传部长会议上的讲话）

1403

大家在一起总是要多看别人的长处，多给别人留些存在与活动的余地。如果你挤得人家一点空间都没有，互相一伸胳膊、一伸腿就碰上了，不能怨别人蹬了你，而要怨你自己留给别人的空间太小。

（摘自1993年6月1日同全国政协机关干部座谈时的讲话）

1404

香港地方很小，容易磕磕碰碰；香港讲市场经济，难免你赔我赚。我希望大家多想想别人，多想想大局，多一些尊重理解，多一些体谅包容，团结起来把香港的事情办得更好。

（摘自2000年11月7日会见香港各界知名人士时的讲话）

1405

中国人倒霉的时候容易团结，打胜仗以后常常不团结，我们一定要牢记历史的教训。

（摘自1995年3月13日同港澳地区全国政协委员座谈时的讲话）

1406

能到一起工作是一种缘分。这不是要人们抹稀泥，不讲原则。因为有些问题，对、错都是小事，没必要争论你长我短。团结本身就是一个原则。

（摘自1999年9月9日听取陕西省委、省政府工作汇报时的讲话）

1407

人人都需要别人理解、谅解，人人都应当理解、谅解别人；希望别人理解、谅解，自己必须首先学会理解、谅解别人；不懂得理解、谅解别人，也常常得不到别人的理解、谅解。

（摘自2003年2月17日会见赞比亚总统姆瓦纳瓦萨时的谈话）

1408

没有诚恳的态度，拿腔作调，虚情假意，别人只会同你虚与委蛇、敷衍应付，而不会和你说真心话。待人诚诚恳恳，说话实实在在，才能听到真诚、坦率的肺腑之言。

（摘自2000年3月7日在全国政协九届三次会议中共组联组讨论会上的讲话）

1409

同志之间应该是待人以诚而去其诈，待人以宽而去其隘；作为领导更要有宽广的胸怀，诚恳待人，平等待人，一视同仁，知人用人；要看得远一点，想得大一点，心胸宽一点，姿态高一点。

（摘自1989年10月4日在中共天津市委扩大会议上的讲话）

1410

多一些理解宽容，少一些斤斤计较。

（摘自1994年3月5日在政协第八届全国委员会常务委员会第五次会议上的讲话）

1411

捐前嫌，解旧怨，弃小隙，全大局。

（摘自1993年3月27日在中国人民政治协商会议第八届全国委员会第一次会议闭幕会上的讲话）

1412

中国人只要自己不内耗，别人是打不垮的。

（摘自1997年3月3日在全国政协八届五次会议文艺、教育、特邀联组会上的讲话）

后　记

李瑞环同志的《学哲学 用哲学》一书出版后，各方面反应热烈，特别是“处处都有辩证法”一节，经多家报刊转载，引起读者广泛关注，认为这种质朴、鲜明、生动的片言短语，好读、好记、好用，不少人希望看到更多类似的段子。其实，在编辑《学哲学 用哲学》一书的过程中，可用于“处处都有辩证法”的内容多达千余条，为了保持篇幅匀称，只选用了大约十分之一。现将有关内容辑成这本小册子，以期满足读者的要求。

按照李瑞环同志的说法，最基本的是用哲学原理主导思维。本书定名为《辩证法随谈》，并不是专门谈论辩证法的，而是把马克思主义唯物辩证法的原理应用于对具体问题的分析和解决上，既有立场、观点、方法，又覆盖工作、学习、生活诸多方面，是时时处处应用了辩证法，时时处处体现了辩证法。所谓“随谈”，亦即随时、随地、随事、随兴而谈，触景生情，有感而发，不拘形式。这是作者以前两本著作用过的体例名称。

本书辑录的文稿涉及范围很广，六编三十六题的归类梳理，很难说十分合理和严密，主要是为了读者翻阅查找的方便。

方放、陈改户、牛旭光、吴秀生、郭湛、干春松同志参加了本书的整理和编辑工作。在编辑和出版过程中，中国人民大学出版社的同志给予了大力支持和帮助。

编　者

2007 年 3 月

图书在版编目(CIP)数据

辩证法随谈/李瑞环
北京：中国人民大学出版社，2007
ISBN 978-7-300-07980-6

Ⅰ. 辩…
Ⅱ. 李…
Ⅲ. 辩证法-研究
Ⅳ. B015

中国版本图书馆 CIP 数据核字（2007）第 037930 号

辩证法随谈
李瑞环

出版发行	中国人民大学出版社		
社　　址	北京中关村大街 31 号	**邮政编码**	100080
电　　话	010－62511242（总编室）		010－62511398（质管部）
	010－82501766（邮购部）		010－62514148（门市部）
	010－62515195（发行公司）		010－62515275（盗版举报）
网　　址	http://www.crup.com.cn		
	http://www.ttrnet.com(人大教研网)		
经　　销	新华书店		
印　　刷	北京华联印刷有限公司		
规　　格	158 mm×236 mm　16 开本	**版　　次**	2007 年 4 月第 1 版
印　　张	24.75 插页 5	**印　　次**	2007 年 4 月第 2 次印刷
字　　数	285 000	**定　　价**	48.00 元

[illegible]指事、概括[illegible]

[illegible]

[illegible]

概括 [illegible]

[illegible]

[illegible]一切

[illegible]一指事，[illegible]

[illegible]

[illegible]

[illegible]究竟如何把[illegible]